THE STORY
OF THE BIBLE

圣经的故事

[美]房　龙　著
黄　悦　译

THE STORY
OF THE BIBLE

三联书店

Copyright © 2017 by SDX Joint Publishing Company.
All Rights Reserved.
本作品版权由生活·读书·新知三联书店所有。
未经许可,不得翻印。

图书在版编目(CIP)数据

圣经的故事/(美)房龙著;黄悦译.—2版.—北京:生活·读书·新知三联书店,2017.6 (2025.5重印)
(房龙作品精选)
ISBN 978 − 7 − 108 − 05802 − 7

Ⅰ.①圣⋯ Ⅱ.①房⋯ ②黄⋯ Ⅲ.①《圣经》−故事 Ⅳ.① B971

中国版本图书馆 CIP 数据核字(2016)第 212599 号

责任编辑	刘蓉林
装帧设计	蔡立国
责任印制	董 欢
出版发行	生活·讀書·新知 三联书店
	(北京市东城区美术馆东街 22 号 100010)
网 址	www.sdxjpc.com
经 销	新华书店
印 刷	河北鹏润印刷有限公司
版 次	2011 年 5 月北京第 1 版
	2017 年 6 月北京第 2 版
	2025 年 5 月北京第 8 次印刷
开 本	889 毫米 × 1194 毫米 1/32 印张 13.75
字 数	306 千字
印 数	39,001 − 42,000 册
定 价	52.00 元

(印装查询:01064002715;邮购查询:01084010542)

《旧约》与《新约》

The Story of The Bible

Written and Drawn by
Hendrik Willem van Loon

Bell Publishing Company
New York

房龙作品精选／圣经的故事

目 录

房龙小引　　1

前言　写给汉斯和威廉的话　　1
第一章　一部文字遗产　　3
第二章　创世记　　10
第三章　先驱们　　24
第四章　继续西行　　48
第五章　寄居埃及　　66
第六章　逃离奴役　　70
第七章　荒野漂泊　　81
第八章　寻找新的牧场　　96
第九章　征服迦南　　109
第十章　路得的故事　　137
第十一章　犹太王国　　142
第十二章　内战　　181
第十三章　先知的警告　　190

第十四章　覆灭与流亡　227

第十五章　重返家园　240

第十六章　杂卷　259

第十七章　希腊人来了　266

第十八章　犹大，一个希腊行省　271

第十九章　革命与独立　277

第二十章　耶稣降生　301

第二十一章　施洗者约翰　324

第二十二章　耶稣的童年　337

第二十三章　门徒　342

第二十四章　新导师　348

第二十五章　凤敌　359

第二十六章　耶稣之死　367

第二十七章　信念的力量　396

第二十八章　信念的胜利　401

第二十九章　国教　414

房龙小引

1987年,三联书店老总沈昌文偶然问我:"赵博士如何看房龙?他的大作《宽容》,在国内很畅销呢。"当时我回国不久,乍一听说"房龙",不由得两眼发黑,只好如实回答说:"我不熟悉房龙,也没读过《宽容》。"

我在哈佛学的是美国文化思想史。寒窗六年,自信不会遗漏重要思想家,哪怕是他们比较冷僻的著作。回想我的博士大考书单:千余本文史哲经典中,何曾出现过什么房龙?换个角度想:即便我一时疏忽,那些考我的教授,岂能容我马虎过关!那么,这个房龙由何而来?

据查,房龙(Hendrik Willem van Loon)不是美国土生子。1882年他出生在荷兰鹿特丹,自幼家境富裕,兴趣广泛,尤其喜好历史地理。1902年他乘船前往美国,入读康奈尔大学。毕业后,这个身高两米的荷兰小伙儿,迎娶了美国上流社会的一位富家女。不久俄国爆发革命,房龙以记者身份返回欧洲,接着报道第一次世界大战。奔走多年,未能当上名记者,房龙于是转求其次:他先是摘取慕尼黑大学博士学位,随后又往美国高校寻觅教职。

1915—1922年,房龙在美国康奈尔大学、安提克学院,两度教授欧洲史。校方评语是:房老师讲课颇受学生欢迎,可他"缺少科学性,无助于提高学生成绩"。这话听着委婉,实乃判决他不配在大学教历史。

教书不成,那就写书做研究吧?房龙的第一部著作,出自他的博士论文,名曰《荷兰共和国的灭亡》(1913)。此书算得上学术研究,可它销路不好,无法改善作者的经济状况。请留意:此时房龙已育有二子。他必须发奋工作、努力挣钱,才能维持小康水准。

1920年房龙再婚,随即与书商签约,开始撰写通俗历史读物《古人类》。这本杂书旗开得胜,令房龙一发而不可收。自1921到1925年,他接连发表《圣经的故事》《人类的故事》《宽容》等多部畅销书。

短短十年里,房龙靠写畅销书发了财,分别在美国与欧洲购置房产,进而自由写作、四处旅游、参与多种社会活动。至1944年去世,房龙在美国学术界依旧是一文不名。可在现代图书出版史上,此人却打造了一个商业成功故事。

我们已知:房龙并非资深学者,更不是什么欧美知识领袖。谁想这个不入流的房龙,影响力居然超出美国本土,漂洋过海来到中国。房龙为何在中国走俏?依我拙见,这里头的原因相当复杂,牵扯到经济、政治、文化诸方面。其兴衰过程,亦同中国最近一百年的国运相关。

先看房龙怎样与中国结缘。1922年,房龙在美国推出畅销书《人类的故事》。1925年,商务印书馆率先出版此书,译者是沈性仁女士。

曹聚仁读了沈女士的译本,称房龙对他的青年时代"影响极大"。

房龙1920年发表的《古人类》,也于1927—1933年间,在中国陆续出版了四个译本。书名分别是《古代的人》《远古的人类》《文明的开端》等。其中,林徽因译本《古代的人》,颇受中国学界关注。该书由郁达夫亲自作序,1927年由上海开明书店出版。

林译本序言中,郁达夫发表高见道:房龙文笔生动,擅长讲故事。"他的这种方法,实在巧妙不过。干燥无味的科学常识,经他那么一写,无论大人小孩,都觉得娓娓忘倦了。"他又道:房龙魔力,并非独创。说到底,此人不过是"将文学家的手法,拿来讲述科学而已"。

在当时不少美国人看来:房龙成批发表通俗历史书,大赚其钱,沽名钓誉,委实令人侧目。美国报刊上的文学专栏,偏又跟着推波助澜,鼓吹房龙作品。大作家辛克莱·刘易斯气不过,终于逮着一个机会,当面呵斥房龙说:"你以为自己是个啥?你也算是作家吗?"

房龙死后,美国《星期日快报》刊登讣告,称他"善于将历史通俗化,又能把深奥晦涩的史书,变成普通读者的一大乐趣"。房龙的儿子,也在给他爸撰写的传记中表示:"美国文学史、史学史都不会留下房龙的名字。他虽然背着通俗作家的名声,却能让老百姓愉快地感受历史、地理和艺术。"

对比美国人评语,郁达夫之见不但中肯,而且老到。唯有一点遗憾:他已点破房龙畅销的奥秘,却未分析图书出版的市场规律。上述"挥笔成金"的神奇法则,后于20世纪40年代的美国好莱坞,被德国法兰克福学派的阿多诺博士成功破译,进而著述论说,将其精确描述为大众文化（Mass Culture），或曰文化工业（Culture Industry）。

何谓文化工业？说白了，即出版商、投资商与文化人联手，套用最先进的现代工业生产方式，大批策划、炮制、包装并推销文艺作品，令其像时髦商品一样流行于世，老少咸宜、雅俗共赏。在此意义上，房龙的商业成功，一面体现资本主义文化畸变，一面反映美国文明的现代化趋势。

以上讲的是现代经济学。再看20世纪30年代的国际政治。房龙的盖世大作《宽容》，初版于1925年。此际，欧洲革命刚刚退潮，德、意法西斯蠢蠢欲动。面对凶险难测的世界，房龙感叹人类步入一个"最不宽容的时代"。为此，他欲以"宽容"为话题，带领读者回到古代，从头检讨祖先的愚昧与偏执：

从古希腊、中世纪到启蒙运动——房龙不厌其烦，将一部"思想解放史"，刻意改写成一部"不宽容历史"：其间有种族屠杀，有十字军远征，有教会对异端的迫害，有宗教裁判所对科学家的折磨。当然，还有文艺复兴倡导的人本主义，启蒙运动鼓吹的思想自由。

一句话，房龙笔下的欧洲文明史，始终贯穿着"宽容与专横"的搏斗：犹如一双捉对儿厮杀的角斗士，他俩分别代表了善与恶、黑暗与光明、进步与反动。

提醒大家：房龙身为美国历史学博士，其政治立场基本是自由主义的，即相信科学理性、政治平等、思想自由。然而，这种自由派的柔弱本性，一旦遭遇革命与战争，它就会自相矛盾、破绽百出。请看房龙言不由衷的苦衷：

"进入20世纪后，现代的不宽容，已然用机关枪和集中营武装起来，以便代替中世纪的地牢、铁链、火刑柱。"历史不是一直在进步吗？人类不是越来越文明吗？房龙嗤之以鼻道："如今距离宽容一统天下的日子，还需要一万年，甚至十万年。也就是说，宽容只是一种梦想，一种乌托邦。"

1937年，希特勒发表《我的奋斗》。次年，房龙推出一本《我们的奋斗：对阿道夫·希特勒〈我的奋斗〉的答复》。作为一本反纳粹宣言，此书得到美国总统罗斯福的嘉许。1939年，德国入侵荷兰，大举轰炸鹿特丹。房龙怒不可遏，遂以志愿者身份，出任美国国际电台播音员。"二战"期间，他代号"汉克大叔"，日夜报道欧洲战况，鼓励家乡民众，并以暗语指导抵抗运动。

1940年《宽容》再版，房龙写下后记——这个世界并不幸福。为啥不幸福？只因"宽容理想惨淡地破灭了。我们的时代仍未超脱仇恨、残忍与偏执"。非但如此，"最近六年来，法西斯主义与各种意识形态大行其道，开始让最乐观的人相信：我们已经回到了不折不扣的中世纪"。结论："宽容并非一味纵容。如今我们提倡宽容，即意味抵抗那些不宽容的势力。"

《宽容》为何在中国受欢迎？窃以为：起因在于反法西斯，同时离不开中国的抗日战争。1939年，上海世界书局惨遭日军轰炸。废墟中，中国工人冒险捡回房龙著作的纸样，又为《圣经的故事》出版了中译本。该译本留下一封房龙1936年底写给译者谢炳文的信。

这封信中，房龙自称他"痛恨徒劳无益的暴虐。我试着为普通读者和孩子们写书，以便他们学到这个世界的历史、地理和艺术"。他又提醒译者：要特别留意书中讨论"宽容"的部分，因为"最近两年的各种消息，尚不足以表明宽容取得了胜利"。遥望德国坦克扬起的滚滚尘埃,房龙自问"我能做到吗",后面连加五个问号。

再看中国改革开放之后。1985年,三联书店出版房龙代表作《宽容》。至1998年,此书连续印刷十一次,成为三联书店评选的"二十年来对中国影响最大的百本图书"之一。紧随其后,房龙《人类的故事》和《漫话圣经》也热闹上市,掀起了难得一见的"房龙热"。

房龙死后四十年,竟又在中国火了一把。是何道理?据沈昌文回忆:"翻译出版此书,得益于李慎之。李先生洋文好,又是老共产党员。他曾跟我说:我们在很多事情上,要回到西方的'二战'前后。按照指点,我找到的第一本书就是《宽容》。"沈公又说:"'宽容'这个题目好。大家都经历过'文革',那个年代没有宽容。所以《宽容》出版后,一下子印了十五万册。"

到了90年代后期,三联不再重印《宽容》。然而此书却不断引发多家出版社的追捧。根据沈公收藏目录,其中便有广西师范大学中英双语本、陕西师范大学全彩珍藏本、中国人民大学版、中国民族摄影艺术版等十二个不同版本。1999年,北京出版社又出版一套十四册的《房龙文集》,囊括了他的全部著述。

于是有人开始美化房龙,誉其为"自由主义代表""人文主义大师""始终站在全人类的高度在写作",云云。对此,我要插一句闲话:房龙不入流,他只是一个通俗作家而已。大家若想了解美国思想史或是研究英美自由主义,有许多经典可以选读。偏偏这个房龙,可以忽略不计。

同样都是书,差别为啥这么大呢?对此,王国维先生在《静安文集续编》中早已指点过我们:"哲学上之说,大都可爱者不可信,可信者不可爱。伟大之形而上学,高严之伦理学,纯粹之美学,皆吾人所酷嗜也。然求其可信者，则宁在知识论上之实证论，伦理学上之快乐论，美学上之经验论。知其可信而不能爱，觉其可爱而不能信，此近二三年中最大之烦闷。"

王先生古板。他老人家不晓得，"文革"之后中国老百姓发现：他们可以自由读书了，岂不皆大欢喜、人人捧读？因此便有文化热、房龙热，以及各种各样略加一点儿学问、实为消遣取乐的玩意儿。如今中国人都读书、都买书。其中最好卖的书，就是闲书、杂书、可爱书、读了不痛苦的书。

比较20世纪30年代，如今中国可是宽容多了。即便同90年代比，眼下也是过之不及、量之有余。经此一想，我也变得十二分宽容起来。三联要出房龙文集？可以呀，我很乐意为它写序！

最后笔录两段房龙名言："百家口味，各个不同。所以能否宽容，能否兼收并蓄，事关历史能否进步。任何时代的国家和民族，如果拒斥宽容，那么不管它曾有过怎样的辉煌，都要无可挽回地走向没落与衰亡。"

他又在《宽容》后记中告诫说："我们仍处于一种低级社会形态。其特点是：人们以为现状完美无瑕，没必要再做什么改进。这是因为他们没有见过别的世界。一旦我们麻痹大意，病毒就会登上我们的海岸，把我们毁掉。"

赵一凡
2008年10月于北京

前言　写给汉斯和威廉的话

亲爱的孩子们：

这是《圣经》的故事。我认为你们应该对《圣经》有更多的了解，可我又说不出在哪里能找到我想让你们了解的那些知识，所以，我就写了这本书。当然了，我也可以让你们去读《圣经》原著，但你们恐怕不会愿意。多年以来，有些人把捍卫《圣经》看作是自己专属的职责，他们板着脸，态度严肃，你们这样年纪的小男孩总是被吓得不敢靠近这本书。可是，如果不知道这里面的故事，你们所受的教育就不能算完整。而且，这一生中总归会有某个时候，你们发现自己迫切地需要包含在这些古代大事记中的智慧。

《圣经》一直忠实陪伴在人类身边，迄今已有几百代了。书中有几章内容写于两千八百年前；其余各章的完成年代则要近得多。过去多少个世纪里，这曾是你们的祖先拥有或费心阅读的唯一书籍。这是他们烂熟于心的一本书。《摩西律法》被他们奉为至高无上的法律。后来，世界进入了现代科技发展的时代，有一部分人坚信《圣经》得自神启，另一部分人却认为它不过是一些历史事件的记录，双方为此争执起来，结果引发了惨痛的战争。曾经有一段时间，有许多男男女女痛恨《圣经》，这种恨，与过去他们父辈、祖辈对《圣经》的热爱和崇敬一样深切。

我在书里不会给你们讲以上这些。

我不是在向你们布道传教。我不是在维护或攻击某种原则。我只是要讲一些我个人认为（我绝不敢强求其他人赞同）你们应该知道的事，希望你们在生活中能对良善美好因而也是神圣的事物多一点理解，多一点宽容，多一点爱。

《旧约》讲起来相对容易。这是一个沙漠民族的故事，他们四处漂泊了很多年，最后终于占领了西亚的一个小角落，安定下来，建立了自己的国家。然后我们就要讲《新约》了。这一部分难度非常大。整部《新约》只有一个中心人物，讲的是拿撒勒村的一个普通木匠，他一生一无所求，却奉献了自己的一切。要说比耶稣事迹更有意思的故事，也许有吧，但我从来没读过。所以，我会依照我的理解，简单地给你们讲一讲他的生平，不添枝加叶，也不隐瞒什么。我相信，他会赞同我以这种方式讲述他的故事。

亨德里克·威廉·房龙

第一章 一部文字遗产

《旧约》和《新约》是如何写成的；这部圣书在千百年间有过怎样的遭遇。

金字塔屹立已有千年。

巴比伦和尼尼微已经成为庞大帝国的中心。

在尼罗河流域以及幼发拉底与底格里斯这两条大河沿岸，到处都是忙忙碌碌的人群；正是在这个时候，一个在大漠里漂泊的小部族出于自身考虑，决定离开阿拉伯沙漠中的贫瘠家园，向北方进发，去寻找更加肥沃的田地。

这些漂泊的人就是后世所说的犹太人。

几个世纪之后，这些人给我们带来了世间所有书籍中最为重要的一部——《圣经》。

又过了一段时间,他们中的一名女子诞下了世间最仁慈、也最伟大的一位导师。

但是说来奇怪,我们并不清楚这个奇特民族的起源,他们不知来自何方,扮演了古今无人能够比拟的重要角色,而后却退出历史舞台,四散流落到世界各国。

因此我在这一章里要讲的内容,总体而言多少有点含糊的色彩,在具体的细节上并非完全可靠。

不过,考古工作者正在巴勒斯坦的土地上忙于发掘探索。日积月累,他们的收获越来越多。

少量确凿的事实已在我们的掌握之中,这些是我要尽力准确地为你们讲述的。

有两条宽广的大河从亚洲西部奔流而过。

它们发源于北方的高山,最终在波斯湾汇入大海。

在这两条混浊的河流边,生活惬意而慵懒。所以,居住在北方寒冷山区和南方炽热沙漠的人们,无不想方设法要在底格里斯河或幼发拉底河流域占得一块立足之地。但凡有机会,他们便告别故土,辗转迁徙到沃土平原。

这些人相互之间争斗不断,征服不断,一次次在上一代文明的废墟上建立起新一代文明。他们建造了巴比伦和尼尼微那样的宏大城市,大约四千多年前,世界这一隅因他们而变成了一块真正的人间乐土,这里的居民令其他各地的人们羡慕不已。

但如果你看一看地图,会发现这时还有成百上千万身材矮小的农人在另一个强大国家的土地上辛勤耕作。他们住在尼罗河两岸,他们的国家叫作埃及,与巴比伦和亚述王国之间有一条狭长地带相隔。埃及人需要的很多东西只能在远方沃土平原上的国家买到。巴比伦人和亚述人需要的很多东西是埃及独有的特产。两地于是开始贸易往来，在前面提到的狭长地带开辟了通商大道。

今天我们把这块地方称作叙利亚。古时候，它曾有过很多名字。它由起伏的丘陵和开阔的谷地构成，树木稀少，大地被烈日烤得焦干。不过，这里有些不大的湖泊和数量众多的小溪，给单调沉闷的嶙峋山地略添了几分秀美生气。

自先古之时起，古代商路经过的这一地区就居住着从阿拉伯沙漠迁徙而来的各个部落。他们同属于闪族，使用同一种语言，敬拜同样的神明。部落之间常有战事发生。打过便和，和了又打。他们相互掠夺对方的城镇、女人和牲畜，就像一般游牧部落的行为一样，把自己的强悍意志与手中刀剑的力量当作无上的权威。

他们含含糊糊地承认了埃及国王以及巴比伦和亚述国王的权威。那些强大君王派出的收税官带着武装随从出现时，争吵不休的牧人们都变得异常恭顺。他们一再地深深鞠躬，以表示自己是埃及法老或巴比伦国王的忠顺奴仆。可是，官老爷带着兵丁前脚刚走，各个部落便故态重萌，照旧打得不亦乐乎。

请不要太把他们的争斗当真。这些古人所能享受的户外运动仅此一种，而且由此造成的损失通常都微不足道。更何况，这也能让年轻人练出一副好体格。

日后将在人类历史上担当重任的犹太人，起初就是这样一个在争吵、打斗、流浪、偷窃中度日的小小部落，靠着自己的力量在商路一带努力过活。可惜我们对这个部落的起源几乎一无所知。很多学者做过很多有理有据的猜测。然而看似合理的猜测终究不能用来填补历史上的空白。有的书里说犹太人来自波斯湾一个叫作吾珥的地方，这也许是真的，也许不是。与其告诉你们大量不确定的事，我不如把这些全部抛开，只讲历史学家一致认同的、可数的一点事实。

犹太人的先祖有可能居住在阿拉伯沙漠中。我们不知道那些人具体在什么年代告别了故乡，进入西亚的富饶平原。我们知道他们漂泊了很多个世纪，一直在努力寻找一块属于自己的土地，但当时的旅行轨迹早已被岁月湮没。我们还知道在某一时期，犹太人跨越了西奈山脚下的荒漠，并在埃及生活了一段时间。

从那时起，埃及和亚述的文献中开始出现一些与《旧约》所列事件相关的记述。

再往后的故事大家就不陌生了——犹太人如何离开埃及，走过沙漠中的漫漫征程，汇聚成一个强大的部族——这个部族如何征服了商路上的一小块土地，在这个名为巴勒斯坦的地方建立起一个国家，以及这个国家如何为独立而战，在几个世纪的风雨中顽强屹立，终被马其顿国王亚历山大的帝国吞并，后来又在庞大的罗马帝国成为一个小行省的一部分。

但在我提到这些历史事件时，有一点请记住：我不是在写一本有关历史的书。我不打算（依据最准确的史料）为你们还原实际发生过的事。我要尽力为你们呈现的，只是一个民族——犹太民族对过去一些事件的认知。

大家都知道，"事实"与"我们所认定的事实"有很大的差别。每一个国家的每一本历史教科书，陈述的都是被该国国民认定为事实的历史，可是当你跨过国境，翻开邻邦的课本，就会看到历史的一个截然不同的版本。然而读书的孩子们，至死都会相信书里讲的就是事实。

当然，总归会有某位史学家、哲学家或特立独行的怪人通读各国史书，或许终有某种领悟，窥见分毫不差的事实。但如果此人希望平安度过余生，他就会选择保持缄默。

犹太民族与世上其他民族并无二致。无论三千年前、两千年前还是今天的犹太人，和你我一样都是普通人。他们不像自己有时宣称的那样比其他人好，也不像敌对者常说的那样比其他人坏。他们有一些极为难得的优点，同时也有一些极为常见的缺点。可是，有关他们的著述多如牛毛，或褒或贬，抑或不置可否，在这种情况下，要对犹太人应有的历史地位做出准确裁断着实不易。

犹太人也有自己的编年史，记载了他们在埃及、迦南以及巴比伦时，与当地人相处的种种经历。对于这些记载，我们同样很难准确判定其历史价值。

新来的人多半是不受欢迎的。漫长的漂泊岁月里，犹太人在他们所到的大多数国家都属于新来的人。早已在尼罗河流域、巴勒斯坦山谷中安居的老居民，还有那些生活在幼发拉底河两岸的人们，他们都没有张开双臂欢迎犹太人。相反，他们说："我们自己的子女都快没地方住了。让那些外乡人去别处吧。"于是，麻烦就来了。

犹太历史学家在回顾那段日子时，尽其所能美化了自己的祖先。其实今天我们也在做同样的事。我们对率先开拓马萨诸塞州的清教徒大加颂扬，我们详尽述说可怜白人在野蛮人利箭威胁下讨生活的恐怖时光。然而，我们却很少谈及红种人的命运——当年的他们生活在同样无情的白人枪口下。

如果有一部从印第安人的角度忠实记录的历史，读来必定很有意思。可那时的印第安人早已不在人世，我们永远无从得知1620年外乡人的到来给他们留下了怎样的印象。这多么令人遗憾。

过去许多年里，在古代亚洲的历史方面，《旧约》是先人唯一能够看懂并理解的一部书。但一百年前（本书写于1923年。——译注），我们渐渐学会了辨认埃及的象形文字，又过了五十年，我们找到了破译神秘的巴比伦楔形文字的关键。现在我们知道，昔日犹太编年史作者讲述的故事原来还有大不相同的版本。

我们看到他们犯下了所有忠心爱国的历史学者都会犯的错，知道他们如何扭曲事实以求为自己的民族增光添彩。

但在此我要重申，上述问题与本书无关。我不是在写一部犹太民族史。我不是在为他们辩护，也不是要抨击他们的动机。我只是在复述他们对亚洲及非洲历史的阐释，仅此而已。我不会去研究史学大师的论著。花一角钱买来的一本袖珍版《圣经》足以提供我需要的全部资料。

如果你对公元1世纪的一位犹太人提起"圣经"（Bible）这个词，他不会明白你在说什么。这是一个相对较新的词，4世纪时由君士坦丁堡最高主教约翰·克里索斯托发明，他将犹太人的所有圣书统称为《圣经》。

在近一千年的时间里，这部典籍中的篇章不断增加。除少数例外，各卷均以希伯来文写成。但是到了耶稣降生时，希伯来语已不再是通行的口语，取而代之的是更加简单的、普通百姓熟悉的亚兰语，《旧约》中有几篇先知启示就是用亚兰语写成的。不过，请不要问我"《圣经》是什么时候写的"，因为我无法回答。

每一个犹太小村落、每一座犹太小神庙都保留有自己的一些文字记述,由热衷此类工作的虔诚长者写在兽皮或埃及莎草纸上。各种律法和预言有时也被辑录成册,方便来到会堂的人们使用。

公元前8世纪时,犹太人已在巴勒斯坦定居,汇编整理的书卷越来越多。公元前3世纪到前1世纪之间的某个时期,这些文献被翻译成希腊文,传入了欧洲,在那之后又陆续被译为世界各国文字。

《新约》的历史就比较简单了。基督,这位出身卑微的拿撒勒木匠,在他死后的两三百年里,他的信徒与罗马当局的关系一直很紧张。罗马帝国是依靠强蛮武力建立起来的,在当权者看来,爱与仁慈的教义对国家安全构成了严重威胁。所以,早期的基督徒不可能走进一家书店,说:"请给我拿一本《基督传》和一本《使徒行传》。"他们学到的教义都来自私下秘密传抄的小册子。成千上万本这样的小册子被一次次辗转传抄,到后来,其内容的真实性已无从考证。

在此期间,教会渐渐取得了胜利。一度备受迫害的基督徒成为了古罗马的统治者。他们的第一项大举措就是着手梳理三百年压迫导致的宗教经典混乱。教会上层召集了一批学者,通读当时流行的所有书卷,将其中大部分剔除。他们最后决定保留几部福音书以及使徒写给远方教众的少量书信,其余的故事一概废弃。

在这之后是长达几个世纪的讨论和争执,其间在罗马、迦太基(在古代著名海港废墟上建起的一座新城)和特鲁洛召开了多次重大的宗教会议,直到耶稣死后七百年,现今通行的《新约》才终被东西方教会正式接纳。此后希腊文原本被翻译成难以计数的各种译本,但其内容再也没有出现过大的改动。

第二章　创世记

犹太人认为世界是怎样创造出来的。

世间最古老的一个问题：我们从哪里来？

有些人直到生命终结的那一天还在问这个问题。他们并不是一定要得到答案，对他们来说，能够拥有正视现实的勇气是一种幸福，就像是勇敢的战士，面对一项无望成功的任务，他们拒绝屈服，在走向来生时仍带着探求真知的疑问。

然而世上的人形形色色，各不相同。对于无法理解的事物，大多数人都执意要找到一个看似合理的解释；找不到现成的解释，他们就自己发明一个。

五千年前，有关七天创造世界的故事在西亚各族中广为流传。下面要讲的是犹太人的说法。

犹太人的创世传说

要有陆地

他们不甚明确地把大地、海洋、树木、花鸟以及男人和女人的创造分别归功于自己信奉的各位神明。

其实在所有民族中,犹太人第一个认定了独一真神的存在。后面讲到摩西时代的时候,我们再细说这其中的前因后果。

但在最初,后来发展成为犹太民族的那一支闪族人也是信奉多位神明的,相邻各部族早就有这样的习俗。

而我们在《旧约》中看到的创世传说,实际上写于摩西死去一千多年之后,那时"一个上帝"的概念对犹太人而言,已是绝对不容置疑的事实,如果怀疑主的存在,就会被放逐或处死。

现在你们明白了,诗人写下希伯来人对万物源起的定论时,为什么会将创世这项浩繁之举描绘为一个全能意志的突然体现,描绘为他们部落所信奉的神的杰作,他们称这位神为耶和华,即上天的主宰。

下面就是在神庙中向朝拜者讲述的故事。

起初,地球浮在宇宙间,一片死寂,黑暗混沌。没有陆地,只有无边无际的幽深海水覆盖着日后的帝国疆土。耶和华的圣灵降临海面,思考着伟大的行动。然后耶和华说:"要有光。"于是黑暗中出现了第一道黎明的曙光。耶和华说:"这叫作昼。"

不久,亮光消退,世界重又陷入先前那样的黑暗。"这,"耶和华说,"就叫作夜。"他停止了工作,世上的第一日就此结束。

然后,耶和华说:"要有天,以无尽延展的穹顶遮盖下方的水,让云和吹过海面的风各得其所。"事情就这样成了。有夜晚,有早晨,第二日结束了。

然后,耶和华说:"水间要有陆地。"起伏的山峦立即湿漉漉地从海面探出头来,势不可挡地升向苍穹,山脚下铺开了广阔的平原

日月和星辰

和山谷。耶和华又说:"地要丰饶,生出结种子的植物和开花结果的树木。"大地于是一片青葱,绿草如茵,晨曦轻抚着高高低低的树木。又一轮日夜交替,第三日的工作结束了。

然后,耶和华说:"天上要有星辰,可以标记节令、日子和年岁。白天要由太阳掌管,但夜晚是休憩的时间,就让静默的月亮为沙漠中夜行的旅人指明通向歇息处的道路。"这也完成了,第四日由此结束。

然后,耶和华说:"水中要有很多的鱼,天上要有很多的鸟。"于是他造出了雄壮的鲸鱼和纤巧的小鱼,造出了鸵鸟和麻雀,给它们陆地和海洋做栖身之所,并叫它们滋生繁衍,让它们以及后代的

第一个安息日

小鱼、大鱼、鸵鸟、麻雀能够享受生命的恩赐。当晚,当倦鸟把头钻进翅膀下,当鱼潜入幽暗的水深处,第五日结束了。

然后,耶和华说:"这还不够。世上还要遍布爬的、用腿行走的活物。"他造出了牛、虎以及现今尚存和业已绝迹的各种兽类。这项工作完成后,耶和华从地上取了些尘土,照着自己的样子塑成像,赐予它生命,将它称为"人",并置于万物之首。第六日的工作就这样结束了,耶和华看着自己所造的一切都很好,第七日便休息了。

接着,第八日到来,那人在新天地中醒来了。他的名字叫作亚当,他住在一个繁花似锦的园子里,温驯的动物来到他的身边,带来它们的幼崽与他嬉戏,聊解寂寞。可是,那人依然不快乐。因为其他的生灵都有同类陪伴,而他只是孤零零一个。于是,耶和华从亚当的身体里取出一根肋骨,用它造出了夏娃。亚当和夏娃开始在他们的家园里东游西看,这个家被称为"乐园"。

后来他们走到一棵高大的树下,耶和华在那里对两人说:"听好,这很重要。这个园子里各种树上的果子,你们都可以随意吃。但是这棵树能给人分辨善恶的智慧。人若是吃了这上面的果实,就能知道自己的哪些行为是正确的,哪些是邪恶的。他的灵魂将从此不得安宁。所以,你们绝不可以碰这棵树上的果实,否则,可怕的后果将由你们自己承担。"

亚当和夏娃听罢,保证他们会听从吩咐。过了没多久,亚当睡着了,夏娃没有睡,独自在园中走动。突然,草丛里窸窸窣窣一阵响,看!有一条狡猾的老蛇。

那时候,动物们讲的是一种人类能听懂的语言,因此蛇可以轻松地与夏娃交谈,它说它无意中听到了耶和华讲的话,还说夏娃要是认真照办，那可就太傻了。夏娃也是这么想的。蛇把树上的果子递给她，她吃了一点，等到亚当醒了，又把余下的给他吃了。

耶和华勃然大怒。他当即把亚当和夏娃双双赶出了乐园，他们得到尘世中去想办法自己过活。

过了一段时间，他们有了两个孩子。两个都是男孩。大的名叫该隐，小的叫作亚伯。

两个孩子是家里的好帮手。该隐下地干活，亚伯照看父亲的羊群。他们当然也有吵架的时候，兄弟之间本来就容易吵架。

一天，两人向耶和华献上供物。亚伯杀了一只羔羊，该隐则带来了谷物，放在他们专为拜神而搭建的粗石祭坛上。

孩子往往容易相互嫉妒，也喜欢夸耀自己的本事。

亚伯的祭坛上，木柴烧得很旺，该隐却怎么也点不着火。

该隐觉得亚伯在嘲笑他。亚伯说没有，他只是站在一旁看看。

亚伯之死

该隐叫他走开。亚伯不肯,凭什么要他走?该隐便打了亚伯。

没想到该隐出手太重,亚伯倒下去,死了。

该隐吓得魂飞魄散,逃跑了。

但是,耶和华知道出了什么事,找到了躲在灌木丛里的该隐,问他兄弟在哪里。该隐态度蛮横,不肯回答。他怎么知道?他又不是保姆,要负责照管弟弟,不是吗?

撒谎自然没有好下场。正如当初将违背他意愿的亚当和夏娃逐出乐园,这一次耶和华把该隐赶出了故乡。该隐虽活得很长,但终其一生再也没与父母相见。

至于亚当和夏娃,他们过得很不快乐。毕竟,他们的小儿子死了,大儿子跑了。

他们后来又生了很多孩子,两人活到很老才离世,被漫长岁月中的劳苦和不幸压弯了腰。

✵

渐渐地,亚当和夏娃的子孙开始散居到世界各地。他们有的向东,有的向西,有的北上走进了群山,还有的南下消失在荒凉沙漠中。

然而该隐的罪孽已给这些先民烙上了印记。邻里之间常常暴力相向。人们相互残杀,偷别人的羊。女孩出门很不安全,怕被邻村的男孩掳走。

世界一团糟,刚刚开始就成了这种局面。看样子有必要从头再来过。也许新的一代能够更好地遵从耶和华的意旨。

那时候有一个人名叫挪亚,他是玛士撒拉(此人活了九百六十九岁）的孙子，先祖塞特是该隐和亚伯的弟弟，在那场家庭悲剧之后出生。

挪亚是个好人，做事但求无愧于心，且待人友善。如果要再造人类，挪亚会是一个非常好的开端。

耶和华于是决定尽数毁灭其他人，唯独留下挪亚一家。他来到挪亚面前，命他去造一艘船。船要有四百五十英尺长、七十五英尺宽、四十三英尺高。这几乎和现代的远洋轮船一样大了，很难想象挪亚只用木头怎么能造出如此巨大的一艘船。

难虽难，他和儿子们毅然投入了工作。邻居们在一旁看得直乐。方圆一千英里之内一条河、一片海都没有，在这里造船未免太好笑了！

但挪亚带着忠实的帮手坚持埋头苦干。他们砍来粗壮的柏树打造成龙骨，筑起船身，并在表面抹上松脂，防止船舱进水。第三层甲板完成后，他们又在上面搭建了顶盖，用的是厚重的木料，以抵挡将要倾泻在这个罪恶世界上的暴雨。

然后，挪亚和他的家人（包括他的三个儿子及儿媳），开始为出行做准备。他们到田野、到山里全力捕捉各种动物，以备重返陆地之后仍有禽鸟兽畜可以吃，可以用来献祭。

他们为捕猎忙活了整整一个星期。那艘被称作"方舟"的船里，各种奇异生物的吵闹声响成了一片，它们不喜欢挤在狭小的空间里，抓着笼子的栏杆又啃又咬。当然了，鱼类没有被带上船，它们自己就能应付大水。

第七天的晚上，挪亚和家人上了船。他们收起跳板，关上了舱门。

造方舟

那天深夜,雨落了下来。大雨一连下了四十个昼夜。雨停时,世界已变成了汪洋,这场恐怖的洪水过后,挪亚一家以及方舟上的鸟兽便是世上仅存的生灵了。

✼

不过,耶和华发了慈悲。一场狂风将乌云扫尽。阳光又一次洒

开始下雨

在了翻腾的水面上,一如创世之初。

挪亚小心翼翼地打开一扇窗,向外张望。他的船正静静地漂在一望无际的海上,完全看不到陆地的影子。

挪亚放出一只乌鸦,那鸟飞了回来。然后,他放出一只鸽子。鸽子比大多数鸟飞得都远,但这个可怜的小家伙飞来飞去,根本找不到可以落脚休息的树枝,便又飞回了方舟,挪亚把它接了进来,送回笼里。

他等了一个星期,又一次把鸽子放了出去。鸽子一日未归,但是到了晚上，它飞了回来，衔着一枝新鲜的橄榄叶。显然，大水开始退了。

又过了一个星期，挪亚第三次放出鸽子。它再也没有回来，这是个好兆头。不久之后，船忽然一震，挪亚知道，这是碰上陆地了。方舟停在了今天亚美尼亚地区的亚拉腊山上。

第二天，挪亚下了船。他当即找来一些石块筑起祭坛，杀了些鸟兽放在坛上献祭。转眼间，一道巨大的彩虹点亮了天空。这是耶和华与他的忠实仆人约定的信号，是对幸福未来的允诺。

此后，挪亚和儿子们——闪、含、雅弗——以及他们的妻子重新开始了耕种放牧的生活，家中子孙满堂，牲畜成群，日子过得安宁祥和。

祭坛

彩虹

巴别塔

但是，要说他们是否从刚刚过去的危机中吸取了教训，这还是很值得怀疑的。挪亚有一座葡萄园，他自己酿了美味的葡萄酒，喝得太多便醉了，举止和一般的醉汉没有两样。

他的两个儿子为老父亲感到难过，做得非常得体。可三儿子含却觉得这太好笑了，他纵声大笑，很不像话。

挪亚酒醒之后，气得火冒三丈，把含赶出了家门。犹太人认为含就此去了非洲，成了黑人的始祖，为此他们很看不起黑人，这是极不公正的。

在这之后，有关挪亚的故事就不多了。他有一个后裔名叫宁录，是出名的猎人，至于闪和雅弗境遇如何，《圣经》中没有记载。

不过，这两人的子孙做了一件让耶和华大为恼怒的事。他们似乎一度迁移到了幼发拉底河流域，后来在那儿建起了巴比伦城。他们喜欢这块肥沃的土地，决定造一座很高的塔，作为同族各个分支会聚的地方。于是他们开始烧砖，为这座宏大的建筑打造地基。

可是耶和华不希望他们在一个地方永久定居。人要分散到世界各地去，不能都聚在小小的一片平原上。

人们正在塔上忙碌的时候，耶和华突然把他们的口音变得五花八门。众人忘记了原先使用的同一种语言，只听得脚手架上各种语言叽里呱啦地混成了一片。

如果工人、工头和建筑师有的说汉语，有的说荷兰语，有的说俄语，有的说波利尼西亚语，自然也就没法协力造房子了。于是，人们放弃了天下一国、大家同聚在一座高塔下生活的念头，不多久便分散到各处，地球上再偏远的角落也有人居住了。

简单来说，这就是世界创造之初的故事。后面我们将要单一讲述犹太民族的经历。

第三章 先驱们

那时埃及金字塔已建成多年,犹太人在亚伯拉罕的带领下,离开了阿拉伯荒漠的边缘地带,西行寻找放养牲畜的新牧场。

亚伯拉罕是一位开拓者。

他虽是几千年前的人物,生平事迹却让人联想起19世纪上半叶,奋勇开拓美国西部荒山原野的先驱们。

亚伯拉罕的家族来自幼发拉底河西岸一个叫作吾珥的地方。

自从先祖闪下了方舟,这一家族便世代以放牧为生,日子过得很是兴旺。亚伯拉罕本人也是一位富有的牧场主,拥有几千只羊,雇了三百多名青壮年男子照看羊群。

这些人对雇主十分忠诚,就算为他赴汤蹈火也在所不辞。他们构成了一支小小的私家军,亚伯拉罕在地中海沿岸一带为争夺牧场而战时,他们发挥了巨大的作用。

七十五岁那年，亚伯拉罕听到了耶和华的召唤，要他离开父亲的家，到迦南去建立新的家园。迦南就是巴勒斯坦的旧称。

亚伯拉罕欣然从命。当时与他住在同一地区的迦勒底人与四邻不和，终年冲突不断，而这位睿智的犹太老人喜爱和平，厌恶这些无谓的争斗。

他命人拆除帐篷。男人把羊群聚拢到一起。女人收拾起睡觉用的毯子，准备了穿越沙漠所需的食物。犹太人的第一次大迁徙就这样开始了。

亚伯拉罕已经成家，他的妻子名叫撒拉，可惜一直没有生育。亚伯拉罕让侄子罗得做了这支长征队伍的副统领。安排妥当，他下令起程，沿着笔直指向落日的道路进发。

他的队伍没有进入巴比伦河的宽阔谷地，而是一直贴近阿拉伯沙漠的外围行走，以防被亚述人的凶蛮军队发现，抢夺他们的羊甚至女人。他们一路上没有遭遇意外，平安到达了亚洲西部的放牧区。

队伍在示剑村附近停下，亚伯拉罕在一棵名为摩利的橡树旁，为耶和华筑了一座祭坛。之后，他朝着伯特利继续前行，在那里停留了一段时间，考虑下一步的计划，因为迦南并不像他预期的那样丰饶。

亚伯拉罕和罗得带着大群的牲畜突然到来，山坡上的草很快被一扫而光。为争夺好草场，亚伯拉罕和罗得各自手下的牧人动起手来，这次长途迁徙眼看就要在混战中夭折。

这完全违背了亚伯拉罕的本性。他把侄子叫到自己的帐篷里谈话，提出两人分界而居，和平相处，骨肉至亲理当如此。

罗得也是一个明理的年轻人，很痛快地与叔叔达成了协议。

亚伯拉罕筑了一座祭坛

侄子愿意留在约旦河平原,亚伯拉罕就要了余下的地方,今天这里被统称为巴勒斯坦。亚伯拉罕在沙漠的似火骄阳下度过了大半生,所以迫切希望找到一个有大树遮阴的清凉所在。

在古城希伯伦附近,幔利的橡树林中,他扎下了帐篷,并在此筑起一座新坛,以感谢耶和华指引他平安到达这个幸福的新家。

然而,平静的生活并未持续多久。他的侄子与邻居发生了争端,亚伯拉罕不得不为保护家人而战。

亚伯拉罕在荒漠中的最后一个家

亚伯拉罕和罗
得到达约旦河

当地的统治者中,最危险的人物要数强大的以拦王。他实力雄厚,可以与亚述的统治者抗衡。当时他正试图向所多玛和峨摩拉征收贡税。遭到两城拒绝后,以拦王便决定出兵讨伐。

不幸的是,双方交战的地方正是罗得居住的谷地。士兵打得兴起,不问青红皂白,在俘虏所多玛和峨摩拉的男男女女时,连带着把罗得一家也抓走了。

亚伯拉罕从一个侥幸逃出来的邻人口中得知了这件事。他召集起手下的牧人,自己一马当先,率队出发。夜半时分,他赶到了以拦王的营地,趁以拦人熟睡之际迅速展开偷袭。睡眼惺忪的卫兵还没回过神来,亚伯拉罕就已救出罗得、走在返回约旦河的路上了。

这一来,他自然名声大噪,在相邻各部落眼中成了一个了不起的人。

从屠杀中逃生的所多玛王前来迎接亚伯拉罕。与他同来的还有撒冷王麦基洗德。撒冷又名耶路撒冷,是迦南地区一座非常古老的城市,早在犹太人西行之前几百年就已建成。

麦基洗德与亚伯拉罕一见如故,因为两人都奉耶和华为至高无上的天地主宰。但是,亚伯拉罕不喜欢崇拜异教怪神的所多玛王,当所多玛王把从以拦人那里夺回的战利品分出一大半送给他时,亚伯拉罕没有接受。他手下的人在饥饿难耐时吃掉了几只羊,但将其余的战利品全部物归原主,还给了所多玛城。

可惜啊!那些人并没有好好利用这笔财富。

所多玛和峨摩拉两城的人在西亚名声很坏。他们懒惰成性,好逸恶劳,犯下种种罪行,而且任由杀人凶手逍遥法外。

常常有人告诫他们,这样下去不能长久。他们却总是一笑置之,依然我行我素,左近正派的居民对他们无不深恶痛绝。

一天傍晚,红色的夕阳沉到了藏青色的山岭背后,亚伯拉罕坐在自己的帐篷前。他对此时的生活感到心满意足,当初耶和华在吾珥许下的承诺终于要实现了。亚伯拉罕一直膝下无子,而现在,妻子撒拉将要为他生一个孩子。

他正想着这件事,还有其他杂七杂八的事情,只见路上走来三个陌生人。他们风尘仆仆,看样子很累,亚伯拉罕便请他们进来歇歇脚。撒拉被叫来,急急忙忙地做了晚饭,几个人在树下吃过饭,又坐在一起聊天。

天色渐晚,陌生人说他们该上路了。亚伯拉罕热心地要为他们指一条近道。得知这三个人要去所多玛和峨摩拉时,亚伯拉罕恍然大悟:自己款待的竟是耶和华和他的两位天使。

亚伯拉罕猜到了他们此行的目的,他一向忠心护卫自家人,因此恳请主宽恕罗得及他的妻儿。

耶和华应允了这一请求,并进一步答应,如果能在任何一座城中找出五十、三十甚至只是十个正派人,他就饶过这两座城。

看来他是没有找到。

那天深夜,有人向罗得报警,让他立即带着家人逃往安全的地方,因为所多玛和峨摩拉都将在黎明之前被烧为灰烬。他必须尽可能快跑,中途绝不能回头张望身后发生了什么事。

罗得听从指示,叫醒了妻子和孩子,连夜赶路,能走多快就走多快,要赶在天亮前到达琐珥村。

可是一家人尚未脱离险境,罗得便失去了妻子。

她实在是好奇心重了一点。天空红彤彤的,她知道此刻烈火正在吞噬所有的邻居。

她回头偷看了一眼。

耶和华发现了。他把这女人变成了一根盐柱,罗得一下子成了鳏夫,独自带着两个女儿。后来一女生下摩押,摩押人由他而得名;另一女也有一个儿子,名叫便亚米,他创建了著名的亚扪部族。

罗得的不幸遭遇令亚伯拉罕心情抑郁。他决定离开现在居住的

罗得的妻子被变成了一根盐柱

地方，远离那两座罪恶城市的焦黑废墟和不堪过去。

他离开了幔利的森林和平原，又一次西行，一直走到了地中海附近。

这时在沿岸地区居住的是从远方克里特岛迁来的一个部族。早在亚伯拉罕出生前一千年，他们的都城克诺索斯被一股不知名的敌人摧毁。逃出来的人曾想在埃及立足，却遭到了法老军队的驱逐。后来他们坐着船向东航行，凭着远比迦南人精良的兵器装备，在地中海岸边占据了一块狭长的土地。

埃及人把这些人称作非利士人，他们便将自己的国家命名为非利士，也就是今天我们所说的巴勒斯坦。

非利士人无休无止地与四邻争斗，和犹太人之间也是吵闹不断，直到罗马人来吞并了他们的国家。犹太人还过着放牧的简陋生活时，非利士人的祖先已是西方世界文明程度最高的部族。美索不达米亚的农人还在用木棒和石斧厮杀时，他们已经掌握了铸剑的技术。那么少的非利士人能在长达几个世纪的时间里与众多迦南人及犹太人

巴勒斯坦海岸边的
非利士人领地

抗衡，原因也就在这里了。

尽管如此，亚伯拉罕仍是带着他的队伍昂首走进了非利士，在别是巴附近安顿下来，并在那里为耶和华筑了一座祭坛。他们挖了一口深井，以便随时有淡水可用，还种了一小片树，让孩子们能在清凉的树荫里玩耍。

这的确是一座快乐的家园，正是在这里，亚伯拉罕和撒拉的儿子出生了。父母为他取名叫以撒，意为"欢笑"，夫妇二人在放弃一切希望之后得了这个孩子，那份欢喜自不必言。

事实上，在多年期盼子嗣而血脉延续似已无望时，亚伯拉罕依

亚伯拉罕在新环境里建了一个家

夏甲遭遣

照当时当地的风俗，又娶了一房妻子。即使在今天，亚洲和非洲有许多信仰穆罕默德的人，仍可以娶两个或三个妻子。

亚伯拉罕的第二个妻子不是犹太人，她是一名使女，埃及人，名叫夏甲。撒拉对她没有丝毫好感，这也是人之常情，等到夏甲生下了儿子以实玛利，撒拉更是恨之入骨，想置她于死地。

在农庄里，以实玛利自然要和同父异母的兄弟一起玩。两人少不了拌拌嘴，肯定还会偶尔打上一架。

这一切都让撒拉难以忍受。

她比夏甲年纪大得多，容貌不及夏甲一半美丽。她想除掉这个危险的竞争对手，独享丈夫的宠爱，她简直一刻也不能再等了。

她去找亚伯拉罕，要求他把夏甲和以实玛利送走。亚伯拉罕没有答应。毕竟以实玛利是他的亲生骨肉，而且他爱这个男孩。这么做不公平。

然而撒拉的态度非常坚决，最后耶和华对亚伯拉罕说，最好还是按他妻子的意思办。争吵不是办法。

在一个悲伤的早晨，好脾气的亚伯拉罕为了家中的安宁，与忠诚的使女和自己的孩子告别。他让夏甲回到她的族人那里去。可是从非利士到埃及,路途漫长而又艰险。夏甲和以实玛利走了还不到一个星期,就险些因干渴而丢了性命。他们在别是巴的旷野里迷了路,要不是耶和华在最后关头出手相救,为他们指明水源,两人就渴死在那里了。

夏甲最终到达了尼罗河畔。她和以实玛利受到亲友的欢迎,安稳住下,男孩长大以后,成了一名战士。至于亚伯拉罕,他再也没有见过以实玛利,这件事过后没多久,他还险些失去了第二个儿子。但这次是出于完全不同的原因。

亚伯拉罕一向遵从耶和华的旨意,这对他来说比什么都重要。他为自己的正直和虔诚感到骄傲。耶和华决定最后再考验他一次,而这一次差点以死亡结局。

耶和华突然出现在亚伯拉罕面前,叫他把以撒带到摩利亚的山里去,杀死之后焚烧献祭。

这位年迈先驱在最后的考验面前依然忠诚不渝。他命两个仆人做好短途出行的准备。他让驴子驮上大堆的柴禾。他带上水和干粮,毅然走进了沙漠。他没有告诉妻子自己要去做什么。耶和华降下了指示,这就够了。

三天后,亚伯拉罕和以撒到了摩利亚山,以撒一路上玩得很开心。

亚伯拉罕让两名仆人原地等候,自己牵着以撒的手,登上了山顶。

以撒这时已有些疑惑。他常看父亲做祭祀,这次却好像不大一样。他认得石头祭坛,也看见了木柴。父亲带着一把长长的刀,那是献祭时割开羔羊喉咙用的。可是,羔羊在哪儿呢?他问父亲。

"时辰到了,耶和华会给羔羊的。"亚伯拉罕答道。

然后他抱起儿子,放在粗糙的石头祭坛上。

他拿起了刀。

他把以撒的头向后仰,露出脖子上的动脉好下刀。

就在这时,一个声音响起。

亚伯拉罕献出以撒

耶和华再次开口了。

现在他已知道亚伯拉罕是自己最忠诚的追随者,不需要这位老人拿出更多虔心的证明了。

以撒下了祭坛。正巧不远处有一只黑色的大公羊,犄角卡在灌木丛里动弹不得,便被抓来代替以撒做了祭品。

三天后,父子二人与撒拉重新团聚。

但是,经历了种种苦痛悲伤之后,亚伯拉罕似乎不再喜欢这个地方。他离开了别是巴,这里的一切都让他想起夏甲和以实玛利,还有痛苦的摩利亚山之行。他回到了初到西部时住过的幔利平原,在那里为自己建了一个新家。

撒拉年纪大了,经受不住又一次旅途劳顿,去世了。她被葬在麦比拉洞里,这是亚伯拉罕花了四百谢克尔银币,从一位名叫以弗仑的赫梯农夫手中买下的。

事后,亚伯拉罕感觉到了深深的孤寂。

他这一辈子都是在忙忙碌碌中度过的。他旅行、劳作、奋勇战斗,现在他累了,想休息了。

安葬撒拉

可是，他放心不下以撒的将来。这孩子当然要娶妻成家。但周围一带的姑娘都属迦南部落，而亚伯拉罕不希望儿媳日后教导自己的孙儿们敬奉异教神明。他有一个兄弟名叫拿鹤，在他西迁时留在了老家，听说家中人丁兴旺。亚伯拉罕觉得，让以撒与某位表姊妹结婚是个好主意。这样既能增进家族的团结，又避开了娶异族女子的麻烦。

于是亚伯拉罕叫来手下最年长的仆人（这人为他打理家产很多年了），嘱咐了一番。他讲明了自己想为以撒找一个什么样的女子——她要精于操持家务，要能帮忙干农活，还有最关键的一点，要善良宽厚。

仆人说他听明白了。

他备了十二匹骆驼，满载着礼物，他的主人亚伯拉罕在迦南成就斐然，应该让家乡的人们知道这位老同乡的尊贵。

仆人沿着近八十年前亚伯拉罕走过的路，一直向东走了许多天。到达吾珥之后，他放慢了行进速度，想办法打听拿鹤一家住在哪里。

一天傍晚，沙漠白天的热浪退去、夜晚的清凉袭来时，他来到了哈兰城外。女人们正拿着水罐从城里出来取水，准备做晚饭。

老仆人让骆驼跪下休息。他又热又累，便向一个姑娘讨水喝。姑娘说："好，没问题。"她是真心乐意帮忙，等老人喝完了水，她请他等一等，又去打水给可怜的骆驼喝。老仆人问她是否知道哪里可以借宿，姑娘说，她的父亲一定会很高兴安排他住下，喂他的骆驼，请他休息够了再继续上路。这简直美妙得让人不敢相信。眼前这位女子活脱脱就是亚伯拉罕要求的儿媳形象，她活力洋溢，年轻又俏丽。

利百加打水的井

余下的问题只有一个：她是谁？

她的名字叫作利百加，她的父亲彼土利是拿鹤的儿子。她有一个哥哥叫拉班，她听说过一位名叫亚伯拉罕的亲戚，在她出生前很多很多年就搬到迦南去了。

老仆人这下肯定了，这就是自己要找的女子。他去见彼土利说明来意。他讲了主人的事迹，讲了亚伯拉罕拥有的财富和权力在地中海沿岸一带无人能及。他适时拿出了从希伯伦带来的地毯、银耳环和金酒杯，让吾珥的人们看得赞叹不已，接着他提出，利百加能否和他一同回去，嫁给年轻的以撒。

做父亲和哥哥的非常愿意结这门亲。在那个年代，家中做这类决定很少征询女孩本人的意见。但彼土利是一个通情达理的人，希望女儿过得幸福，于是问利百加愿不愿意到异乡去，嫁给她从未见过的表亲。

姑娘回答："我愿意去。"并做好了准备即刻动身。

陪她一同前去的有她的老奶妈，还有众多使女。一行人各自骑着骆驼，猜想着那个陌生的国度究竟会是什么样，来传信的老仆人描绘了一幅灿烂的美景。

到达时，她的第一印象的确很愉快。

那是向晚时分。

骆驼慢悠悠地迈着步子，行走在尘土飞扬的路上。远处，一个男人正在田间散步。

他听见叮当的驼铃声，站住了。

他认出那是自家的骆驼，急忙跑上前来，看到了未来妻子蒙着面纱的脸。

仆人三言两语向少主人报告了情况，并说利百加的心地和她的外貌一样美。

以撒觉得自己很有福气（他确实有福），他与利百加成了亲，不久，亚伯拉罕去世了，被安葬在麦比拉洞里、妻子撒拉的身边。以撒和利百加继承了田地、牲畜等等一切曾经属于亚伯拉罕的财物，他们年轻，快乐，到了晚上便坐在帐篷外，逗弄一对双胞胎儿子。大儿子名叫以扫，意思是"有毛的"，小儿子叫作雅各，两人有许多奇特的经历，下面我们就来讲讲。

像以扫和雅各这样性格迥异的两兄弟实在少见。

以扫是个粗放、率真的年轻人，一身古铜色的肌肤，看上去就像一头熊。他双臂健壮多毛，跑起来快得像匹马。他整天在外游荡，忙着打猎、布设陷阱，与田野里的鸟兽生活在一起。

雅各则不同，很少离家。他是母亲的宠儿，利百加对他百般溺爱，却不知这有多么愚蠢。

大块头、大嗓门的以扫身上总带着一股骆驼和山羊的气味，还常常把牲口棚里的幼畜带进家里去，这些都让利百加很反感。她认为以扫呆头呆脑、胸无大志。雅各就不一样了，他温文尔雅、笑容和煦，在母亲眼里是一个非常聪慧的孩子。利百加总觉得遗憾，雅各没能比以扫先一步出生，那样的话，他就是父亲的继承人了，而现在，以撒的全部家产都将传给一个乡巴佬，他跟牧场上放羊的人没什么两样，他讨厌精美的地毯和家具，还觉得拥有财富、出身名门很烦人。

然而从古至今，事实终归就是事实。雅各身为次子，只能扮演这个默默无闻的角色，而没心没肺的大个子以扫声名远扬，在当地是数一数二的重要人物。

利百加与雅各联手密谋、母子二人终于骗得长子继承权的故事，读起来很难让人有好心情，但是对此后的历史有着至关重要的影响，所以细节虽然可以略去，这件事却不能不讲一讲。

正如我们前面说过的，以扫打猎、种地、放牧，多半的时间都在田野里度过。像他这样的人大都疏懒随性。生活在他看来简单得很，有阳光，有风，有羊群——凡事只要顺其自然也就差不多了。他对高深的问题没兴趣。他饿了就吃，渴了就喝，困了就去睡觉。

除了这些，还有什么可操心的？

雅各却是不同，整天坐在家里动脑筋。他贪心，占有欲强。他怎么才能把原本属于哥哥的东西据为己有呢？

这天,他等来了机会。

以扫外出打猎回来,饿得前胸贴后背。雅各正在厨房里忙碌,给自己煮美味的红豆汤。

"给我吃一点吧,快给我。"以扫求他。

雅各假装没听见。

"我饿极了,"以扫说,"把你的豆子给我一盘。"

"你拿什么报答我呢?"他的兄弟问。

"什么都行。"以扫答道,这时他一心只想吃东西,根本顾不上考虑其他的事。

"你愿意把长子的继承权全部给我吗?"

"当然。我坐在这里快饿死了,要那些有什么用?把你的豆子给我一盘,你把那些权力统统拿去好了。"

"你发誓?"

"要我发什么誓都行!快给我红豆汤。"

不幸的是,那时的犹太人认真刻板。换作其他人,或许会觉得这不过是年轻人之间的玩笑话——一个饿急了的人为了饱餐一顿,什么都肯答应。

但是在雅各的观念里,既然发了誓,就不能反悔。

他把这件事告诉了母亲。以扫为了一碗汤,自愿地交出了他的长子特权。现在他们必须想办法获得以撒的认可,那样一来,契约就正式成立了。

机会很快就来了。

以撒患上了沙漠居民中常见的眼疾,视力渐失。另外,他刚刚度过一段极为艰难的日子。幔利平原遭遇了持续的干旱,以撒被迫

以扫失去了长子特权

把他的牲畜向西边转移,深入非利士人的地盘。

非利士人自然是千方百计要把他赶走。他们用土填上了亚伯拉罕当年在别是巴旷野里挖的水井。旅行令人疲惫,种种辛苦让以撒更加衰老,他深深思念着亲切的故乡风光。

现在,他终于回到了希伯伦的土地上。他感觉到大限已近,便想把事情安排妥当,自己也好安心离去。他叫来了长子以扫,让他到林子里去猎一只鹿,做一顿他爱吃的烤肉。之后,他将为以扫祝福,并依照律法把自己的财产赠予他。

以扫说:"好的。"他会照办。他拿起心爱的弓箭,出门了。可是,利百加偷听到了这段谈话,急匆匆跑去告诉雅各。

"快!"她小声说,"机会来了。你父亲今天感觉很不好,怕是快要不行了,想在今晚睡觉前为以扫祝福。我要你乔装打扮一下,让老头子把你当成以扫。然后,他就会把全部的家产都给你,那不正合我们两人的心意?"

雅各不喜欢这个主意。这听起来实在太冒险。他皮肤光滑，嗓音尖细，怎么可能冒充浑身毛茸茸的以扫？但是，利百加已经都盘算好了。

"这事简单，"她对雅各说，"我来教你。"

她麻利地杀了两只小羊羔，按以扫的方法把肉烤好。她随后把剥下的羊皮裹在雅各的手上、胳臂上，又取来以扫的一件满是汗渍的旧外衣，披在雅各肩上。她嘱咐雅各用粗哑的嗓音说话，照着以扫平常的样子去见父亲。

以撒完全被骗过了。他听到了熟悉的声音，闻到了以扫外衣上常带着的那股田野气息，摸到了大儿子健壮、多毛的手臂。于是，吃过了肉，他便叫那冒牌货跪下，为他祝福，让他继承了自己的一切。

雅各刚刚离开父亲的房间，以扫就回来了！接下来便是一场大闹。祝福已经送出，以撒也不能把说出口的话再收回来。他虽深爱以扫，然而毕竟错已铸成，无法挽回了。雅各是个贼。他偷走了本该属于哥哥的一切。

以扫暴跳如雷，发誓一有机会就要杀了雅各。利百加害怕起来，她知道自己宠溺的宝贝根本敌不过这个狂怒的男人，更何况他此刻义愤填膺，越发显得强悍。

她让雅各逃走，到东边去找她的哥哥拉班，最好是在那边住上一阵，等家里风头过去再说。雅各到了那边，可以娶一位表亲成个家，先在舅舅的族人中安顿下来。

雅各一向没有什么英雄气概，就按照母亲说的办了。

不过，他既然做下了昧良心的事，总要经历几番波折，才敢回家面对被他无情伤害过的哥哥。

雅各的梦

雅各顺利地找到了舅舅住的地方,但在半路上,他做了一个古怪的梦。当时他走到伯特利附近,在沙漠里睡着了。他后来对人说,忽然之间天门大开,他看见一道梯子从地面直通向天国,梯子上是耶和华的众多天使。耶和华站在梯子顶端,对他说了话,并许诺与他为友,在他逃亡期间给予帮助。

这个故事是否属实,我不知道,我倾向于认为雅各后来这样说,一是为了减轻自己内心的愧疚,二是让人们相信他其实并非那样不堪,因为无上的神都与他有交情。

至于上天的援助,我们实在没有看到多少。雅各到达吾珥后,他的舅舅欣然收留了他,但是,当他提出要娶年轻貌美的表妹拉结为妻时,拉班先让这个外甥无偿为自己干了七年活,之后把自己的大女儿——雅各不喜欢也不想要的利亚许给了他。雅各倒也说明了自己的心意,但他的舅舅告诉他,当地的规矩是长女出嫁以后小女儿才能离家,如果雅各还想要拉结,他必须答应再干七年活。那样

以扫回家时,雅各逃跑了

的话,他可以把拉结也娶走。

雅各又能怎么样呢?家里,以扫还拿着大棒等着他。他没有自己的地盘。再说他爱拉结,觉得有了她人生才会幸福。他继续为舅舅放羊,勤勤恳恳地干了七年,完成了自己订下的合约。

直到这时,他始终是听凭母亲的亲戚支配。他没有自己的羊群,也没有能力自立门户。他又一次和拉班商定了协议。他将在这里再干七年,期满之后,拉班土地上所有的黑色羊羔以及身上有花斑的山羊都可以归他所有,这将为他走向独立开一个好头。

这是一项奇特的交易。拉班知道,黑色羊羔几乎和花山羊一样少见。因此他估计自己不会损失太多,为保险起见,他把现有的花斑公羊和母羊全部送到了另一个牧场上,由自己的儿子照看,以免落入雅各手里。

这是舅舅与外甥的一场头脑较量,最终,还是外甥胜了一筹。

雅各是一个非常出色的牧羊人。他在这一行里驾轻就熟,还掌

第三章 先驱们 | 45

握了不少窍门。他知道怎样调配羊群的水和饲料,培育出更多毛色特殊的绵羊和山羊。

拉班却不一样,他把大部分农活交给了儿子和手下的奴隶,自己并不了解新的饲养方法。没等他明白过来,他的羊群已有大半归了雅各。他发觉之后大怒,可惜为时已晚,雅各已经走了。他带着所有属于他的黑羊和所有属于他的花斑羊,还有两个妻子和十一个孩子走了。除此之外,他趁着拉班家中无人时闯进去,卷走了老丈人家里的财物。

拉班和雅各从来没有公开地武力相向,即便有过摩擦,这种家庭纠纷也都是私下解决的。不过,雅各就此离开了吾珥,眼看没有其他地方可去,他决定干脆冒险回迦南。或许以扫会原谅他,再者,万一以撒已经过世,还有遗产的问题需要处理。

如果雅各的话可信,这次穿越沙漠的旅程中,他又做了奇怪的梦。他发誓说,真的曾有一次,他与耶和华的一位天使摔跤,就要把对方扳倒时,扭伤了大腿,天使告诉他,他应从此改名叫"以色列",还说他将在出生地成为显赫的王公。

可是,离幔利越近,雅各越是觉得心虚,听说以扫带了一大群人和骆驼出来迎他,他胆战心惊,怕这是要来找自己算账了。

他竭尽全力讨好以扫,愿把自己的全部财产都送给哥哥。他把自己的羊分成三群,每天给以扫送去一群作为礼物。其实,以扫虽是粗人,却心地仁慈。他不想要雅各的任何东西。他早已经原谅了弟弟,两人终于见面时,他亲切地拥抱雅各,说过去的事情就让它过去吧。他告诉雅各,父亲很老了,但还健在,会很高兴看到家中新添的这些孙儿们。

雅各到达希伯伦之前有十一个孩子，还没回到老家的牧场，就已变成十二个了。

拉结和利亚彼此仇视已很久了。雅各不中意的糟糠之妻利亚有十个儿女。可怜的拉结只有一个儿子，名叫约瑟。后来在旅途中，她又生了一个男孩，取名便雅悯，但她产下孩子就死了。

返乡的路染上了悲伤的色彩。拉结被葬在伯利恒，雅各随后赶着牲畜继续西行，最终到达希伯伦。

此时还算硬朗的以撒见到了出走多年的儿子。但不久，他便去世了，被葬在他的父亲亚伯拉罕、母亲撒拉安息的麦比拉洞里。

已改名叫以色列的雅各继承了父亲的财产，在家乡安顿下来，开始享用欺骗和偷窃的成果。然而这样来路不正的家业是很难兴旺的。过了没多久，雅各又一次被迫离开老家。他在遥远的埃及、在远离祖先墓地的地方度过了生命中最后一段时光。

关于这些，我们下一章再讲。

第四章　继续西行

多年的漂泊之后,犹太人在埃及建起新的家园,他们的族人约瑟在那里执掌了大权。

必须记住:《旧约》其实是由零散的、互不关联的历史片段集结而成,在犹太民族的缔造者死去近一千年后,才被编辑成为一本书。亚伯拉罕、以撒和雅各是这部编年史中最早出现的重要人物。他们敢于开拓,探索蛮荒地带,就像美国最初的清教徒移民,具备同样的勇气、锲而不舍的精神和对理想的执著。

但在他们那个时代,犹太人还没有掌握文字。种种经历都是由父亲讲给儿子听,每一代人都在叙述时稍稍地添枝加叶,为祖先塑造更加光辉的形象。

这样的历史记录很难有一条贯穿始终的清晰主线。不过,有一点给我们留下了极深的印象。三千年前的犹太人有一个不得不解决的难题,而那也是所有学过美国历史的学生都很熟悉的一个难题。当时的犹太人以放牧为生,所以,他们需要不断地开辟新牧场。亚伯拉罕离开家乡一路西迁,为日渐壮大的牲畜群寻找新的草场。有很多次,他觉得自己找到了适合安居的地方,于是盖房子,挖水井,平整土地开辟牧场。可是没过几年,旱灾来了,亚伯拉罕只能拔营起寨,再度上路,在西亚漂泊。

在以撒生活的年代,各犹太支派渐渐把迦南当作了固定的聚居地。可是,这个和平繁荣的时期并没有持续多久。雅各自己从不曾在一个地方长期定居。他步入晚年以后,巴勒斯坦遭遇持续的干旱,生存难以为继,犹太人被迫离开了亚洲,迁往非洲。这是一次漫长的告别,但他们始终惦念着自己选中的那块土地,一有机会便返回故乡。

老人们聚在犹太小镇的城墙下,祖辈的丰功伟业是他们津津乐道的话题,故事就这样流传下来。

各位应该还记得,雅各娶了一对姐妹。姐姐名叫利亚,生了十个儿女。妹妹名叫拉结,只有两个儿子——便雅悯和约瑟。

雅各深爱拉结,而对利亚没什么感情。相比利亚的孩子,他自然是更加宠爱拉结的孩子,而且,在孩子们同桌吃饭或在外干活时,他似乎并不掩饰自己的这种偏心。这是很不明智的做法,不该让男孩子知道自己在众兄弟中格外受父亲偏爱。这样很容易把他惯坏。

约瑟是个非常机灵的孩子,比同父异母的哥哥们聪明得多,在家里很快就成了让人头疼的捣蛋鬼。他知道不论他说什么、做什么都不会受到惩罚,所以越发地肆无忌惮。一天早上吃早饭时,他宣

约瑟的第一个梦:禾稼

称自己做了一个奇妙的梦。

"什么梦?"其他人问。

"哦,其实也没什么,"他答道,"我梦见咱们都在地里干活,捆禾稼,我的那捆立在正中央,你们的围成一大圈立在周围,都朝着我的那捆鞠躬呢。就是这么一个梦。"

兄弟们虽不是很聪明,但都听出了约瑟话里的意思,对他更添了一份恶感。

几天后,约瑟故技重演,这一次却做得太过火,连父亲也被他惹恼了,而平日里,雅各一向觉得约瑟说的、做的都很有趣,都是

约瑟的第二个梦：星星

他脑筋好的表现。

"我又做了一个梦。"约瑟说。

"这回是什么？"家里其他人有点不耐烦地问，"又是禾捆吗？"

"哦，不，这回是星星。天上有十一颗星星，它们和太阳还有月亮全都朝我鞠躬呢。"

十一个兄弟没觉得这是好话。做父亲的也不以为然，他想起了约瑟死去的母亲。他告诫小儿子，谦虚一点没坏处。

可是，雅各还是情不自禁地宠爱这个孩子，事后不久便给他买了一件漂亮的五彩外衣。约瑟当然要穿上新衣，神气活现地走来走去，让兄弟们看看他是多么地高人一等。

事情这样发展下去，各位不难猜到后来的结果。

兄弟们起初只是觉得约瑟好笑，渐渐地就有些恼火，最后是恨之入骨，一天，他们都在示剑附近的田野里，而父亲不在身边，兄弟们抓住约瑟，扒下他的彩衣，把嚎叫挣扎的他扔进了一个坑里。

大伙儿随后坐下来考虑怎么办。说到底，他们毕竟不能把亲兄弟杀死。那样未免太过分。

可是，他们也不想把他留在家里。

犹大想出了一个好主意。

约瑟穿上新衣神气活现

犹太人的居住地旁边有条大路,从尼罗河流域直通美索不达米亚平原。路上不断有往来的商队。

"我们把他卖掉,"犹大提议,"然后把他的外衣撕碎,抹上血,告诉父亲有一头狮子或老虎跑来吃了约瑟,我们把卖得的钱分了,没人会知道这件事。"

不久,一队从基列前往埃及的米甸人经过此地,他们带着香料和没药,要去卖给尼罗河沿岸的防腐技师。

众兄弟说,他们有一个小奴隶出售。一番讨价还价之后,他们以二十块银币的价钱卖掉了弟弟。

众兄弟把约瑟扔进一个黑黢黢的深坑

约瑟就这样踏上了西去的路,他的兄弟们则回了家。十一个人死咬住编好的说法,众口一词撒了谎。

此后的二十年里,雅各一直在为小儿子悲伤,可怜他小小年纪就被野兽害死,然而全家人没有想到,约瑟已在埃及成了呼风唤雨的人物,这中间他几经曲折,在史书中都难找出比这更奇异的经历。

我们前面说过,约瑟极其聪明。只可惜他有时聪明过了头,因为口无遮拦而惹祸上身。

在示剑的遭遇给了他一个教训。他依然能敏锐地发现许多被别人忽略的事,但不再像以前那样吹嘘自己无所不知。

米甸人买下这个犹太奴隶当作一项投资,一发现机会就高价转手,把他卖给了埃及军队中的一名护卫长——波提乏。

约瑟由此做了波提乏的家奴,没过多久便成了这名护卫长的得力助手,为他管理账目,监管家中所有的仆人。

不幸的是,波提乏的妻子看上了这个黑头发的英俊少年,觉得有他做伴,比自己那个木讷的埃及丈夫强多了。但约瑟心里明白,主仆之间太过亲密,必然会惹来麻烦,所以恭恭敬敬地保持着距离。

波提乏护卫长的妻子是个不守本分的女人。她的虚荣心受到了伤害,转头就去对丈夫说,新来的管家非常傲慢无礼,要说这个年轻人老实——她可是很怀疑,如此这般说了很多。

在古代埃及,奴隶就是奴隶。波提乏不会费心去调查这些指责是否属实。他叫来人,用不着起诉指控,约瑟直接被带走关进了监狱。但是在狱中,开朗的个性和讨人喜欢的举止又一次帮了约瑟的忙。

监狱长乐得能有这样一个忠诚可靠的人为自己打理各种事务。

无辜的约瑟被关进监狱

可以说，约瑟在狱中享尽了自由。只要不出监狱大门，他想做什么都行，为了解闷，他有很多时间和难友们在一起。

他对其中两名犯人最感兴趣。一个曾是王宫的总管，另一个是法老的司膳长。两人都因为一些事情惹得陛下不高兴，在那个国王被敬为神明的年代，这当然是很大的罪过。埃及人对他们的统治者尤其敬畏，从不敢直呼其名，而是称他为"法老"，这个词的原意是"大宫"，就像今天人们常说"白宫"，实际上是指美国总统。

上面提到的两个人都是"大宫"里的臣仆，眼下正等候判决。他们整天没事可干，想尽了办法消磨单调乏味的时光。两人最喜欢做的一件事是给对方讲自己的梦。古人对梦是非常重视的，能够解梦的人在他们眼里是非同一般的人物。

约瑟的聪明才智有了用武之地。王宫总管和司膳长来找他说梦，他很痛快地答应了为他们解梦。

"我梦见的情景是这样的，"总管说，"我站在一棵葡萄藤边，那藤上忽然长出了三根枝条，上面挂满了葡萄，我摘下葡萄，把汁挤

第四章 继续西行 | 55

进法老的杯子里，递到我的主人手上。"

约瑟想了想，回答说："这很简单。不出三天，你就会获释，官复原职。"

司膳长急不可耐地打断了他，"听听我做的梦，我也梦见了很多奇怪的东西。我正往王宫走，头上顶着满满的三筐面包。可是突然间，一群鸟从天上直冲下来，把我的面包全吃光了。这是什么意思呢？"

"这也简单，"约瑟答道，"你会在三天之内被吊死。"

果不其然，第三天，法老庆祝生日，摆下盛宴款待所有臣仆。这时，他想起了还被关在牢里的司膳长和王宫总管。法老下令将司膳长吊死，立即有人去办了，他还命人释放总管，把他带回宫里来。

总管自然大喜。出狱时，他向预言了这份好运的约瑟许下金山银山。他要在法老和百官面前为约瑟说话，还他公道和自由，他会永远记得约瑟的大恩。可是，当总管重新穿上官袍，站在国王的宝座后面，时刻准备着为主人斟满御杯，他就把那个相伴多日的犹太小伙忘到了九霄云外，关于他的事只字未提。

这下可苦了约瑟。他不得不在监狱里又待了两年，若不是法老做了一个很不愉快的梦，说不定他就死在了牢里。

法老做梦是非常严肃的重大事件。这个梦会成为所有人谈论的话题，人人都在猜测，众神要由此给睡梦中的君王什么启示。这有点像今天美国总统提交的咨文。

这次法老的噩梦是这样的：他看见一棵麦子上，结了七个饱满的穗子，突然又冒出七个干瘪的穗子，把它们全都吞掉了。接着，他看见七头肥硕的母牛在尼罗河边安详地吃草，突然七头又瘦又难

约瑟被带去觐见法老

看的母牛冲过来,把它们连皮带肉吃得一干二净。

梦就是这样,很简单,却让法老心中不安。他问遍了国内所有的智者,可是,竟没有一个人能说出个所以然。王宫总管这时才想起那个擅长解梦的犹太小伙,便向法老提议把约瑟召来。派去找他的人发现约瑟还在狱中,于是让他沐浴、刮脸、理发,换上一身新衣服,把他带到了宫里。

约瑟的头脑并没有因为牢狱生活的沉闷而变得迟钝。他不费吹灰之力就为法老解了梦。下面就是他的结论:

"这里将有七个丰年,那七头肥硕的牛和长在一棵麦子上的七个穗子就代表了这个意思。在这之后将是七年的饥荒,七个荒年将耗

约瑟为法老解梦

尽丰年存下的所有粮食。请陛下选派一个有智慧的人管理全国的粮食供应,因为饥荒来时将有巨大的需求。"

这番话震动了法老。年轻人似乎讲得很有道理,必须马上采取

约瑟建造大型粮仓
囤积丰收的粮食

行动。

于是,法老当即任命这个年轻的异乡人为农业大臣。

随着时间的流逝,约瑟手中的权力越来越大。到了第七年年末,雅各的儿子在埃及已成为一人之下万人之上的统治者。他用实际行动证明了自己是法老的忠臣。他建起一座座巨型粮仓,把丰年的余粮囤积起来,用以应对即将到来的艰难时日。

饥荒果真降临时,约瑟已是有备无患。

埃及农民的耕种所得向来只够糊口,从不曾有过什么结余。现在为了换得全家的口粮,他们迫于无奈,先是把房子给了法老,然后是他们的牛,最后连田地也得交出。

七年过去,他们变得一无所有,从地中海岸到月亮山,所有的土地都归了国王。

这样一来,埃及人享有自由的时代宣告终结。由此开始的奴隶制度延续了近四十个世纪,给人民带来了比十几场饥荒还要深重的

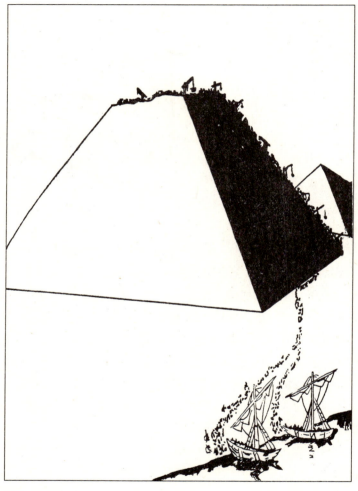
奴役

苦难。从另一方面来看,这一举措让埃及人活了下来,也让埃及成为了文明世界的商业中心。当时饥荒蔓延全球,而埃及是唯一一个预先有所准备的国家。

巴比伦、亚述、迦南等地全都遭受了旱灾、蝗灾及其他虫害的多重打击。在这些地方,人们成千上万地死去,区域人口锐减,做父母的为了活命,把孩子卖去当奴隶。

年迈的雅各和全家老小一样尝到了忍饥挨饿的滋味。眼看山穷水尽,他们决定派人到埃及去弄点粮食回来。约瑟的同胞弟弟便雅悯留在家里,其余十个兄弟赶着驴,带着空口袋,西去求助。

饥荒在埃及蔓延

一行人穿过西奈沙漠,来到了尼罗河畔。埃及官吏在那里拦下他们,把他们带到了宰相面前。

约瑟一眼认出这群衣衫褴褛的旅人是自己的兄弟,但他没有说破。他假装听不懂犹太人说的话,让翻译官去问他们是什么人。

他们回答说:"我们是迦南来的爱好和平的牧羊人,来为老父亲找粮食。"

"他们能保证自己不是被派来刺探埃及防务的奸细,好让外国侵略者来攻打这个国家吗?"

一行人发誓说他们是清白的,确实就像刚才所说的,他们一家

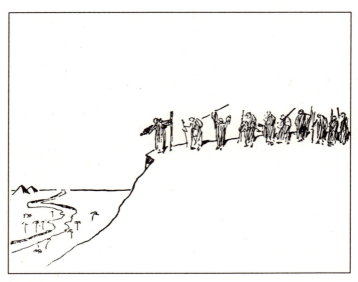

约瑟的兄弟们到埃及求粮

都是爱好和平的牧羊人,兄弟十二人与老父亲一同住在迦南。

"另外两个兄弟呢?"

"唉,一个死了。还有一个留在家里照顾父亲。"

约瑟装作不相信。他们最好都回去,把另外那个兄弟带来作证,因为埃及宰相大人对他们的陈述表示怀疑,总觉得这话听起来有问题。

这下可急坏了十个人。他们站在约瑟的帐篷外面用希伯来语交谈,说得很急。昔日的罪孽沉甸甸地压在他们心头。把弟弟约瑟卖给外国的奴隶贩子,那是多么可怕的行为。现在,看样子他们又将失去一个弟弟。要是父亲雅各得知这个消息,会怎么说呢?

他们哀求约瑟开恩。约瑟不肯。他听到了兄弟们的谈话,对他们的悔悟很是满意。过去三十年里,他们似乎已得到了深刻的教训。不过,约瑟仍不放心。他必须再试他们一次,之后才能原谅他们对年少的他做过的事。

于是他决定,把西缅扣下做人质,让其他人回去带便雅悯来。

这不是一件容易的事。雅各心都碎了。可是,他的家人在挨饿,他的仆人奄奄一息,来年做种子的谷物都没有了。他只能妥协。便雅悯跟着兄弟们返回埃及,雅各独自留在家中。

上一次,他们刚刚跨过边境就被抓了。这一次官员们却很客气,把兄弟一行直接带到宰相府邸,给他们安排了住处,把他们当作上宾盛情款待。

众兄弟却不大喜欢这种待遇。

他们毕竟不是乞丐。人虽然穷,但不管买什么,该付的钱他们都会照付。他们不想要施舍。可是,他们拿出金子来买粮的时候,得到的回答却是需要什么尽管拿，不用付钱。他们还是执意付了，但后来发现，钱竟被退了回来，偷偷塞在他们的粮食口袋里。

一行人白天顶着暑热赶路，夜晚停下休息时，谈起了这件怪事。

忽然喧哗声四起，黑夜里冒出了一队埃及士兵。他们是被派来追捕这群犹太人的。

众兄弟忙问这是为什么，并反抗说自己没有犯法。但埃及指挥官是奉命行事。宰相饮酒的杯子被偷了。那天除了几名犹太客人，没人靠近过宰相身边。为此，所有的外国人都要接受检查。兄弟几个见逃不过，只好服从。他们挨个打开自己的袋子。最后一个查到便雅悯时，打开他带的那袋粮食，看啊！藏在袋底的正是约瑟的酒杯！

铁证如山。几个犹太人转眼沦为了囚犯，被押回埃及，带到约瑟面前。绝望中，他们竭力想要说清这件怎么也说不清的事，发誓说自己是无辜的，可约瑟仍然板着脸、皱着眉，谴责他们忘恩负义。几个人终于崩溃。他们向约瑟坦白了一切，包括他们曾经做过多么伤天害理的一件事，以及现在他们多么希望能用自己的一切弥补那份罪过。约瑟再也控制不住自己的感情，说出那酒杯其实是他命人放进便雅悯的袋子里的。

他命所有埃及人退到屋外去，等他们都走了，约瑟起身离座，拥抱便雅悯，雅各的儿子们惊得目瞪口呆，站在他们面前的这位全埃及最有权势的人，竟是他们的亲兄弟，是他们一度想要杀死的人，是因为他们的贪婪而被卖给米甸奴隶贩子的人。

如此离奇的一个故事，自然吸引了埃及上上下下所有的人。法老专门派出自己的车子去把雅各接到埃及，约瑟把他在歌珊省新得

雅各被安葬在先人长眠的麦比拉洞里

的一部分土地送给了家人。

就这样,犹太人离开迦南,迁到了埃及。但在内心里,他们依然惦念着故土,雅各临终前,要求把自己的遗体送回麦比拉洞,那是他的父母和祖父母长眠的地方。

约瑟遵照父亲的遗愿,亲自将遗体送回了迦南。之后他回到埃及,在那里生活了许多年,他仁慈而慷慨,因此深受人民敬爱。

第五章　寄居埃及

犹太人本是以放牧为生的简朴民族,异乡的城市生活对他们并无益处。很快地,他们就被埃及人同化,失去了原有的自由和独立,被埃及国王当作奴隶,成了为他卖力的苦工。

从前我们读不懂埃及人的文字。直到一百年前,他们的象形文字被破解,一座巨大的历史资料宝库由此敞开。我们对这一时期的认知,就不必再依靠《旧约》记述这唯一的来源了。

公元前15世纪,一个被称为希克索斯的阿拉伯游牧部落征服了埃及。他们和犹太人一样,同属闪族。占领整个国家之后,希克索斯人马上动手建造了一座新的都城,距埃及原先的中心底比斯有好几百英里。他们在这里安顿下来,开始享受战果。近三百年时间里,他们一直是尼罗河流域的绝对主宰。

约瑟到埃及时，法老是阿培帕。然而，这位国王是希克索斯王朝的最后一位统治者。埃及人在多次失败之后，终于推翻了欺压他们的侵略者。在自己的新国王阿赫摩斯领导下，他们赶走了希克索斯人，收复了埃及。当然，这样一来，犹太人的处境就很尴尬了。他们与外来的统治者是亲密的朋友。希克索斯人做国王的时候，约瑟是地位显赫的大人物，他官居要职，为自己的亲友大谋福利，为此损害了当地人的利益。多年以后，埃及人早已忘了约瑟曾抵御饥荒、救了他们的先人，却始终牢记着这笔账。他们对犹太人怀着一份憎恨、一份蔑视，这种情绪在日常的接触中表露无遗。

亚伯拉罕的后裔在环境宜人的尼罗河畔生活了很长一段时间，从结果来看，这段客居岁月对他们有利也有弊。

犹太人此前一直是牧人，习惯了原野上的简单生活。现在，他们接触到了一群喜欢城市生活的人。他们在底比斯、孟菲斯和赛斯见识了宫殿的豪华与舒适。没过多久，他们就开始嫌弃祖辈踏踏实实住了几百年的简陋帐篷。

于是他们卖掉牲畜，抛下歌珊的农田，搬进了城里。

可是，城里已经人满为患了。

新来的人在这里不受欢迎。在埃及人看来，他们是来和自己抢饭碗的。

犹太人与埃及人之间迅速滋生出一股敌意，不久便演化成很不愉快的种族骚乱。

摆在犹太人面前的路有两条：要么变成埃及人，要么离开这个国家。

他们也曾试过让步，在当时的情况下，谁都会这么做。然而妥

犹太人喜欢上了大城市的繁华享乐

协的结果却是适得其反。双方简直闹到了水火不容的地步。

当初,约瑟的兄弟们因为一场饥荒而来到埃及。他们的子孙常常谈起返回迦南的可行性。可是,返乡的路途漫长而艰险。埃及给了他们很好的物质享受。沙漠里的生活将会很苦。相比之下,城市里的生活实在是很舒服。

犹太人犹豫不定,怎么也下不了这个决心。

他们觉得,不确定的未来比当前的困境更可怕。所以,他们决定不采取任何行动,暂时维持现状,在埃及城市的贫民窟里过一阵再说。

　　日子就这样一天天、一年年地过去了，一晃就是几百年，一切都没有改变。

　　直到有一天，一个伟大的领袖人物出现了。他将分散的犹太支派聚为统一的民族。他带着大家离开了过于丰饶的埃及，离开了这个生活安逸但民族特质在安逸中被渐渐消磨的地方，引领他们回到了迦南——亚伯拉罕、以撒和雅各心目中真正属于他们的家园。

第六章　逃离奴役

当犹太人的处境持续恶化、看不到改善的希望时，睿智的领袖摩西决定带着他的人民离开这个把他们视为"外乡人"的地方，引领众人前往新的家园，在那里建起一个属于自己的国家。

公元前14世纪，拉美西斯大帝统治尼罗河流域期间，埃及人与犹太人的关系极度紧张，公开的冲突已是无可避免。

几百年前受欢迎的客人，现在却处处遭人挤对。埃及法老一向喜欢建造宏大的宫殿及公共建筑。金字塔的热潮早已经过去了。最后一座还是两千年前建的。不过，埃及这时有道路、兵营和堤坝要建，王族领地上也常年需要工人。做这种苦工，工钱很低。埃及人能躲就躲。他们自己不愿出力，便强迫犹太人去干这些没人干的活儿。

尽管如此，仍有不少做生意的犹太人留在了城市里。这让埃及本地人很是嫉妒，因为他们竞争不过这些外乡人。他们跑去请求国王把犹太人全部消灭。这当然很难办到。但爱护子民的法老想出了一个迂回的办法，解决这个问题。

他下令，新出生的犹太婴儿，如果是男孩，一律杀死。这办法很简单，但极其残忍。

有一个名叫暗兰的人，与妻子约基别生有两个孩子。一个是男孩，名字叫亚伦，另一个是女孩，叫米利暗。他们的第三个孩子（男孩）出生时，两人决心不惜一切代价保住这个男婴。

起初的三个月，他们把小摩西藏在家里，处处小心，不让国王的手下发现他。

可后来，邻居中开始有些风言风语，还有人听到了婴儿的哭声，再把孩子留在家里就不安全了。

于是约基别抱着儿子到尼罗河岸边，编了一个小筐子，用泥巴糊住四周免得透水，然后把小男孩放进这个简陋的摇篮，把他孤零零地送到了广阔世界。

临时凑合的小船没能漂出多远。这里水流平缓，河又很浅，轻飘飘的筐子不一会儿就被岸边繁茂的芦苇缠住了。幸而运气好，法老的女儿碰巧到这里游水。她的使女们发现了这包奇怪的东西，把它从水里捞了上来。四个月大的宝宝大都很讨人喜欢。法老的女儿决定收留他。可她自己没有育儿经验，便叫人去找个保姆来。

孩子的姐姐米利暗一直在附近看着这一幕。这时她走上前去，说她知道有一个保姆正适合带这么大的男孩。她跑回家去，叫来了

小摩西被放到河上独自漂荡

她的妈妈。

就这样,至少这个犹太男孩逃过了大屠杀,他在王宫里接受上等的教育,在没有透露身份的亲生母亲呵护下成长。

对于一个被判了死刑的人,这不能不说是奇特的际遇。他的哥哥被迫在砖厂做工,稍有懈怠就要被工头打,摩西却可以穿着华服四处游荡,过着上等人的日子。

但是在内心深处,他总觉得自己是犹太人。一天,一个埃及人在殴打一位亚伯拉罕部族的无辜老人,摩西看到便出面制止,而且,他还打了那个埃及人,打得稍稍重了一点。埃及人被打死了。这件事一旦传出去,摩西就可能当即被处死。

秘密果真很快暴露了。

就在事后不久，摩西出门，在街上遇到两个犹太人在吵架。他上前劝阻。其中一人嘲笑这位和事佬。"谁要你来管我们了？"他问，"你想把我们也杀了吗，就像那天杀那个埃及人一样？"

消息很快传开了。法老下令把摩西抓起来绞死。

摩西听到了风声。这是个有头脑的年轻人。他逃跑了。

后来的事实证明，他的决定非常明智。如果摩西留在埃及，即使能够躲过牢狱之灾，他也可能被埃及人彻底同化。而现在，曾被法老女儿收养的男孩，变成了可怜的逃亡者，一个逍遥法外、流落异乡的人。

他在环绕红海的沙漠中游荡，这天来到一口水井旁。附近住着一位名叫叶忒罗的祭司，他的女儿们正巧在这时赶着羊群来饮水。每到晚间，牧人们都想让自己的牲畜喝上水，常常为此动起手来。这天傍晚，有一个牧人硬要挤到祭司女儿的前面去。一向勇敢的摩西挺身而出，帮了这几位姑娘。作为报答，她们邀请摩西到父亲家去吃晚饭。

就这样，摩西结识了叶忒罗，做了一名牧羊人，一如他的先人

在孤寂的沙漠中，摩西找到了自我

亚伯拉罕、以撒和雅各。他与叶忒罗的女儿西坡拉结为夫妻，和沙漠里的居民一样过着简朴的生活。

在孤寂的沙漠里，摩西认识到了此生真正的使命。他的族人背离了当初指引祖先渡过千难万险的准则。他们忘记了上帝耶和华。未来民族强盛的信念曾经激励了先人，在他们这一代人的心中却正迅速消退。简而言之，他们已走到了生死关头：由于城市生活和奢华享受的诱惑，加之不断恶化的贫困处境，他们作为一个独特的、独立的民族，正面临着灭顶之灾。

摩西决定拯救自己的族人。他重新树立起对耶和华全能神力的信仰。

他声言自己将遵从伟大的神旨指引。当他认定了自己肩负的使命，听到燃烧的荆棘丛中传出耶和华召唤他的声音之后，摩西回到了埃及，开始执行他的艰巨任务，要带领整个民族穿越一望无垠的西奈沙漠，迁移到另一个国家。

不仅如此，他还面临着其他难题。埃及国王拉美西斯已死，继位的美尼普塔大概从没听说过杀死埃及人的那桩命案。所以摩西可以放心回埃及，至少不必担心被抓。可问题是这时的犹太人——他的族人，不肯相信他。

奴役是对心灵的一种毒害，会把人变成懦夫。犹太人在埃及过得很苦，但一日三餐还算有保障。在一个新的国家过上幸福而自由的日子，这说起来当然让人高兴。可是，那块应许之地远在千里之外，而且目前掌握在敌对的异教徒手中。走上这条路就意味着要战斗，要在西奈的炽热沙漠里跋涉几个月，最终能否成功却是完全没法预料。可惜，摩西不是一个能言善辩的人。他有非凡的勇气，无尽的忍耐力和毅力。可是他和许多英勇睿智的领导者一样,人们听不进他讲的道理时,他就失去了耐心。

为此,他很明智地把初步的说服工作交给了哥哥亚伦,自己则把精力集中在行动之前必须完成的各项具体筹划上。

摩西大胆觐见法老,请他放过在宰相约瑟掌权期间自愿来到这个国家的犹太人,准许他们离开。

他的请求被断然拒绝,结果最遭殃的是那些在王家砖厂干活的可怜工人。他们被当成了想要逃跑的囚犯,不但受到严密看管,工作也更加繁重了。往常做砖用的草是由砖厂提供的。现在他们却要自己想办法去找,每人每天还要做出和以前一样数量的砖。这样一来,做苦工的时间就延长了。因为这项新规定,犹太人对摩西很生气。这就是他跑来搅和的结果。他还是回他的沙漠去吧,别给他的同胞添乱,免得法老一发怒,大家都没命。

摩西这时才清醒地认识到,自己的处境有多么危险。

他让陪在身边的妻子和孩子到远在米甸的岳父家去。然后,他全力以赴地开始为后面的日子做准备。他一次又一次地劝犹太人做该做的事,但收效甚微。他竭力说服众人,这是耶和华传达给他们的话。他们必须立即离开这个受奴役的地方,否则就无法实现耶和华向亚伯拉罕所许的承诺,让犹太民族成为一个伟大的民族。

犹太人只是听着,自己嘀嘀咕咕,但不肯行动。多年的奴役让他们丧失了信仰。他们对祖先敬奉的上帝的力量表示怀疑。他们甘愿做奴隶。

摩西看出,如果没有外力强行推动,任何一方都不会有所改变。单靠他一个人的力量,不足以让他的同胞们清醒过来,要说服法老也是不可能的。这只有耶和华能够做到,在这个艰难时刻,他没有抛弃他忠实的仆人。耶和华让摩西再次去见法老,对他说,如果不顾犹太人的上帝发出的警告,就会有可怕的事情发生。摩西和亚伦于是二进王宫,请求法老让他们的族人和平离开。

他们又一次遭到了拒绝。

这时亚伦举起杖来,伸到尼罗河的水面上。河水变成了红色,人们不得不挖井取水,不然就要渴死。

法老听见了干渴民众的哭叫,但仍然拒绝放走犹太人。

这是第一场灾难。

接着是第二场。

尼罗河岸边常常有许多青蛙。这一次,成百上千万裹着黏液的小生物从它们栖身的沼泽里爬出来,蹦蹦跳跳地涌向全国各地。它们闯进住家,落入新挖的水井,搞得所有人都不得安生。法老看着王宫地面上活蛙攒动,变得绿莹莹一片,他不禁动摇了。他让摩西把青蛙赶走。一旦蛙灾消除,他保证让犹太人离开埃及。可是,等到摩西发令消除了青蛙,法老却把自己答应过的事抛在了脑后。犹

灾难降临平静的埃及村庄

太人的处境仍和从前一样糟。

接着,又一场灾难降临。

全国各地出现了一群群恶心的大苍蝇。它们四处传播疾病。埃及人的食物腐坏了。陆陆续续地开始有人死去。

法老做出了让步的表示。他向摩西提议,给犹太人几天时间到沙漠里去,依照他们的习俗祭祀他们的神。只要犹太人能保证祭祀完毕再回来,他们就可以放几天假。

摩西终止了苍蝇带来的祸害。法老很高兴能摆脱这场噩梦,等到最后一只苍蝇被赶出他的餐厅,他转头就背弃了先前的承诺。

接着,又一场灾难降临。

埃及人的牛全都莫名其妙地染上了一种致命的怪病。不久,鲜肉就告紧缺。

法老依然拒绝妥协。

接着,又一场灾难降临。

全国所有男男女女的身上都生满了可怕的疮,而医生全都束手无策。

接着,又一场灾难降临。

猛烈的冰雹尽数摧毁了田地里的庄稼。

接着,又一场灾难降临。

雷电击中了谷仓,那里面存放着亚麻和来年用的种子。

接着,又一场灾难降临。

忽然之间蝗虫铺天盖地席卷了这个不幸的国家。不过一天工夫,所有的大树和灌木都变得光秃秃的,一片叶子也没剩下。

到这时,法老真的害怕了。他把摩西叫来,答应让犹太人离开,但要求他们把孩子留下做人质。

摩西拒绝了。他明确表示,他的族人必须带着儿女一起走,否则大家就都留下。

接着,又一场灾难降临。

沙漠里刮起猛烈的沙暴。一连三天,漫天沙尘遮蔽了阳光。埃及大地陷入无边无际的黑暗。

法老紧急召唤摩西进宫。"我允许你的族人离开,"他发誓说,"但他们必须把牲畜留下给我。"

"我的族人将带着他们的孩子、他们的牲畜以及他们的全部财物一起离开。"摩西丢下这句话就走了。

接着,又一场灾难降临。

尼罗河流域的每一户人家里,最年长的孩子都死了。

犹太人逃过了这场劫难。他们接到了警告,预先在自家房子的门框上,用羔羊的血画了一个小小的红色记号。当死神奉耶和华之命降临这个愁云笼罩的国家时,带走了埃及人的儿子和女儿。但只要看到羊血画的标记,他便会放过亚伯拉罕后裔居住的房子。

法老终于认识到,自己被一种更强大的力量击败了。他不再拒绝犹太人离开,反而恳求摩西尽早把他的族人带走,快点结束这接二连三的天降之灾。

这天傍晚,流便、利未、犹大、西缅、以萨迦、西布伦、但、拿弗他利、迦得、亚设、以法莲和玛拿西各支的人在埃及吃了最后一顿饭。夜幕降临时,他们已经赶着牲畜上了路,朝着约旦河畔的故乡前进。

可是,法老因为失去长子而怒不可遏,他再一次出尔反尔,率

一个巨浪吞没了法老和他的军队

领军队追赶逃亡的犹太人,要将他们抓回来,为那么多突然间无辜死去的孩子报仇。

快追到红海岸边时,他们看见了犹太人的队伍。但是,一片云雾(摩西认为这是耶和华本人)遮在犹太营地前,挡住了埃及士兵的视线。

清晨,摩西发令,海水向两边分开,犹太各支顺利走到对岸,毫发无损。

这时云雾散去,法老看见他的敌人正爬上对面的陡坡。他一马当先,带着军队冲进了浅滩。然而海水骤然涌了回来,就像分开时那样迅猛。一股巨浪卷来,法老和他的大小将领以及所有兵士被尽数吞没,连个回去报信的人也没剩下。

犹太人进入了沙漠。他们自由了,但是,在此后四十年的漫长时间里,他们将一直在荒野中漂泊。

第七章　荒野漂泊

犹太人又一次在沙漠中度过了许多年。他们时常感觉心灰意冷，但摩西用希望之乡的美好前景，一次次让大家重新鼓起勇气。摩西向他们传授了很多有用的知识，可是，即将带着大家到达希望中那片自由和独立的土地时，摩西却告别了人世。

人们常常觉得不解，住在美国贫民窟里的人们为什么不离开条件如此恶劣的家，到大西部的广阔天地中去，创造属于自己的生活，也让孩子们有机会成长为健康而坚强的人。

答案其实很简单。

这些可怜的人已经习惯了城市里相对舒适的环境，他们害怕到一个陌生的地方去，完全依靠自己的力量维持生计。

在城市里，政府在无形之中为我们料理了许多事。最贫困的居

沙漠

民也可以拧开水龙头，需要多少水就能得到多少水。一位刚刚由埃利斯岛入境的移民，如果肚子饿了，手里有点零钱，到杂货店去就能买到食物，而且是加工好的、打开罐头就能吃的食物。

但是在野外，在尚未开发的地区，拓荒的人必须自己到河边去打水，必须自己杀牛取肉，必须自己种植玉米和土豆。

很多人根本不会干这些活。他们没有勇气去学去尝试。

于是，他们就在自己出生的地方生活、死去，除非真的闹饥荒，否则没有什么能让他们离开那里。

人类的特性很少改变。三千年前的犹太人与今天的我们并没有太大的差别。他们在埃及深受严酷的奴役制度压迫，过得很不快活。现在他们自由了，可又有了别的抱怨。他们痛恨荒漠、黄沙和高温；没过多久，他们便开始把这一切都怪罪到摩西头上，是他带着他们抛下了埃及的居所，比起王家监工的鞭子，这突如其来的新生活更让他们感到恐惧。

四十年的沙漠生活是由无休止的不满构成的。若不是摩西不屈不挠的努力，犹太各支恐怕不出一年就会回到奴役他们的地方去。

在第一次感到欢欣鼓舞的时候，当犹太人看着埃及敌人在自己眼前丧命的时候，那一刻他们的确体验到了胜利和喜悦。

"谁能像你，耶和华啊，"他们唱道，"众神之中谁能像你？谁能像你至圣至荣！"

可是，在绵延的西奈山中过了几个月之后，他们就不再感念取得过辉煌胜利、一度被他们视为依靠和力量源泉的上帝。他们把他忘得一干二净，一心只想回到原处，回到刚刚费尽周折逃离了的地方。

他们咒骂难以忍受的荒野，肆无忌惮地抨击摩西和他的愚蠢计划。眼看食物储备所剩无几,他们说这下大家都要死了,便跑去向他们的首领要求道:"给我们吃的,不然就让我们回去。"

摩西依然信念坚定,对大家说,耶和华会在艰难时刻满足他们所需。

果然!第二天早上,众人发现荒漠地面上覆盖着一层白色片状的小东西,可以揉成面团,做成蜜一样甜的美味面饼。埃及人认得这种植物,称之为"吗努"。犹太人叫它"吗哪",认为这是耶和华一夜之间为他们种出来的。他们每天收获一批,只第七天除外,这天他们要守安息日,就以前一天额外多收的吗哪为食。

这样的神力显现让犹太人暂时变得恭顺了。可是这种状态一向维持不了多长时间。不久,缺水了。各家的头头又去找摩西,要求回到尼罗河边的家里去。摩西按照耶和华的吩咐,用杖击打岩石,一股水流就从坚硬的花岗岩里喷涌而出。众人用罐、用碗、用锅接满了水,畅饮一番。

之后,大家开始等着其他可抱怨的事情出现。有一个凶蛮的阿拉伯部落叫作亚玛力人,总在盘算着偷犹太人的牛。当然,犹太人本是可以阻止这种强盗行径的,他们有足够的力量保护自己。可是,正如我前面说过的,这些人在城市的高墙庇护下生活了很多年,对刀箭产生了畏惧。他们宁愿损失几头羊和驴,也不肯奋起战斗反抗。亚玛力人见此情景自然更加嚣张,不断地前来骚扰犹太人,摩西终于忍无可忍,决定采取行动制止这种大规模的偷盗。他把约书亚叫到跟前。摩西知道这是一个勇敢的年轻人,此前已有几次把特殊任务托付给他。

"把亚玛力人赶走。"摩西对他说。

摩西用杖击石，水流喷涌而出

约书亚得令，带着几个自愿出战的人离开了营地。他刚一走，摩西便举手向天，只要他的双臂举起在队伍上方，约书亚就能在耶和华的帮助下取胜。可是摩西渐渐感到不支，手臂垂了下来，这时亚玛力人便反攻过来，杀死了很多犹太人。

亚伦和户珥看到这种情况，连忙一边一个支撑起首领的手臂。黄昏临近时，亚玛力人已被彻底打败，耶和华将胜利赐予了他的忠实信徒。

这一战过后不久，犹太人来到了米甸，也就是摩西岳父居住的地方。能够与亲人重聚，这位老人高兴极了。他向耶和华献上祭品以表示感激,他同样敬奉耶和华为天地间唯一的主宰。犹太人动身继续北上时,他让儿子何巴随行做他们的向导。

漂泊的队伍离开沙漠,进入了环绕西奈的山区,西奈是一座石山,得名于亚洲的月亮女神"西恩"。此时摩西已清醒地认识到,必须让跟随他的人承认耶和华是唯一的神主,否则他将永远无法实现自己的目标。亚伯拉罕、以撒和雅各知道这一真理。但是,他们的后代多年与信奉几百个神的民族混居在一起,与天地间唯一的万能神主之间,已经没有了过去那种亲密的精神联系。

摩西吩咐族人在西奈山脚下扎营,告诉他们留在原地,等他回

犹太人在名为西奈的山下扎营

来。他将给大家带回至关重要的信息。

亚伦留在营地担任总管,摩西由约书亚一人陪同,开始攀登高耸的古老石山。

接近山顶时,摩西让约书亚停下,独自继续前进,上山去聆听耶和华的晓谕。

他这一去就是四十个昼夜。

这段时间里,西奈山始终被笼罩在浓密的云雾中。

然后,摩西回来了,只见他抱着两块很大的石板,那上面刻着耶和华的律法,也就是今天我们所说的《十诫》。

犹太人在他们的领袖离开期间表现很糟,令人失望。亚伦是一个软弱的领导者。他无力管束众人,营地很快变成了一座十足的埃及村落。妇女和姑娘们把身上的黄金饰物全部摘下来,铸成了一尊金像,形态就像尼罗河流域的居民自远古时代起崇拜的圣牛。摩西回到营地时,大家正围着这尊金牛跳舞呢。

摩西勃然大怒。他在远处就听见了歌声和喊叫声,现在知道这是怎么一回事了。盛怒之下,他把石板扔在地上,摔碎了。接着他把金像推倒毁掉,做完这件事,他召集志愿者出列,镇压这场危险的反叛。

各族之中只有利未这一支聚集在摩西身边支持他。这是最强悍的一支。他们向一路结伴走来的族人发起了进攻,杀死那些拒绝承认耶和华的人。对带头反叛摩西的人、在摩西离开期间煽动闹事的人,他们毫不留情。

当晚,犹太人的营地归于平静。两千人被杀,尸体横陈,一双双空洞的眼睛瞪着西奈山顶,耶和华正是在那里晓谕第一位伟大的先知,从那以后,先知们一直在努力向世人昭示怯懦和不义导致的

摩西发现犹太人在祭拜金牛像

恶果。

  这场风波让摩西深感失望,他破例采取了极为严厉的措施。他意识到,族人需要的不仅仅是某个人的领导。他们必须要有成文的律法,必须强迫他们尊重长老的话。若不如此,这支迁徙大军必将陷入混乱,永远不可能凝聚成为统一的犹太民族。

  摩西再次登上西奈山顶。回来时,他的面容清晰表明,他看到了众人尚不得见的东西。他的双眼炯炯放光,让人不敢久视。

  他又带回了两块石板,上面刻着律法,内容与摩西发现族人祭

在西奈山巅的雷电中,摩西领受了神圣的《十诫》

拜金牛时摔碎的那两块完全相同。

这就是耶和华授予摩西用来管束犹太人的《十诫》:

> 除耶和华之外,不可有别的神。
> 不可像埃及人那样,为自己雕刻偶像。
> 不可妄称耶和华的名。
> 要劳作六日,但第七日要休息,并在这一日祭拜上帝。
> 要孝敬父母。

第七章 荒野漂泊 | 89

不可杀人。

男人不可与有夫之妇通奸，女人不可与有妇之夫通奸。

不可偷盗。

不可作假证陷害邻人。

不可贪恋邻人的房屋，也不可贪恋邻人的仆婢、牛以及所有物。

犹太人从此有了律法。但他们还需要一个地方，可以让大家聚在一起祭拜耶和华。摩西于是下令建一座会幕。这其实就是一所教堂，由木头的四壁围成，上面遮有篷布。很多年以后，当漂泊的人们在城市里安顿下来，他们又用砖块、大理石和花岗岩重新建造了会幕，这就是后来广为人知的耶路撒冷圣殿。

下面一项必要的工作是设立祭司，依照一定的程序主持在会幕里进行的礼拜。在平息金牛事件的时候，利未一支站在了摩西一边，因此这些人被选定为祭司。在犹太史上，我们会经常看到"利未人"的事迹。至于摩西，他在留存下来的犹太人中成为了无冕之王。他遵照很早以前岳父给他的忠告，宣明只有他一人能够去见耶和华，在必要时将神谕传达给众信徒。

他进一步规定，在他死后，这一圣职将由他的哥哥亚伦继承，之后再由他的子子孙孙永世传承。

沙漠旅行途中，摩西常常为琐事所累，因为各家的男男女女都不清楚谁是自己的直接领导。为此，摩西将族人划分成固定的组，每组派一名有威望的长老管理。这位长老被称为"裁判官"，他可以处理百姓日常琐碎的不满，调解所有的小纠纷，让大家能

一道高高的云柱引导犹太人穿越沙漠

够和睦相处。

这些事全部办妥之后,摩西才下令拔营起程。一年多来,一直有一道高高的云柱浮在犹太旅行队前方,在沙漠中为他们指路;此刻,云柱降了下来,落在约柜上,柜中存放着刻有《十诫》的两块石板。利未人抬起日后被安置在圣殿中央的这件圣物,七千男女老幼继续踏上旅程。

可是,犹太人离故土越来越近,遇到的麻烦也越来越多。摩西的妻子西坡拉已经去世,摩西又娶了一个古实部落的女子。在其他犹太人眼里,她是一个外乡人。他们恨她,毫不掩饰对她的反感。摩西有困难的时候,就连他的哥哥姐姐都不肯帮他。摩西创建了一

云柱落在约柜上

个新的国家，让他们做了高官。可是，他们心怀嫉妒，还想要更多的权力。他们不停地说这件事，直到有一天，摩西忍无可忍，把亚伦带到何珥山顶上，解除了他的所有官职。

最后，眼看迦南在望的时候，他们又遇上了遍地的毒蛇，苦不堪言。摩西便用铜铸了一条大蛇，挂在人人都能看见的一根长杆顶端。从那以后，大家就不再怕毒蛇咬了。

然而队伍渐渐接近约旦河，他们的敌人越来越显出剑拔弩张的态度。犹太营地里很快传闻满天飞，说有一群个子大得可怕的人，据称是亚衲族的人，他们占据了过去属于亚伯拉罕的农场，而那正是摩西打算为族人收回的土地。

探子报告说，他们发现了一个富饶至极的地方

　　为了平息这些无稽之谈，摩西从十二支派中各选出一人，派这十二人前去查探他们准备征服的地方。过了一阵，从来不畏艰险的约书亚，还有来自犹大支派的年轻人迦勒，两人抬着硕大的一挂葡萄回来了。这是他们在一个叫作以实各的山谷里采来的。两人报告说，那里极其丰饶，果然是流满奶与蜜的地方。当然了，不经过一番战斗，他们不可能从当前的占领者手中夺得那块地方。但他们很有信心，认为犹太人定能打败敌人，并提议马上展开进攻。

　　可是，一股恐慌情绪已在犹太人中蔓延开来。他们不停地走啊走啊，走了那么远。他们一路经受了饥饿、酷暑、干渴、毒蛇的折磨，现在，他们又要面对怒火正旺的赫梯人、耶布斯人、亚摩利人、

第七章　荒野漂泊 | 93

摩西终于看到了上帝应许的乐土

迦南人和亚玛力人。这未免太过分了。又一场叛乱爆发了。

不少性情暴躁的人公然鼓动大家回埃及去。众人吵吵嚷嚷,同时开口说话,乱作一团。摩西、勇敢的约书亚,还有不知怎么恢复了胆量的亚伦竭力劝说,告诉人们在目前的情形下不可能退回老路,但怎么说都是徒劳。众人完全失去了理智。他们厌倦了没完没了的跋涉。他们想过太平日子,哪怕是没有自由的太平日子。

耶和华发怒了。他的耐心已经耗尽。他的声音在会幕的圆顶上方响起。他说,犹太人再三违背他的意旨,这种不忠要受到惩罚,他要罚他们在沙漠里漂泊四十年。

到了这时,仍有少数愚蠢的人擅自继续前进,结果全都被迦南人和亚玛力人杀死了。

其他人则接受了命运。他们转过身去背向上帝应许的乐土,一连四十年,他们在沙漠里漂泊,与先人亚伯拉罕及以撒一样,放牧为生。

渐渐地,这些人的孩子彻底忘记了父辈在埃及度过的日子,环境驱使下,他们恢复了祖先那种简朴的生活方式。

这正是摩西从一开始就努力想要实现的目标。他自然感到心满意足。他的任务完成了。

这位伟大的先知,他将律法传给雅各的子孙,一直沿用到今天,他日渐老去,非常、非常疲惫。感觉生命即将走到终点时,他没有选择年迈体衰的亚伦,而是指定约书亚为自己的继承人。然后,他登上了死海东岸的毗斯迦山,从山顶俯瞰约旦河平原。

他独自辞世,没有人知道他的遗体在哪里。

死海

第八章 寻找新的牧场

人类在亚洲西部定居已有几千年，犹太人经过一系列战斗，才终于占得了一块领地，按照摩西当年的教导，在那里建起一个国家，遵循自己的律法生活，敬拜自己信奉的神。

征服新家园的伟大战斗由此展开。惊惶不安的零散犹太家族在上一代人的时候逃离了埃及的奴役，现在他们团结在一起，组成了一支四万人的威猛大军。

他们燃起的篝火在夜幕映衬下闪着红光，从远近各处都能看见。难怪住在约旦河对岸的人们紧张起来，举国上下严阵以待。

不过，昔日摩西的副手、如今接任了统帅的约书亚是一位谨慎的领导者。他做事不存侥幸之心，在渡河进入敌人领地之前，他极其周密地制订了计划。

犹太人的篝火从远近各处都能看见

约书亚在什亭村设立了指挥部。他从那里派出两个人，到迦南去打探当地的大致情况。

两个探子出了犹太营地，直奔耶利哥城。这是该地区的第一重镇，将它占领之后，犹太人才有可能继续前进。

两名犹太士兵悄悄穿过城门混进了耶利哥。这一整天，他们到处找人聊天，研究城墙的坚固性，留意有关军风士气的传闻。晚上，他们去了一个名叫喇合的女人家里。喇合一向结交很广。她一句话没问，就给两位陌生人安排了一个房间。

不知通过什么渠道，城里出现两个生面孔的消息传到了官府耳朵里。警方很快开始搜捕入侵者。喇合立即遭到了怀疑。她名声不好，但凡有事发生，她的家总是第一个被搜查的。

然而事实证明，喇合比任何人都可靠。她听见有人敲门，急忙带着两个犹太人上了自家的平屋顶，把他们藏在一堆亚麻下面。这里家家户户都在屋顶上晒亚麻，警察也就没多心。他们离开喇合家，到别处继续搜查，结果没发现任何可疑的人，于是他们断定情报有误，这也是常有的事。他们收队回营，整座城不一会儿便静静地沉入了梦乡。

喇合回到了屋顶上，带着一根用新麻编成的绳子，看上去颜色鲜红。

"用这根绳子，"她对两个被困的人说，"我可以把你们放到下面的街上去。城墙边已经没有守卫了，逃走很容易。你们出去以后，就往山里跑，藏在那里等机会过河。但要记住一件事。今天我救了你们的命。你们的人很可能会占领耶利哥，到那时，我希望你们能保证我和我的家人以及所有朋友的安全。这算是一个交易。"

两个探子当然什么条件都愿意答应。

他们告诉喇合，在约书亚的军队进城时，把现在用的这根红绳系在窗户上。士兵们见了这个标记，就知道这是自己人的房子，不能伤害里面的人。

探子从喇合家逃走

喇合觉得这样挺公平。她把绳子绑在屋顶的一根横梁上，两个探子顺绳滑到了空无一人的街上。关于他们怎么出的城，我不知道。但两人刚走到空旷地方，就被发现了。他们拼了命地跑，躲进了山里。三天后，他们伺机游过了约旦河。

余下的路就不难了。

两人很快回到了自己的营地，把此行遭遇汇报了一番。

约书亚听说耶利哥城里人心惶惶，便决定想办法过河之后立即发动进攻。

没想到，过河竟是异常轻松。祭司按往常的规矩抬着约柜走在队伍最前面，刚到约旦河岸边，河水就停止了流动。于是，祭司抬着圣物走到河床中央，站在那里，直到所有士兵都安全上了对岸。几分钟后，河水重新涌了过来，一切都恢复了先前的样子。终于，犹太人回到了祖先生活过的土地上。

队伍继续推进了一小段，在吉甲村附近扎下营。这天是逾越节。

自从在西奈的茫茫大漠里第一次守逾越节，四十年来他们历尽

横跨约旦河

了沧桑。能走到这一步，他们自然心存感激。

不过，前方的路还很漫长。从士兵们欢度节日的这片美丽田野向前，就是耶利哥。不打一场围城的持久战，似乎不可能攻克那样一座城。

素来谨慎的约书亚知道，在这件事上不能单靠自己的力量。他开始祈祷。

他向耶和华请求帮助。耶和华派来了一位天使，向犹太统帅面授机宜。

随后，连续六天，每天早晨，入侵军沿着耶利哥的城墙，慢慢地、庄严地绕城一周。

走在队伍最前面的是七位祭司。他们肩上扛着约柜，同时拿着公羊弯角做成的号角，边走边吹。

到了第七天，他们第七次绕城行走。

突然，他们全都停下了脚步。

祭司奋力吹号，吹得脑门上的血管都要爆了，全体战士高声呼喊，歌颂上帝。

就在那一刻，耶和华实现了他的承诺。

耶利哥的城墙轰然坍塌，犹如春日暖阳下融化的积雪。

这座宏伟城池现在任由犹太人处置了。

他们杀死了城里所有的活口，除了喇合和她的亲友，其余无论男女老幼、牛羊和狗，凡是会喘气的都没有放过。然后，他们占领了空城，开始为下一场战役做准备，因为这时看来，从他们脚下直到地中海岸边的广阔土地都已在他们的掌握之中。

可是，约书亚的军营内部却出了问题。旗开得胜之后，这次远

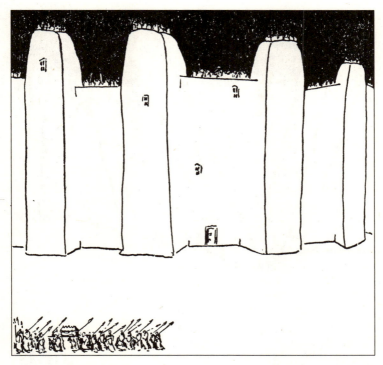

犹太军队环绕耶利哥城行走

征忽然面临着溃败的威胁。

进攻开始前,约书亚下达了几条最后指示。他明令禁止士兵拿取或私藏战利品。所有的东西都必须交到会幕来。

大多数人都遵守了命令,只有一个士兵——犹大一支的亚干——偷偷拿了几百块金银币和几件衣物,藏在自己帐篷里的地下。

耶利哥的城墙轰然倒塌

约书亚当然不可能知道这件事,他率军继续向西推进,相信耶和华会再助他夺取胜利。艾城的居民被邻城耶利哥的可怕遭遇吓坏了,但他们并没有投降。犹太人刚刚发动进攻,艾城人立即出击,打乱了入侵者的阵脚,迫使他们狼狈溃退,还损失了不少人。

约书亚这才明白，定是有人对上帝不忠。他把活着回来的士兵召集起来，对他们说明了自己的推测。他让做了错事的人坦白交代，免得其他人受连累。亚干本该站出来，可他想蒙混过关，没有这么做。

过了一阵，约书亚见没人主动认罪，便决定用抽签的方式抓贼。结果，亚干被抓了出来。他不得不交代偷来的宝贝藏在哪里。那些金银和衣物都被扔进了火里。

烧完赃物，士兵们转向亚干，杀了他。

此后很多年，亚割谷里的一个小石头堆提醒着过往的人们，不要忘记第一个违反圣律的士兵落得怎样的下场。

约书亚撤回军队，重新制订计划，准备再次攻打这座顽抗的城市。

他把队伍分成了两部分。夜里，三万人潜入艾城外的伯特利山间躲藏起来。稍后，又有五千人加入了埋伏。

艾城人目睹了
耶利哥的毁灭

约书亚率领余下的五千人，径直来到了艾城的城门外。守军看到这一小群犹太人，认定这还是几天前击退的那股敌人，自己要对付的不过是些残兵败将。

他们哈哈大笑，干脆出了要塞大门，打算在开阔地带教训这些不知好歹的人，因为那样杀敌更痛快。

可约书亚没等他们靠近，领头带着士兵就往山里逃。

艾城人把该有的警惕全都抛到了九霄云外，以最快的速度在后面紧追不舍。不一会儿，他们追进了一道狭窄的山谷。这时，约书亚停下了。

他挥起绑在矛尖上的一块布，向埋伏在西侧山坡上的人发出信号。士兵们从藏身的沟壕里冲出来，从后方向艾城人发起了猛攻。异教徒遭到前后夹击，只能听凭宰割。

几小时后，他们被杀得一个不剩。至于艾城，由于城门还敞开着，犹太人不费吹灰之力就占领了它。

城中男女老幼的结局与耶利哥人一样。他们被尽数屠杀，艾城

基遍人一副疲惫不堪的模样来见约书亚

在火海中变成了废墟。那天晚上,火光映红了迦南的天空,再次宣告一股外来的新势力在这里夺取了胜利,他们声称整个迦南地区为他们所有,对那些违背上帝意旨、与他们作对的人绝不手软。

恐惧中,个别迦南城邑试图用计谋逃脱厄运。

其中一座差一点就成功了。这就是基遍城。

"犹太人,"基遍人分析说,"来这里是要永久定居。他们太厉害了,我们打不过。我们应该尽最大的努力跟他们谈条件。他们很快就要到这附近了。假如能让他们相信,基遍城远在一千英里之外,那样的话,他们说不定能跟我们讲和立约,永远不会发现我们其实就在大路边。"

这是一个巧妙的主意,起初也进展得很顺利。一天晚上,基遍城派出的一队人来到犹太营地,求见约书亚。

这群可怜的人看上去疲惫不堪,走路都走不动了。他们衣服上沾满了泥,一个个好像口渴得要虚脱了。他们带着很少的一点食物,可都已经发霉了,他们说,这是因为走了好多好多天,才走到犹太营地。

约书亚相信了这番话。

他问这些人从哪里来,他们回答说,从基遍城来,那里离犹太营地远极了,使者们险些死在了半路上。

他们接着对犹太人的统帅说,基遍人民希望与新来的人和平相处,他们愿意订下友好和约,还特意说明了与千里之外的城市居民和平相处有多么简单。

这听起来合情合理,约书亚上当了。后来他才发现,基遍原来就在他划定的进军路线上,可惜为时已晚。他亲口答应了不杀基遍人。他不能违背神圣的诺言,但愤怒中,他判罚基遍人永世做犹太人的奴仆。

就这样,基遍人和他们的子孙保住了命,却都做了劈柴挑水的人,为犹太人服务,没有一分报酬。这种命运虽然可叹,但迦南其他部族听说这件事之后,基遍人的处境更是雪上加霜。

这些部族不是懦夫,愿意为自己的生死存亡而战斗。耶利哥和艾城已经成了废墟,而强大的基遍城原本可以加入御敌同盟,现在却一支箭也没放就投降了。这是绝对的耻辱,必须予以严惩,免得有人效仿这种胆小鬼的行径。

以耶路撒冷王亚多尼洗德为首的五位国王当即立约,结为同盟,联手对抗犹太人以及所有向他们俯首称臣的人。五王集结军队,向基遍进发,去惩罚这座叛变的城市。

基遍人两面受敌,急忙派人去见约书亚,请他出手援救。

约书亚知道,这将是一场决定性的战役。他率队急行军,早在联军有所觉察之前,就已赶到了基遍附近。对方完全没有防备。不

五王被关在山洞里

等交手，五王的军队已经四散溃逃。五位国王躲进了一个山洞，暗自希望犹太追兵不是那么急于找到他们。

但他们还是被发现了。

约书亚的手下匆匆滚来几块巨石，堵住洞口，把山洞变成了牢房，然后他们继续去追杀敌人，等以后再慢慢跟这几位国王算账。

与此同时，联军多少恢复了斗志。他们也明白，这是为自由和独立而进行的最后一战。

他们停住脚步，开始了绝境中的反抗。只要能再坚持几个小时，天就会黑下来，他们也许能有机会逃走。

约书亚需要速战速决，不然就可能功亏一篑。他又一次向耶和华求助。耶和华马上命太阳停在基遍上空，命月亮停在亚雅伦谷上空。

这样一来，白昼就延长了十二小时。犹太军队得以继续追击。他们大获全胜，当太阳落下时，以色列的子孙已成为了全迦南的主人。

但他们并没有就此休息，而是返回了关着几位联军首脑的山洞。他们把耶路撒冷王、希伯伦王、拉吉王、伊矶伦王和耶末王从洞里带出来，全部处死，以此儆戒迦南地区余下的三十多位君王，诸王不久便纷纷投降，完全接受约书亚的条件。

约书亚可以安享胜利果实了。

在示剑和吉甲两地中间的示罗，他建起了一座会幕，希望这里能够成为犹太民族的精神中心。

征战夺来的土地由各支派平分，他们在沙漠里吃过一样的苦，现在，他们的英勇和坚忍得到了同等的奖励。

犹太人终于找到了属于自己的家园。经过几百年的城市生活、走过沙漠中的漫漫征程之后，他们终于恢复了先辈的简朴生活，实

太阳停在上空

现了摩西对他们的期望。

他们不必再委屈自己住在埃及城镇的贫民窟里。他们重新成为了牧人。

人人有了一小块土地,家家有了一所安居的房子。

曾经是一盘散沙的各个支派,如今聚成了一个强大的民族,确立了一个共同的目标——敬奉天地的主宰耶和华;正是他指引他们摆脱奴役,建起一个自由独立的强国。

第九章　征服迦南

在几位充满干劲的领袖引领下,在昔日属于迦南人的土地上,终于建立起了一个犹太王国。

现在,土地有了。原本住在那些地方的人或是被杀,或是沦为了奴隶。但犹太人要成为全巴勒斯坦——今天地中海沿岸的西亚地区——公认的主人,要做的事情还有很多。

约书亚年迈时安详地离开了人世。各支派共同隆重安葬了他。然后大家决定,不再选接班人。

仗已经打完了,再选一位统帅似乎有点多余。如果需要阐释耶和华的律法,示罗的大祭司完全可以胜任。现在推举新的军事领袖,只会重新挑起各大宗族间的夙怨。更何况,这些年来征战不断,百姓恨不能躲开一切跟军事沾边的事。他们憧憬的是和平,谈论的是农具。

然而人们很快发现,一个四面受敌的国家,而且是新建的国家,至少要有一位名义上的首领,否则不可能生存下去。

摩西和约书亚的军队训练有素,迦南小城邑的君王根本不是他们的对手。可是在边境以西,住着美索不达米亚的强大统治者,其中一位——巴比伦王——从犹太人建国之初就对它构成了严峻的威胁。

巴比伦王进军迦南,夺取了外围的几块土地之后,犹太人不得不重新考虑当初的决定。他们并不十分愿意把自己的国家变成一个正规的王国,但还是默认了由一位领袖掌握绝对统治权的形式,他们将这位领袖称为"士师"。(此后二三百年间,士师的权力越来越大,最终促成了王国的诞生,这些我们将在后面章节中详细叙述。)

第一位士师是一个名叫俄陀聂的人。他曾率军夺取了亚衲巨人的都城基列西弗,因而名声大振。几十年前,同样是这些亚衲人,因他们的高大强壮而让摩西的追随者胆战心惊,如今他们不是死了就是穷困潦倒,已变得像美国的印第安人一样不成气候。俄陀聂还做过一件出名的事:他娶了迦勒的女儿;四十年前,迦勒曾和约书亚一起去以实各为摩西侦察情况。

俄陀聂成功地将巴比伦军队赶出了犹太人的领地,在那之后的近三十年里,他一直是犹太国的无冕之王。

可是,他去世后,犹太人回到了散漫混乱的老路上。他们与信奉异教的邻邦女人结婚,在残存的迦南老居民中挑选妻子。这样结合生下的孩子,在语言和信仰上往往都是随了母亲。简而言之,犹太人忘记了耶和华曾在艰难岁月里引领他们前进,忘记了没有耶和

犹太人惧怕亚衲人的要塞

华,他们不过是一个小小的闪族部落,只能听凭强邻摆布。

在这种状态下,犹太人很快失去了同舟共济的凝聚力,而这在摩西规划的民族蓝图中本是第一要素。他们开始与自己人争吵,当内讧的消息传到一直虎视眈眈的邻邦,摩押人、亚扪人以及凶悍的亚玛力人结为联盟,没用多久就把几年前被约书亚占领的土地夺了回来。

犹太军队战败,随之而来的是又一个奴役时期。这段时间持续了近二十年,其间摩押王伊矶伦成了希伯来各支的主人。

便雅悯支派里,有一个名叫以笏的人,最终是他解救族人脱离了奴役。

以笏是左撇子。这就让他有了一点别人料想不到的优势。他将一把短剑藏在了披风的右侧。伊矶伦的护卫们自然没想到要去检查常人不会佩剑的一侧。

准备妥当,以笏请求觐见伊矶伦。他说他有机密的事情禀报,必须单独见陛下。伊矶伦和其他的东方暴君一样多疑,以为又是哪

亚衲巨人的坟墓

里要造反了。他让左右退下。门一关,以笏就抽出了短剑。伊矶伦从座位上跳了起来,试图自卫。但是太迟了,以笏的剑已经刺中了他的心脏,他倒地死去。

这是大举反抗摩押人的信号。将他们赶走后,以笏因为立下功劳,被推选为以色列的士师,他的族人再度迎来了一个短暂的、相对独立的和平时期。

继他之后,士师一任一任地快速更替。每一位领袖都是性格坚强、身先士卒,战斗在对抗异教徒的最前线。我想,如果约翰·史密斯上校和丹尼尔·布恩生活在那个时代,一定会是伟大的犹太士师。

不幸的是,边境上的战争往往极为残酷。每当非利士人烧掉一座希伯来村庄,犹太人便立即以牙还牙,摧毁两座非利士村庄。然后非利士人觉得,不洗劫三座犹太村庄就不算是完成任务,而犹太人又进一步报仇,掠夺四座非利士村庄。这是一个无休止的恶性循环,双方相互屠杀,却没有多少意义。

但是,几乎每一个国家在建立初期都要经历这样一段流血的痛苦。所以在这一点上谴责犹太人是没道理的，这种罪，我们所有人的祖先都曾犯过，从任何方面来说都不是某一个民族的特例。

我们对《旧约》进行了非常细致的研究，因此相对于巴比伦人、亚述人或赫梯人的历史，我们对犹太人的历史了解得更多一些。这就是主要的差别，仅此而已，因为其他这些西亚居民并不比犹太人更好。说完这点离题的话，我们还是回到《圣经》的记述上来。

随着时间的推移，边境上的战斗越来越激烈，就连妇女也被征召参战。迦南的小城邦不再构成威胁。它们一个接一个地被征服或被摧毁了。但是有一个敌人，仍和过去一样危险，一样极具威胁，这就是非利士。

在下面的章节里，我们会经常提到非利士人。他们与犹太人及西亚其他居民不同，不属于闪族。

他们是克里特人，在克诺索斯被毁之后离开了故乡，克诺索斯作为一座著名的古城，在过去近一千年的时间里一直是文明世界的中心。

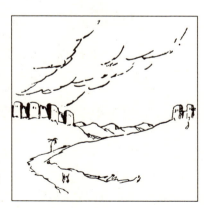

犹太人与非利士人的领地交界处

第九章　征服迦南

关于古城是被什么人、出于什么原因、用什么方法摧毁的，我们一概不知。那场灾难的幸存者由海路逃了出来。他们起先曾尝试在尼罗河三角洲立足。不过，埃及人把他们赶走了。

他们随后向西航行，沿着亚洲海岸线，在地中海和后来被约书亚占领的犹地亚西部山区之间占据了一条狭长地带。

犹太人当然希望拥有几座自己的港口，而非利士人想独占上至约旦河的全部土地。身处内陆的犹太人和精于航海的非利士邻居为此开始了没完没了的争战。不过，克里特人在安邦策略和战术发展方面都远远领先于他们的亚洲邻居，因此粗蛮的以色列部落在与非利士敌人的对抗中，不可能占得多少优势。

位于巴勒斯坦的非利士人领地

《旧约》记载的许多著名战役都发生在两大对手为控制地中海沿岸地带而展开的八百年争斗中，昔日的克里特人凭借铜盾、铁剑和相当于古代坦克的装甲战车，赢得了绝大多数战役的胜利，而以木盾、石矢和投石器为武器的犹太人只是偶尔免于败北。

　　但是有那么几次，希伯来人清醒地意识到自己是为耶和华而战，结果就战胜了对手，其中一次发生在女先知底波拉在世的时候。

　　当时士师珊迦刚刚去世。耶宾王的军队立即进犯。他们偷牛，屠杀男人，掳走女人和孩子。这个仇不能不报，可是，谁来领导犹太人呢？

　　耶宾军队的统帅是一个名叫西西拉的外邦人。他似乎曾是埃及人，后来北上发展事业。他和大多数职业军人一样，精通各种最先进的战术。他创建了一支驾驶铁甲战车的特殊部队。马拉的战车在犹太军阵中左突右冲，如同刀子切入黄油般轻松。据说西西拉拥有至少九百辆铁甲战车。这个数字可能有点夸张，但这位埃及人的强大实力足以毁灭建立不久的犹太国，在约旦河两岸的谷地山区引起了巨大的恐慌。

　　那时候，在伯特利附近，住着一位名叫底波拉的女子。

　　她拥有约瑟小时候很出名的那种奇异天赋。她能够预知未来。

　　因为这一点，人们从西亚各地来到这里，在出航、打仗、开业或结婚之前征询她的意见。

　　犹太人向她求助，恳求她指点方向。幸而底波拉是一个勇敢的女子。她没有建议同胞投降，相反地，她鼓励大家奋起战斗。

　　她传话给拿弗他利支派，要一个叫巴拉的人来见她。巴拉在当地是个小有名气的军人。但是，当底波拉要他向西西拉大胆进攻时，他

女先知底波拉孤单伫立的家

犹豫了。"结果会很惨的,"他说,"我们的队伍抵挡不住那些铁车。"

底波拉回答说,一旦犹太人发起反击,耶和华将会与他们同在,并让敌人看不见他们。可巴拉依然害怕那九百辆铁甲战车,拒绝统领大军。

无奈之下,底波拉提出和他一起去,给他鼓劲。同时她警告巴拉,这样一来,胜利的荣耀不会属于他,而将属于一个女人。巴拉听后终于答应出战,命手下兵士离开了他泊山的安全堡垒。

西西拉在耶斯列平原上摆开了战车阵,等犹太人下山便向他们发起进攻。但是,耶和华站在犹太人一边。耶宾的军队拼死苦战,却注定了全军覆灭。零星几个活下来的人都逃走了,就连不可一世的西西拉也被迫丢下战车,徒步逃命。

他一路向西,但因为不习惯这样的运动,没多久便累坏了。他走进路边的一所房子,想要些吃的。

房子的主人是基尼人希百。

希百出门了,他的妻子雅亿在家。

雅亿听说过打仗的事。她知道自己面前这个人必定是西西拉，因为他长得像外国人，戴着金头盔，而且向女人提要求的口气就像是一个天天发号施令的人。于是雅亿招待这位不速之客吃喝，然后，见他一副精疲力尽的样子，便告诉他可以在地毯上休息一会儿，并保证为他望风，如果有犹太兵过来就叫他，让这埃及人逃走。

西西拉对雅亿说的话没有一丝怀疑，很快就睡熟了。

这时雅亿拿了一根固定帐篷用的大钉子，从西西拉的眼睛直刺进去，就这样在自己家里杀死了敌人，她随后跑到巴拉军中，自豪地报告了她做的事。

一切都结束了。耶宾失去了信赖的将军，被迫讲和，犹太人又一次重获自由，他们为雅亿和底波拉立下的功劳感到骄傲，给予了两人很高的荣誉。

可是很遗憾，相对安定的日子似乎对族群的整体风气有很坏的影响。依照摩西的指示敬奉耶和华，人们就必须时时自省。但如果我们生活安逸，过得无忧无虑，在这世上唯一需要考虑的就是怎样痛痛快快地花钱享受，就很难对宗教活动有热情。

有关打败西西拉之后那段日子的故事流传到今天，让我们清楚地看到了在大漠狂风中显示神威的上帝已被彻底遗忘，年轻一代无视上帝的律法，他们终日吃喝玩乐，只顾眼前，不想明天。

不讨人喜欢的米迦就是一个例子。他是一位富孀的独子，住在以法莲村。他偷了母亲的钱，母亲发现后，不仅原谅了他，还命人把那些金银熔了，铸成一尊神像，当作礼物送给她宠爱的儿子。

米迦喜欢这个亮闪闪的玩具，他在自己家里建了一座圣堂，然后从世袭守护会幕的利未族雇来一个人做他的私人祭司，为他主持

米迦自建圣堂，供奉了一尊奇怪的神像

仪式，这样他不用出门就能做礼拜了。

这一系列举动严重触犯了摩西领受的古老律法。

就连这时已说不上虔诚的其他犹太人也大为震惊。

不过，米迦有钱，可以随心所欲。

有一天，但族的一些人在西行寻找放牛的新牧场途中，闯进了他的家。他们偷走了米迦的金像，搬回了自己的村子。

至于为米迦做祭司的那个利未人，见神像被偷走，他就跑了，跑去为刚刚抢了主人家的但人服务。

耶和华自然很生气，不久便表示了他的愤恨。

他遣米甸人到以色列的土地上去。这些人每年夏天都频繁前来骚扰，偷走长在地里的大麦和谷子。他们在犹太村庄里引起了极大的恐慌，以至于每年第一批米甸人出现时，当地居民就匆忙逃往山洞，常常是整个冬天都躲在那里。最后，犹太人彻底绝望了，干脆不再种庄稼。饥荒迅速在这片土地上蔓延，饿死的人越来越多。

这时只剩下极少数性情坚毅的人继续在田里劳作,他们之中有一位名叫约阿施,他是基甸的父亲。约阿施本人不大遵守自己国家的律法,信仰的是当地原住民敬奉的异教神明。不过,他的儿子基甸一直信守古老的教义,他与底波拉、约瑟一样,有预言的能力。

约阿施为当地信奉的主神巴力筑了一座祭坛,年轻的基甸梦见一位天使让一块磐石吞噬了他送上的食物,他受到鼓励,半夜里爬起来,捣毁了丑陋的异教神像,在原地为耶和华筑起一座祭坛。

第二天早上,同村的人们发现了碎石块,知道是怎么一回事,便跑到约阿施家,吵着说他的儿子做下如此大不敬的事,一定要严惩。

幸好约阿施还算是一个明事理的人。他说,如果巴力果真像人们宣称的那样神力无边,他必定会因为基甸所做的事治死他。然而基甸一直活得好好的,过了几个星期,还是什么事也没有,村民们也就改变了想法。基甸为此名声大振,被称作"耶路巴力",意思是"捣毁巴力祭坛的人",他成了远近闻名的大英雄。

渐渐地,米甸人的骚扰越来越猖狂,犹太人只有两条路可走:

基甸捣毁了巴力的祭坛

要么反击,要么灭亡。在这种形势下,基甸自然而然地被推举为领袖。他在古老的耶斯列平原上集结起一支队伍,开始了战斗前的操练。可是,他的军队士气低落。大家对打仗没多少兴趣。他们已经变得软弱了,一心想回到安逸的山洞去,哪怕挨饿也比吃苦受累好。

当基甸直接问他们是否想回家时,大多数人喊道:"想!越快越好!"

基甸让他们回去了,只留下看上去比较可靠的几千人。但他对这些人也不放心,于是请耶和华给他一件表示首肯的信物。他把一团羊毛放在帐篷外面的地上,到了早晨捡起来一看,发现羊毛浸透了露水,下面的草却是干的。这意味着耶和华将在战斗中支持基甸,他可以继续按计划展开行动。

基甸带领部下进行了一次长距离行军。走得很累的时候,他让大家到河边去。几千人中,只有三百人熟悉作战常识,喝水时不忘留意河对岸的情况,并且是用双手捧起水送到嘴边。其余的人都像口渴的动物那样,俯身向前,直接凑到水面上喝水。

犹太人看着米甸人
弃家逃走

基甸留下那三百人。其他人都被遣散了,真正打起仗来,他们只会添乱。

三百名忠诚的战士听候命令。

基甸发给每个人一只羊角号和一个火把。火把藏在陶土罐里,从外面看不到火光。

夜半时分,基甸率军向米甸人发起了进攻。

他们一边跑,一边吹号,看到信号一起摔碎了陶罐。猛然间亮起那么多火把,晃得米甸人眼花缭乱。他们一下子慌了神,匆匆逃跑,扔下数千死伤的人横陈战场。

基甸被誉为犹太人的无冕之王,此后做了很多年的士师。

但是他死后,问题就来了。基甸结过七次婚,身后留下一个相当庞大的家庭。葬礼刚完,他的儿子们就为继承权吵了起来。其中一个名叫亚比米勒的很有野心。他想做全体犹太人的王,并且认为自己有这个本事。这种年轻人很少能在熟悉他的人当中获得好评。亚比米勒因此离家去了示剑,那是他母亲的故乡。在示剑,他开始密谋夺取王位。他没有资金,但示剑人看到了计划成功带来的好处,所以借给他一笔钱。亚比米勒用这笔钱雇了几名职业杀手,让他们去杀他的兄弟。

一夜之间,基甸的儿子们几乎全部遇害身亡,唯独最小的一个——约坦幸免于难。

约坦逃走了,躲进了山里。

示剑人拥立亚比米勒为王,举行了盛大的庆祝活动。

此后的四年里,亚比米勒和他的得力助手西布勒牢牢地把持着他们的位置,又强迫几座村庄城镇服从了他们的统治。每隔一阵,

基甸的军队展开攻击

他们就会听到约坦的消息。这个男孩总是冷不丁地出现在某个集市上,谴责邪恶的哥哥。不过,亚比米勒没把他放在眼里。约坦没有一分钱,没有一个追随者。他痛斥杀戮成性的哥哥,但说什么都是白费力气,围观的人只当是看笑话。

然而示剑并没有风光多久。亚比米勒固执又没头脑。他的臣民很快心生不满。一个名叫迦勒的人领头发动了一场起义。在随后的战斗中,亚比米勒和西布勒取得了胜利,迦勒和他的弟兄们被逼进了一座石头的高塔里。

亚比米勒攻不下这座堡垒,就派士兵到森林里去砍柴禾。他在塔底堆起了巨大的柴堆,迦勒等人全部被烧死。

几年后,在提备斯又爆发了一场叛乱。亚比米勒再度取胜,起义的人同样退进一座塔里死守。亚比米勒试图把他们和上次的示剑人一样活活烤死,但是,当他得意扬扬地迈步向前准备点燃这个火葬柴堆时,一位妇人从塔高处探出身来,朝他扔了一块石头。石头

亚比米勒火烧示剑城

砸断了他的脊梁骨。愚蠢的亚比米勒不愿意落下被女人杀死的名声,也不愿重伤死去,就叫一名手下结束了他的痛苦。

在这之后的一小段时间里,不再有人做这种注定要失败的尝试:一统以色列各支派,建立一个王国。不过,边境战争和支派间的冲突愈演愈烈。先是米甸人叫嚣要占领约旦河两岸的所有土地。几年后,又有亚扪人企图做同样的事。

他们掠夺烧毁了许多村庄,犹太人暂时抛开了内部矛盾,一致抵御外敌。大家推选了玛拿西支派的耶弗他做统帅。耶弗他是一个敬畏上帝的人,没多久便制伏了亚扪人。

可是在胜利的时刻,支派间的争吵又开始了,而且吵得非常激烈。有些士兵指责以法莲支派的人怠慢军令。以法莲人的确是在敌人溃退时才赶到战场,对此他们表示了歉意,可辩解说迟到也是没办法的事。他们是从河对岸赶过来的,路很远。但耶弗他性情偏执,不接受道歉,也不听解释。

他派兵把守约旦河上的每一个渡口，下令不准放过任何人。

然后，他开始围捕所有可能属于这个不忠支派的人。这些人很容易分辨，因为以法莲人不会发"示"这个音，在他们那里，希伯来语中常用的一个词"示播列"（意思是河流）念作"西播列"。如果一个人外表看来像以法莲人，就要求他说"示播列"；一旦他说"西播列"，就立即带走处死。

据《旧约》记载，有四万以法莲人这样送了命。这件事完成后，耶弗他骑马回家去兑现一个承诺。他在大败亚扪人之前曾向耶和华发誓，愿把回到家时第一个出来迎他的活物献作祭品。他当时想的大概是一只爱犬，或者一匹马。不幸的是，冲出门来迎接他的竟是他的独生女儿。

耶弗他信守了承诺。

他把女儿送上了耶和华的祭坛，将她的躯体焚烧献祭。于是和平再度降临以色列大地。

以法莲人被要求念
"示播列"

日子渐渐变得平淡,但是这样过了没多久,非利士人和犹太人又打了起来。战斗比以往更加激烈,犹太聚居点一个个被夷为平地。

这时,犹太人的民族英雄参孙挺身而出。他和大力神一样强壮,和罗兰一样勇敢,只是不像历史上许多著名的领袖人物那样睿智。

他是玛挪亚的儿子,还是小孩子的时候就以膂力惊人而闻名。

他不是那种仪表堂堂的人。他从不梳头,任由胡子乱长,难得想起来换件干净衣服。不过,他的两只手就像一对铁锤,而且他根本不知道什么叫做"危险"。

参孙给父母惹了不少麻烦,十八九岁时,他爱上了一个非利士女子,执意要娶她。与外邦人成亲的主意当然吓坏了他的家人和左邻右舍。参孙却一意孤行,到亭拿去迎娶他的新娘。

西行途中,一头狮子朝他扑了过来。参孙赤手空拳,像抓小猫咪一样拎起这头野兽,杀死之后把尸体扔进了路边的灌木丛里。过了一阵他又经过这个地方,发现蜜蜂在死狮嘴里筑了巢,正忙着采

耶弗他回到家,他的
女儿出门迎接

蜜。参孙取出蜜来吃了，继续赶路。

　　终于，他来到了新娘居住的村庄，村里为这对幸福的新人大摆筵席。参孙不大会应付这种场合，他在战场上比在客厅里更自在，但他还是努力扮演着快乐新郎的角色。他尽了全力。一天晚上，客人们都在猜谜玩，他也出了一个小谜语，并许诺说，如果客人们猜到了谜底，他就送给大家三十套衣服。众人猜了，可是猜不出来。

　　参孙的谜语是这样的："吃的从吃者出来，甜的从强者出来。这是什么？"

　　亭拿人想了又想，猜了又猜，怎么也搞不明白参孙说的是什么。当着这么一个邋里邋遢的外人，而且是从讨厌的犹太领地来的外人，亭拿人实在不想出丑。他们跑去找参孙的新娘，对她说："这个人爱你，为了你什么都肯干。让他把谜底告诉你吧。"

　　这女人不是很聪明，不然就能想到这可能引发什么后果。她死死纠缠，直到参孙受不了了，没好气地说谜底是死狮子，那具尸体现在成了各种动物的美餐，那张大嘴已经变成了蜂巢。

　　非利士人这下可高兴了。他们去找参孙，大声说："你的问题太简单了，我们当然知道答案，有什么比狮子还强、有什么比蜜还甜呢？"

　　参孙知道他们玩了鬼把戏。他怒不可遏，一句话没说就起身离席，抛下了他的新娘。

　　他一路走到了亚实基伦，在那里碰上一群无辜的非利士人。一共三十个人，参孙把他们全都杀了。他剥下他们的衣服，送给了参加婚宴的宾客，算是猜中谜语的奖品。之后他回到父母家里，整天闷闷不乐地坐着。

他深爱那个非利士姑娘,割舍不下对她的感情。分离是痛苦的,他再也承受不住的时候,便回去找她,盼着能重修旧好。

可是他去晚了。就在几天前,姑娘嫁给了同族的一个人。参孙发现自己被抛弃了。他受不了这样丢脸的事,决心报仇。

他到山里去,捕回三百只狐狸。

他抓着狐狸尾巴两只两只地捆在一起,在每一对的尾巴上绑了一支点燃的火把,然后把它们放开。这些可怜的动物自然是疼极了。它们在田野里四处乱蹿,痛苦不堪,为了灭火,它们在成熟的谷子地里不停地打滚。

干燥的庄稼烧着了。大火随后又向葡萄园和橄榄树林蔓延,一夜之间,非利士人的田地被一场大火烧得干干净净。

愤怒的人们做了一件很蠢的事。他们把自己的不幸都怪罪到参孙的前妻头上,于是闯到她家去,动用私刑把那姑娘和她父亲处死了。

参孙听到消息,集结了所有支持他的人,冲向非利士人的地盘。他杀死了几百人,只图杀个痛快。

当时边境线上很太平,参孙这场小小的私人战争让犹大族的一些人大为不满,他们住在那一带,希望能与非利士邻居保持友好关系。他们抓住了参孙,将他双手捆住,送到非利士人那里。这些人不愿意沾上同胞的血,所以把处决的权力留给了非利士人,自己站在一旁观望。

非利士人看到犹大族的人押着囚犯从大路上走过来,高兴坏了。参孙静静地等着这些人围在了自己周围。这时他突然挣脱捆绑,捡起路边一头死驴的颌骨,朝着非利士人猛冲过去,左右开弓把他们一个个打死。

从那一刻起,这位犹太大英雄的敌人知道了:想取参孙的性命,怎么做都是白费力气。

他们不可能光明正大地打败他。

他们必须想办法从暗处下手干掉他。

即使这样,事情也很难办。

可是啊,参孙真是自己害自己。

他不停地爱上一个又一个女人。

身陷情网的时候,他就变得无所顾忌,做事不考虑后果,为了自己高兴,他甘愿冒各种各样的风险,甚至置国家安危于不顾。

一天傍晚,非利士人听说参孙到迦萨城去拜访朋友了。

"真不容易,"他们说,"这下可以抓住他了!"

他们关闭了城门,等着天亮。参孙回家时必须经过城门,那时将有五十个全副武装的人在这里恭候他。

参孙想必是听到了风声。他半夜起身,出了门。他把厚重的城

参孙扛走了城门

门直接卸了下来,背在背上,从迦萨一路扛到了希伯伦。他把城门立在那里,警告所有的敌人。

这个人显然是不可战胜的,犹太人虽不喜欢他的粗野,却也不得不承认他有资格做首领。他们选他做了士师,参孙统治以色列近二十年。他原本可以带着大力士和边疆勇士的美名,风风光光地告别人世。然而晚年时,他又与一名非利士女子发生了一段恋情,结果惹来杀身之祸。

这位姑娘名叫大利拉。她对参孙没有半点情意,但她的族人威胁要杀死她,除非她与参孙成亲,并弄明白他的神力来自哪里。

如果她肯出卖丈夫,就能得到一千非利士银币;如果没能办成这件事,她的族人说,就要用石头砸死她。

两人一结婚,大利拉便开始向参孙献媚,夸他比别的男人都强壮。她说,有一件事她一直很想知道:聪明的夫君为什么能有这样宽厚的肩膀、这样强壮的手臂呢?参孙笑笑,胡编了一个理由。他说,只要用七根青绳捆住他,他的力气就没了。

大利拉信了他的话。夜里参孙睡觉时,她把非利士邻居放进家里来,让他们用七根青绳捆住她的丈夫。

参孙被他们弄出的声响吵醒了。他朝四周看看,看见了敌人。他轻松挣断了绳子,回到床上继续睡觉,而非利士人都吓跑了。

日子一天天过去,这个游戏一次次重演。见非利士人总也抓不住他,参孙似乎觉得特别有趣。他就像个恣意胡闹的新郎官,想出各种荒唐的理由向大利拉解释自己哪来的力气。

对于这样一个关爱族人胜过自己丈夫的女人,离开她才是更好的选择。可是参孙非常爱她,这种事情他办不到。他留了下来,最后，自然而然地被大利拉纠缠得没了耐心。一天晚上，他对她说了实话：只要把他的头发剃光，他就毫无招架之力了。

大利拉得到了她的一千银币。她叫来了非利士人。他们悄悄进了屋，趁参孙熟睡时，大利拉剪掉了他的头发。

然后，她突然叫丈夫。

"醒醒！"她喊道，"醒醒！非利士人来了！"

参孙微微一笑，站起身来。这喊声他听过很多次了，每次只要他露出不高兴的神色，敌人就像老鼠见了猫一样一哄而散。

可是这一次，他没力气了！他的手臂软绵绵地垂在身体两侧。他被抓住，捆了起来。非利士人把他带走，剜掉他的眼睛，把他扔进迦萨的磨坊里，让他为以往听到他名字就会发抖的人们磨玉米。

在那里，在永恒的黑暗中，参孙有充裕的时间反思过去的鲁莽，

参孙在磨坊做工

向耶和华忏悔。

被囚期间,他的头发又渐渐长长了,非利士人还在为胜利而兴奋,根本没留意这个不起眼的细节。

这天,天气晴好,非利士人举行了盛大的庆祝活动,向他们的神——大衮献祭。

人们从远近各处赶来参加盛会。有一个人猛然间想起了磨坊里的那个犹太囚犯。"把他带到这儿来,"他高声叫道,"把他带到这儿来!这多好玩啊。我们可以嘲笑这老家伙,可以朝他扔泥巴。他杀了我们几百人,现在他没力气了,像小猫一样伤不了人了。把他带到这儿来吧!"

参孙被带来了,安置在神庙里,所有非利士人都能看到他,尽情地辱骂他。

参孙听着人群的喊叫,明白了这是怎么回事。他恳请耶和华满足他最后的祈求:让他恢复往日的力量,只要一小会儿就好。

非利士人让参孙坐在神庙中央的座椅上。他的两侧是支撑屋顶的两根立柱。

慢慢地,他的手指摸索到了冰冷的石柱。

人群在他周围开心地疯狂喊叫,他的手抓住了花岗岩石块。宽阔的肩膀骤然发力,他把立柱向两边推倒了。

石柱四分五裂。

屋顶轰然坠落。

神庙里面和屋顶上的人尽数丧命。废墟下,埋着一位英雄残缺的肢体,他用死弥补了自己年轻时犯下的愚蠢过错。

就在这一系列轰轰烈烈的事件发生时,另外一些微妙的作用力

参孙之死

正在将分散的犹太支派凝聚成一个真正的王国。犹太人依然拒绝将统治者称为国王。但是,士师的权力一直在稳步增加。事实上,如果这时有一个人拥有摩西或约书亚那样的人格魅力,犹太人会很乐意请他来做君主。

然而,在参孙之后继任士师的以利为人软弱。他的两个儿子——非尼哈和何弗尼都是卑鄙的人。两人从不曾把耶和华放在心里。他们只知道追逐尘世间的享乐,借着父亲的职权做尽了坏事。

犹太人需要一位不一样的领袖,当然,最终也适时找到了他。这就是著名的先知撒母耳。

撒母耳出生在小村庄拉玛。他的父亲叫以利加拿,母亲的名字叫作哈拿。

哈拿多年不育,以前每年都要到示罗的神庙去祈祷,希望能有一个儿子。孩子出生以后,欣喜的母亲给他取名叫撒母耳。等到孩子能走路时,哈拿就带他去了示罗,请求以利安排他在神庙里做点事,让他时刻伴随在耶和华左右。

以利喜欢这个聪明的男孩,他对自己的儿子已经彻底不抱希望了,于是便开始把小撒母耳当作继承人培养。

一天晚上,以利正在关圣所的大门,忽然听到一个声音在呼唤撒母耳。那孩子在榻上睡着了,醒来应道:"是,主人,我在这里。您有什么吩咐?"

以利说他不需要什么,他并没有叫撒母耳。

男孩重新躺下,可是过了一会儿,那个声音又叫道:"撒母耳!"

这一连发生了三次。以利醒悟过来,原来是耶和华在呼唤男孩。

他把撒母耳单独留下,耶和华随即对男孩说,以利的儿子必须被处死,因为他们的邪恶已经威胁到了整个犹太民族的生存。

第二天早上,撒母耳把自己昨晚得到的启示告诉了以利。

这件事很快就传开了。从此大家都很尊敬撒母耳,纷纷议论说,这男孩长大以后一定是位了不起的先知,或许还将成为他们的首领。

但在这一天到来前,以利仍是士师,而非利士人又一次挑起了战火。

犹太人有一个习惯,每次出战时都要带上约柜。

作为士师兼大祭司的儿子,非尼哈和何弗尼受命护送这件圣物到犹太军营。

两人倒是照办了,但在执行任务的过程中,他们触犯了所有的犹太律法,让耶和华大为恼怒。

没有耶和华的神灵同在,约柜不过是一个普通的木头箱子,当然也就不可能消除灾祸,随后的战役中,犹太军队惨败。以利的两

约柜归来

个不肖儿子被杀,约柜也被敌人掳走了。以利得知噩耗,长叹一声倒地死去,撒母耳接替他做了士师。

这是犹太历史上最黑暗的一天。

最神圣的圣物,犹太人从埃及不远万里抬到迦南的约柜,如今被非利士人放在了参孙摧毁的古庙废墟上。这是一件战利品,但依然有着左右国运和人命的力量。非利士人刚把约柜抬到他们的主神大衮旁边,神像就被一双无形的手推倒了,摔得粉碎。

非利士人惊恐万分,急忙把约柜搬走,运到了迦特城。城里所有人立时都生了病。在这之后,噩运一直纠缠着可怜的非利士人。他们把约柜从北搬到南,从东搬到西,可是搬到哪里,灾祸就跟到哪里。最后,非利士人实在没办法了,他们在约柜里装满黄金,放到一辆车上,又在车子前面套了两头牛,任由它们拉着车随便走,只要让这可怕的诅咒远远离开这个国家就好。

无人驾驭的两头牛向东走去。一个明媚的早晨,正在田间干活的犹太农夫忽然看见这辆牛车拉着圣物停在路中央。他们连忙筑起一座祭坛,住在附近的人蜂拥而至,赶来祭拜。后来,他们把约柜送到了一位名叫亚比拿达的利未族祭司家中。许多年以后,当大卫坐上王位,开始规划后来由儿子所罗门建造完成的那座著名圣殿时,约柜才被运往耶路撒冷。

约柜的回归似乎预示着好日子要来了。但是,政府组织松散已经成了士师统治的特点,犹太人越来越厌烦这种形式。于是人们去问撒母耳,他死后应该怎么办。撒母耳也有两个儿子,但品性与非尼哈和何弗尼如出一辙,没人愿意让他们继承父亲的职位。

撒母耳请耶和华为他指明正确的决策。

第九章 征服迦南 | 135

耶和华提出立王。他厌倦了犹太信徒一次又一次地违背他的旨意。这些人吵着要拥立自己的国王已有很长一段时间了。很好,耶和华可以给他们一位国王。但是,这位国王要把百姓的儿子征去为他当兵,把百姓的女儿征去为他做奴仆,把百姓的粮油美酒征去赐给他的随从,百姓的一切所有物将有十分之一归他所有,而且,他将以铁腕手段统治人民。

各犹太支派听到这消息,竟然都很高兴。他们满怀雄心壮志,希望成为一个能与埃及、巴比伦和亚述比肩的强大帝国。他们没有考虑为此需要付出的代价,等到醒悟时却已太迟。他们抛弃了做农夫和牧人的自由,为远方某座城市里的统治者做奴隶,这时他们才开始明白,当初请求耶和华立王时,自己牺牲掉的是什么。

第十章　路得的故事

路得的故事为我们呈现了巴勒斯坦早期岁月里,生活的简单淳朴之美。

上一章讲了各希伯来支派在士师统治时代的故事,很多内容涉及战争和流血,我们不得不描述了许多残酷而可怕的事件。不过,当时犹太人的生活还有另外一面,非常美好的一面。

这就是我们下面要讲的。

在伯利恒,住着一个名叫以利米勒的人。他的妻子叫拿俄米,他们有两个儿子,基连和玛伦。以利米勒原本过得还算宽裕,可是,伯利恒周边地区闹了一场饥荒,结果他变得一无所有。

他有一位富有的表亲,名叫波阿斯。但以利米勒很要强,不愿意低头去求助。他带着妻儿搬到了摩押,打算重新开始。

路得和拿俄米踏上
返乡的路

以利米勒很快开始辛勤劳作。可天有不测,他突然撒手人寰,留下妻子独自抚养两个儿子。

这是两个正派的孩子。他们帮母亲干农活,长大以后都娶了附近一个摩押村庄里的姑娘,一家人准备就这样客居异国,在友善的当地人中间一直过下去了。

可是,基连和玛伦似乎都继承了父亲的虚弱体质,两人都病倒了,不久便相继离世。他们的母亲悲伤过度,决定回老家去度过余生,那里的人们是她从小就认识的,说的话也是她熟悉的。

拿俄米非常喜欢她的两个儿媳,但平心而论,她不能要求她们陪自己一起回去。她这样对两人讲明了,基连的遗孀俄珥巴也觉得,她不应该离开自己的村子。她万般不舍地与拿俄米告别,留在了摩押。

但是,玛伦的遗孀路得不肯离开,因为老婆婆现在是孤零零一人在这世上。路得嫁到了以利米勒家,已经离开族人来到了丈

路得

夫的家人中间。她决定留在拿俄米身边,认为这是自己的责任。她坚定地说,什么都不能把她与亡夫的母亲分开,说着温柔地拥抱了拿俄米。

两人于是一同上路,向伯利恒走去。

当然,她们很穷,没钱买面包。但多年以前,制定律法的智者摩西理解那些食不果腹的人,因此规定收割之后散落在田里的麦穗必须留给穷困的人。收获的粮食全部归种地的人,收获过程中掉在地上的零散麦穗,则属于没有土地的人,这是神授予的权利。

拿俄米和路得抵达伯利恒的时候,正值收获季节。

以利米勒的表亲波阿斯正带着人在田里干活。路得跟着捡麦穗的人,想为拿俄米捡些吃的东西。

她这样干了好几天。

周围都是伯利恒的犹太妇女,她是一个生面孔,自然就有人打听她的情况。不久,所有人都知道了她的遭遇,事情还传到了波阿斯耳朵里。他很想看看这是一个什么样的女人,于是借着巡视田地的名义,和她说了一会儿话。

到了午饭时间,波阿斯邀请路得跟他和工人们坐在一起,给了她很多面包,让她尽量吃。

路得只吃了一点。余下的都带回家去,给上了年纪不能干活的拿俄米。

第二天一早,路得回到了田里。波阿斯不希望伤她的自尊,可又想帮她减轻负担。他指示手下的收割工,干活的时候不要太仔细,一定要在地里多留些麦穗。

路得干了一整天。晚上,她准备带着收获回家时,发现自己竟然捡了那么多麦穗,都快搬不动了。

她把这些事告诉了拿俄米,说她遇见了波阿斯,还有她一个上午捡到的麦穗比以往一周捡到的还要多。

拿俄米听了非常高兴。她觉得自己来日无多,希望波阿斯能娶

拿俄米与路得告别

路得为妻,这样,路得在往后的日子里就能有一个像样的家,她也可以放心了。的确,路得是异邦女子。但她曾嫁给波阿斯的远亲,可以算是犹太大家庭的一员了,而且大家都很喜欢她。

事遂人愿。波阿斯先赎回了过去属于以利米勒的田地(根据摩西制定的一条防止高利贷者伤害农民的律法,他有权这样做)。然后,他向路得求婚了。

路得接受了他,拿俄米也搬去和她同住,直到去世的那一天。

拿俄米在有生之年还看到了路得生下长子,孩子名叫俄备得。

俄备得长大成人,有了儿子耶西,后来又得了孙子,名叫大卫。大卫做了犹太人的国王,他的直系后裔中有一位是马利亚——拿撒勒木匠约瑟的妻子。

所以,耶稣是温良的路得的后代。在内心的仁慈力量推动下,路得离开了自己的族人,去照料一位慈母般待她的妇人。

第十一章 犹太王国

扫罗和大卫做国王时，统治的还是一个无足轻重的牧人部族。但所罗门即位时，犹太人已在商贸领域占据了重要地位。不到一百年的时间，这个国家就从松散的部落联盟，转变成了一个东方专制君主统治下的强国。

至此，犹太人已在约旦河两岸的山区和平原上生活了几个世纪。

他们与原先住在迦南地区的居民、与东西南北各方邻国之间纷争不断，经历了漫长的战争之后，他们终于迎来了一个相对和平的时期。

新的道路开通了，商队开始利用贯穿亚洲西部这一角的便利通道，带着货物从孟菲斯到巴比伦，从小亚细亚到阿拉伯半岛。

这给人们的生活带来了缓慢但日益显著的变化。

犹太人一向喜欢城市生活。早在摩西那个时代，他们宁肯在埃及的贫民窟里受奴役，也不想到应许之地的孤寂农田里去享受自由。摩西历尽艰辛，才带着执拗的族人远离了给予他们享乐和安全感的城市。

但是现在，犹太人可以自己做主了。摩西死了，他的优秀继承人约书亚也死了，过去的艰苦和胜利在人们的记忆里渐渐淡去。

农夫和牧人的生活并不轻松。他们劳作的时间很长，玩乐的机会很少。而另一方面，在繁忙商路上的一个贸易站，不用费太多力气就能赚到大笔的钱。

这样的诱惑让人很难抗拒。很多人离开乡村，回到了城市。很快地，富人越来越多。但是，穷人也一样在增多。与此同时，对民族独立和个人自由的追求受到冲击，最后终于无可挽回地丧失殆尽。

的确，那些在征战时期统率犹太大军的著名士师，多半都拥有统治国家的绝对王权。

但是他们之中，没有一人胆敢自称为"王"。

人民不容许士师迈出这一步。

剥夺他们自由的人，会被他们杀死。

国家有难的时候，他们都愿意服从士师。但恢复和平以后，士师仅仅是由一些半独立部落组成的小联盟的主席。人们尊敬他，就好像今天我们尊敬美国最高法院首席法官，但双方远远称不上是君主和臣民的关系。

当这个国家从农业转向商业时，这一切马上开始随之改变。大部分犹太人不再关心国家事务。他们希望能不受干扰地做自己的事，集中精力照料自己的农场，或打理自己的生意。同时，他们很乐意把国家安全和宗教事务交给少数专职军人和少数专职祭司全权负责。

当然,他们讨厌纳税。大家都是这样。但是,只要税金保持在合理的范围内,人们就不会提出质疑,也不会抱怨。这样一来,国家不可避免地朝着政府集权的形式转变,终于变成了一个君主国,不到一百年的时间里,它发展成为完完全全的东方专制国家,这就是本章要讲的内容。

这一系列变化并非没有先兆。

无论在人类历史上还是在大自然中,没有什么是突然之间无端发生的。

很多事情表面看来很突兀。

但是在一次突如其来的变化背后,各种隐藏的因素已经暗中活动了几百年。一座山的最终崩塌,一种旧体制的覆灭,过程本身也许只有几分钟甚至几秒钟,但是此前的酝酿,那种缓慢的侵蚀作用,却是积累了几代人的时间。

这时的犹太民族正处在这样一个转型期,只是,恐怕十万人里也没有一个能对眼前发生的事有清醒的认识。

这么说或许有点夸张,也不是所有人都对民族精神面临的危机视而不见。个别人拥有超越常人的敏锐眼光,他们在预言中提出了警告。

这些人被称为"先知"。

他们将在后面的故事中频繁出现,所以我们先来简单做一个介绍。

什么是"先知"呢?

这是一个很难定义的词。

先知成为民族良知的化身

　　许多先知都是杰出的诗人。但他们不仅仅是诗人。

　　有些先知拥有天赋的口才。但他们不仅仅是演说家。

　　所有先知都有一个共同点：他们敢于挺身捍卫自己认识到的真理。

　　大部分先知极为偏执，绝对不能容忍任何与自己相左的意见。但是，坚定的信仰赋予了他们勇气，他们不惜牺牲一切，甚至牺牲生命来捍卫原则。

　　每当以色列或犹大的国王做了一件错事，总会有一位先知直言进谏。

　　每当人民偏离了神授的狭窄正道，总会有一位先知站出来提醒他们走错了路。

　　每当国家犯下一桩罪行，总会有一位先知预言万能的耶和华即将发怒。

　　渐渐地，先知的话成为民族良知的具体体现。

不听先知劝诫的
城镇会遭厄运

千百年后,当犹太王国已被自身的愚蠢行为埋葬在废墟下,前后大约五十人共同努力塑造的这份良知,依然是以色列国和犹大国留给人类的一份珍贵遗产。

在下面的章节中,我们要讲述一段极其复杂的历史。

首先,一个由半独立的游牧部落组成的联盟,在大卫手中变成了一个真正的王国。

大卫的儿子所罗门当政期间,这个王国迅速变成了君主专制国家。

一场反抗暴君的起义随后爆发,结果,犹太王国分裂成了两个独立的国家。两国彼此仇恨至深,打得你死我活,直到最后双双被东方的强大邻国吞灭。

在这之后是一段外族统治和流亡在外的岁月。

但是,一部分虔诚的人一有机会就回到耶路撒冷,重修圣殿。

不久以后,这个国家又一次遭到外敌入侵。犹太人的独立时代彻底宣告终结。不过,犹太人的精神传统超越了犹大和以色列两国边界的限制，征服了整个西方世界。

在下文中，我们将会看到一长串国王、女王和大祭司的名字。罗波安、亚撒、耶罗波安、巴沙、米拿现、约阿施、亚玛谢以及另外几十人，最后是那个坏透了的希律，他们用卑鄙血腥的手段，一个接一个地匆匆登台。

这些人生活的年代充斥着杀戮和掠夺。他们制定的律法已被人们遗忘，他们建造的城市已从这世上消失。

他们掀起战争，为胜利欢庆，他们征服了广阔的地域，后来却又失去，他们为新占得的领地取了名，那些地名却已被时间湮没。

他们生前的一切荣耀早已烟消云散，只是在一座荒弃的迦勒底宫殿里，图书馆中的泥版文书上留下了只言片语。

他们和另外上千位国王一样，早早被世人忘掉反倒更好。

他们能留下名来，完全不是因为自己的功劳。他们的臣民中有几位先知。这些人在三千年前的言论和思想，无论在今天还是在当初迦勒底人攻到耶路撒冷城下的时候、亚述人威胁撒玛利亚的时候，始终是正确而高尚的。

因为这一点，也仅仅是因为这一点，我们有必要了解以色列和犹大两个王国的历史。

正是在这个世俗背景下，上演了有史以来最重要的一场宗教大戏。

❈

上一章结束时，撒母耳还是犹太人的士师。

他警告过信徒，他们不久就要成为国王的臣民，这位国王将会征用他们的儿女、货物和私人财产，满足自己的享乐需要。

可是，大多数犹太人都盼着能有这么一天。他们看到了想象中的帝国光辉，丝毫没有考虑这背后的代价。

撒母耳是一个实干派，事已至此，他便开始为犹太王位物色合适的人选。

他在基比亚村找到了这样一个人。

这个男孩名叫扫罗，是基士的儿子，属便雅悯支派。

犹太民族的这两位英雄相遇是因为一件偶然的事。基士丢了几头牛，它们离群走失，不见了踪影。扫罗被派去把它们找回来。他一个村一个村地找，走到哪里都问人有没有见过他父亲的牛，结果却一无所获。

他没办法了，便去向撒母耳求教。撒母耳一见扫罗，立时知道这个年轻人就是蒙神召唤的犹太统治者。

他如实告诉了扫罗，扫罗吓了一大跳。对一个生性腼腆的小伙子来说，这份荣誉实在有些承受不起。

要举行涂抹膏油的仪式并让他与臣民见面时，扫罗是被人从驮着他父亲行李的驴群当中拽出来的。他躲在箱子后面，巴不得能有个机会溜之大吉。

但撒母耳是一位严厉的导师，扫罗只好认命，开始为做国王接受种种训练。

首先，他被任命为军队统帅，率军与老对头非利士人，与亚扪人、亚玛力人以及其他始终没有彻底服输的迦南部落打了很多仗。

他还有很多需要学习。

撒母耳一贯强调要绝对地、无条件地服从耶和华的意旨，这让一个有头脑又喜欢行动自由的年轻人很难接受。此外，这时的扫罗已开始享受新地位带来的诸多好处，他还想到：人这一辈子只能活一次。

军队打了胜仗，往往能得到大批战利品。撒母耳坚决主张把大部分战利品上缴会幕，用于祭祀活动。扫罗却认为，应该留下一部分给自己和手下的兵士。

不可避免的事情终究还是发生了。扫罗常年在外，与各种各样的人打交道，他的思想观念流露出越来越浓的世俗味道。

撒母耳却是已到垂暮之年，终日坐在自己的屋子里读书思考，坚持认为所有人都应该像他一样一丝不苟，只要醒着，他每时每刻都在以某种方式敬拜上帝。

扫罗在宗教事务上尽到了该尽的职责，只是，用我们今天的话来说，他有点过于"现实"。

打败亚玛力王亚甲之后，他决定给予军队适当的奖励。于是，他悄悄地留下了亚甲的牲畜，没有按规矩把它们交给祭司。另外，他饶了亚甲一命，而依照当时的犹太律法，他本该把俘虏全部处死的，这一来问题就更严重了。

撒母耳听说这件事以后，训斥扫罗违背了耶和华的意旨。

扫罗没有忏悔，而是试图为自己开脱。

他说他留下那些牛羊是想要把它们养肥，然后再杀掉献祭。

撒母耳知道他根本没打算那么做，当面揭穿了他。他指责扫罗口是心非，不诚实，并警告他想想这种恶劣行为的后果，这样看来他没资格做犹太人的王。

扫罗没有再争辩。

他回了老家基比亚。

但是,他深受打击,不久就公开表达了内心的愤怒。

当时人们都说,也都相信,撒母耳能够预知未来,算命占卜的本领很了得。

扫罗当然也知道这些,他下令将全国所有的占卜师处死或强行驱逐出境。

撒母耳这边也在加紧行动。

他很生气,决意实施对扫罗的警告。他开始寻访更合适的国王人选。这次他要找一个听话的人,能虚心聆听老人明言,不像扫罗那样我行我素。

他打听了很多年轻人的情况,有人提到了一个名叫大卫的人,他是伯利恒的耶西的儿子,路得和波阿斯的孙子。

这男孩是个牧羊人,因为勇敢,在当地村民中很有点名气。

有一次,他的羊群遭到狮子袭击,还有一次遇上了一头熊。两次遇险,大卫都没叫人帮忙,独自一人杀死了猛兽,救了羊群。

除此之外,大卫还是一位出色的音乐家。他不仅会唱歌,还自学了弹竖琴,照看羊群的悠长寂寞的时间里,他还自己写点诗,之后再自己谱曲编成歌吟唱。这些"圣歌"声名远扬,吸引了远近各处的人们。

当消息传开,说撒母耳对大卫格外器重,保他将来前途无量的时候,所有人都说这是再好不过的选择,必定会造福整个国家。

公众对这位弹竖琴的青年充满热情,只有一个人不以为然。

这就是扫罗。

他感到良心不安。

撒母耳指责他违背耶和华的明确指示、私自留下了亚甲的牲畜,他知道撒母耳一点没有冤枉他。

因为大卫的缘故,现在他整天惶惶不安,盼着摆脱掉这个烦人的对手。

可是,他又能怎么办呢?犹太人密切关注着这两个人,扫罗不论做什么都必须格外小心。

幸好战火又起,帮了他一个忙。非利士人卷土重来。他们重整了军队,目标直指扫罗领土的东部平原。

这次统率军队的是一个名叫歌利亚的巨人。他足有一幢房子那么大,身上穿着一件巨大的铠甲,犹太人从来没见过那样的东西。

每天早晨和晚上,他趾高气扬地在两军阵地中间走来走去,叫嚣着要敌人从战壕里出来跟他比试比试。

他拿着一把七尺长的剑,恶狠狠地挥舞着,说犹太人是胆小鬼,还骂了很多难听的话,嘲笑他们,大家都恨他恨得咬牙切齿。

时间一天天、一周周地过去,情况丝毫没有改观。犹太士兵自己不敢出战,为减轻内心的羞愧,就想找一个人来为这种丢人的局面负责。

扫罗身为统帅,自然成了他们的替罪羊。

他为什么不冲上去,跟非利士巨人一对一地打一仗呢?

原因很简单:他病了。他陷在极度消沉的情绪里不能自拔,头脑也受到了影响。他坐在帐篷里闷声不吭地沉思,就这样过了一天又一天、一周又一周。最后,他手下的将军们担心起来。

扫罗像是神智不正常了。他跟谁都不说话,别人问他问题的时候也很少回答。看样子必须采取点措施了,而且要马上行动。

古人已经知道音乐具有神奇的治愈功效。有人提议，用大卫的美妙歌声帮扫罗换换心情。这似乎是个好主意，于是有人去找大卫。这少年来了，弹奏得好极了，扫罗感动得落下泪来，暂时抛开心里的一些烦恼，说他感觉好多了。

可尽管这样，他依然没有离开帐篷，犹太军队依然按兵不动，歌利亚也依然在骂阵，每天的某个时候，非利士人都要从他们的营寨里出来，站在外面起哄大笑，直笑到两肋都疼了。

要不是大卫碰巧又一次来到犹太军营，这情形可能会没完没了地持续下去。

大卫家中有八个孩子，有三个兄弟在军队里。

犹太士兵日常的饭食和必需品都要自己解决，耶西的儿子们给父亲带话，说他们需要补充给养。耶西让大卫带上一袋玉米，送到前线去。大卫带着粮食来到军营，听到所有人都在议论那个恐怖的巨人，好像单凭他一个就挡住了整支军队。

如此惧怕一个凡人，大卫觉得不可理解。他和大多数离群索居的人一样，经常思考宗教问题。他对耶和华的力量深信不疑。正义的人必能得到伟大的耶和华护佑，没有什么能够伤害他。

大卫自告奋勇，要单枪匹马去杀死这个犹太民族的敌人，不用任何人帮忙。

将士们都对他说，这么做鲁莽又愚蠢，大卫却毫不动摇。大家见他心意已决，纷纷来帮他做好战斗的准备。自国王以下，每个人都主动把铠甲让给他穿。

但是大卫拒绝了。他不需要刀剑、长矛和盾牌。

他只要耶和华给予的精神力量。仅此而已。

他到河边去捡了一把光润的卵石,然后带着他的投石器出发了。

非利士人看到一个小毛孩来挑战一个足有他两倍高的巨人,便叫出他们的英雄,让他好好教训教训这孩子,杀一儆百。歌利亚用不着别人催,他挥起那把吓人的剑,朝大卫猛冲过去。

但是,大卫用投石器甩出的一颗小卵石正打在他的眼睛上。歌利亚猝不及防,一个踉跄摔倒在地,剑也脱手了。

大卫犹如一道闪电般扑上前去。

他抓起巨人的剑……

用出人意料的力量狠狠地砍了下去。

他一剑砍掉了那颗硕大的头颅。

大卫带回了歌利亚的头

第十一章 犹太王国 | 153

他拎着巨人的头,回到了欢呼雀跃的犹太人当中。

非利士人仓皇逃走,大卫赢得了热烈的赞扬,被誉为"国家的救星"。

大卫立下奇功,扫罗不得不公开向这位民族英雄致意。他请大卫来见他,但在内心里,他始终无法摆脱固有的猜忌。当他发现自己的儿子约拿单与伯利恒的牧羊人一见面就惺惺相惜,结下友谊,他对大卫更是由反感变成了憎恨。

更糟糕的是,他的女儿米拉爱上了相貌英俊、一头红发的大卫。扫罗对大卫说,如果他能消灭一百个非利士人,就可以娶米拉为妻。"一百"当然是个庞大的数字,扫罗无疑指望着大卫不等完成任务就被对方杀死。

可大卫事事顺利,偏偏做成了这件事,结果他娶了米拉,竞争王位的两个人变成了岳父和女婿。

难怪扫罗抑郁的老毛病再度发作,而且比过去更严重,医生们束手无策,又建议用音乐治疗。这次的表演却险些让倒霉的竖琴演奏家送了命。

大卫刚弹了几个音符,扫罗突然间大发雷霆。

他抄起长矛就朝大卫扔了过去。大卫蹿到屋外躲过了一劫。他可不想再见国王了。他离开王帐逃走了。

扫罗把怒气转到了约拿单头上,竟要杀死自己的亲生儿子。随从抓住他的手,阻止了惨剧的发生。这一切让约拿单心烦意乱,他觉得应该和大卫谈一谈,把事情解释清楚。两个好朋友最后见了一面,依依不舍地互道珍重,然后大卫逃往沙漠,在一个叫作亚杜兰的山洞里安顿下来。

没过多久，扫罗的手下就发现了他藏身的地方。但是大卫预先得到了风声，逃进了荒野更深处。洞里空无一人，犯人不见了。

沙漠里的生活十分单调，为了打发悠长乏味的时光，大卫又写了一些诗歌。各位在《旧约》中名为《诗篇》的一卷里可以读到其中几首，我就不在这里抄录了。几个世纪前，这些诗就被译成了无可挑剔的英文，我再用自己的话复述它们未免可笑。更何况，我在这本书里只想讲述犹太人的经历，而《诗篇》与实际的历史事件并没有太多关联。不过，这些诗极好地呈现了犹太民族古老的诗人灵魂，比起《旧约》中那些单纯描述一场接一场征战和内乱的历史篇章，《诗篇》包含了更多的美和智慧。

我们还是继续说大卫。此时的他在漫长曲折的人生路上，刚刚走过了最离奇的一段，正处在一个困难又尴尬的位置上。理论上讲，他是犹太人的王，因为撒母耳已经废黜了在亚甲一战中抗命的扫罗，随后又为大卫涂抹膏油，指定他为继承人。

然而，大部分民众跟不上政局的风云突变。在他们模模糊糊的概念里，扫罗依然是国王，如果用通俗的话来解释，大卫在他们眼里类似于一个正式的替补，一位王储，随时可能受命摄政。

可惜那个时代和今天一样，握有实权的人总是占上风。

不管实际身份如何，扫罗仍旧占据着国王的大帐。他的身边簇拥着贴身护卫和侍从，他还是大军统帅，有一支训练有素的正规军听候他的命令。

而大卫，他在法律面前不过是一个逃犯。他在荒野里的山洞中栖身，不能在附近的城镇村庄里露面，否则就可能被抓。

后来，在大卫成为无可争议的犹太统治者之后，这段逃亡岁月就需要好好解释了。有时候,这位英雄似乎比土匪头子强不了多少。走投无路时,他甚至要去为非利士人效力。

但我们在评判这个人的时候,不能太过苛刻。在扫罗那里,大卫受到了极不公正的待遇。他对扫罗却一直是宽大为怀,以礼相待,这一点是非常值得赞扬的。

以现在的眼光来看,扫罗越来越像一个十足的疯子。他一刻也停不下来,总是匆匆忙忙地在国内各地东奔西跑。

一天,在穿越沙漠的途中,天黑了下来,他只好找一个山洞过夜。这正巧是大卫逃亡时安身的地方。大卫看见了这个不速之客走

扫罗走进大卫的山洞

进来，他藏了起来，静静等待。

半夜里，他爬到熟睡的扫罗身边，从他的外衣上割下一块衣襟。第二天早上，扫罗离开时，大卫从后面追了上去，叫住他，给他看那块布。

"看看这个，"他说，"想想我本来可以对你做什么，我没做什么。你落在了我的手里。我可以轻而易举地杀了你。可是，虽然你一直迫害我，我还是饶了你。"

扫罗不可能看不出来，大卫说得没错。可他像疯子一样毫无理性地恨着眼前这个人，他咕哝了一句道歉的话，召回了手下的兵士，但是并没有请大卫回宫。

这件事过后不久，撒母耳去世了。

大卫和扫罗在葬礼上见了面，但两人没有和解。

事情就这样僵持了很长时间。

然后，在无休止的漫游中，扫罗又一次落到了他痛恨的对头手中。

晚年的扫罗在心底仍是一个单纯的犹太农夫。他讨厌城市，拒绝住在房子里。只要条件允许，他就到荒漠里去消磨时光。这一次他又离开村子，去享受野外的安详与宁静。午后天气炎热，他在一块高耸的岩石下面睡着了，这正是大卫常来的地方，他在这里聆听天籁，等待太阳和风向他吐露奇妙的秘密，再把这些写进他的诗歌里。

押尼珥是扫罗的堂兄弟，他的军队统帅，这时也躺在主人的旁边睡着了。

这两个人走近时，大卫看见了他们。他顺着陡峭的小路悄无声息地爬到岩石脚下,拿起押尼珥的剑和长矛,又沿原路爬了回去。

然后他高声喊道:"哦,押尼珥!押尼珥!"

那军人醒来后,大卫厉声谴责他玩忽职守,说一个奉命保护国王的人,竟让随随便便一个陌生人偷走了武器。他可真是"忠实"的臣仆!还说了许多诸如此类的话。

扫罗虽然内心纠结,深感痛苦,却也不得不承认大卫的宽厚仁慈。这是第二次了,大卫又饶了他一命。他为过去那样迫害大卫表示了歉意,并邀请大卫回来。

于是大卫收拾起不多的随身物品,回了王宫。然而,好景不长。

扫罗的状态一天不如一天。几个星期后,一切又恢复了老样子,大卫再待在王宫附近就会有危险。

当然,他作为唯一受过膏礼的真正的犹太统治者,也可以坚持讨要自己的权力。但是,他知道扫罗剩下的日子不多了,便没有用强硬手段解决问题。

他离开了,从此再没见过他的老对头。

过了一阵,他在洗革拉安顿下来。这个村子坐落在边境上,是迦特王亚吉的领地。

大卫在这里的处境远远称不上愉快。

他一向善于召聚人才。总有一群富于冒险精神的年轻人聚在他身边,希望在他的手下当兵或做随从,挣一份锦绣前程。

大卫在荒野里的时候就是这样,他一度指挥过至少四百个自愿追随他的人。这个数字现在听起来也许不算什么,因为我们已经习惯了数以百万计的军队,但在公元前11世纪,四百人就已是一支令人望而生畏的大军了,大卫曾以绝对的权威统治着近一个省份的地域，关于他的奇功伟业，有许多故事一直流传到了今天。

大卫似乎曾受雇于左近一带的农户，扮演类似私家警卫的角色，为雇主防范强盗。起码我们知道有这样一件事：有一个迦密的富户，名叫拿八，拒绝付给大卫保护费。据说大卫受辱之后勃然大怒，召集起所有人马，准备灭掉整个拿八部落。幸好这时拿八的妻子亚比该急匆匆跑来见他，向这位打败非利士人的勇士送上礼物，许下承诺，总算平息了他的怒火。

亚比该回到家，发现丈夫喝得酩酊大醉，根本没法把这天下午发生的事情告诉他。第二天早上，拿八得知自己刚刚逃过了一场劫难，吓得昏厥过去，十天后就死了。

亚比该就这样成了寡妇。在那次短暂的会面中，她给大卫留下了深刻的印象。听说她的丈夫死了，大卫便提出娶她为妻，亚比该答应了。

大卫显然是厌倦了扫罗的女儿米拉，把她送给了住在迦琳村的一个朋友，之后他又娶了亚比该，把她带到希伯伦，两人在那里生下一个儿子，名叫基利押。

不过，新的婚姻生活对大卫面临的其他困难没有任何助益。他仍有一群忠实的追随者，可是，他们没有多少护卫工作可做，维持生计成了问题。穷途末路时，大卫差一点就去为几年前视他为煞星的非利士人效力了。

事情是这样的。领地的主人亚吉王突然通知大卫，非利士人要与犹太人打仗，而亚吉与非利士人订过盟约，必须出兵相助。他既然给了大卫一块栖身的地方，这时便希望大卫也来助阵，为昔日的敌国出力。

大卫一时不知所措。他含含糊糊地答应了亚吉,然后想法拖延时间。最后拖不过去了,他只得带着人马到非利士军营报到。不过,非利士统帅很明智,认定这样一支队伍实在靠不住。他悄悄打发大卫回洗革拉去,没再打扰他。

回到洗革拉,大卫发现自己离开期间,亚玛力人趁机洗劫了村庄。他一路追赶那伙强盗,发动猛攻打败了他们,把他们杀得只剩下四百人。之后,大卫继续在这个西缅村庄里过起了太平日子。

非利士人按照预定计划发动了进攻。

战斗的结果却是出人意料。扫罗听说又有敌人进犯时,情绪跌入了最低谷。

他觉得末日即将来临。

他对自己和家人的未来感到极度绝望,于是决定去向术士求教。可是,术士不是死了就是离开了这个国家。他们都是按照扫罗本人颁布的法令被驱逐出境的。

最后有人告诉国王,有一位年迈的女巫住在隐多珥,那个村子离当年雅亿杀死西西拉的地方不远。

扫罗觉得做这种事很丢人,所以在半夜里去拜访女巫。可是,那老妇人害怕接待他。她知道行巫术要受到严酷的处罚,不肯为国王开门。

扫罗再三安抚她。

他向老妇人保证,只要能让他与一个去世多年的人对话,事后必有重赏。

女巫问他想要见谁。

扫罗回答说,他想和老主人撒母耳谈谈。

于是，从地下缓缓升起一个老人的幽暗身影，全身裹着一件黑色的长袍。

那正是撒母耳的亡灵。

在世的国王扫罗，已故的士师撒母耳，两个人再度见面了。撒母耳向扫罗揭示了他在非利士人手中将要遭遇的可怕命运。

撒母耳话音刚落，扫罗就晕倒了。

但是，这位边疆老战士毕竟有着一颗勇敢的心。

第二天一早，他向非利士人发起了进攻。

中午未到，他的人马已全军覆没。他的儿子约拿单、麦基舒亚和亚比拿达全部战死，扫罗本人横尸沙场，胸口插着自己的剑。他想起了参孙的结局，宁肯自杀也不愿落入敌人手里。

非利士人发现了他的尸体。

他们割下他的首级，送到各地示众，以此向所有人传递胜利喜讯。

他们拿了他的盾牌、长矛和剑，送到异教神祇亚斯他录的庙里，与他们在连年征战中缴获的其他战利品放在一起。

然后，他们把扫罗的无头尸身与三位王子的尸体钉在了伯珊的城墙上。

基列雅比的居民听说此事，决定去抢回遗体，因为扫罗曾在他们遭围困时救了这座城。他们在夜幕掩护下溜进伯珊，取回国王和三位王子的尸骨，秘密安葬在村中一棵神圣的怪柳树下。

这场民族悲剧的噩耗通过奇怪的方式传到了大卫那里。有一个非利士人想讨好犹太人的新王，于是骑着马一路狂奔到洗革拉，向大卫报信说扫罗死了。

他还详细描述了扫罗如何与他的几个儿子一起惨遭屠戮。

"我在基利波山附近突然碰上了他们,"他撒谎说,"我就把他们全杀了,因为我知道他们是您的敌人。"

他没能如愿得到赏赐。

大卫下令将此人吊死,办完这件事,他沉浸在对故主和亲爱的挚友约拿单的深切哀悼中。

和往常一样,他在音乐和诗歌中找到了慰藉,写下了那首气势磅礴的哀歌:"以色列啊,你尊荣者在山上被杀,大英雄何竟死亡!"这首歌收录在《旧约·撒母耳记下》的第一章中。

大卫随后又禁食多日,他以这种方式表达哀思,也让世人看到了他的悲痛确实是发自内心,这时,他开始为继承王位做准备。

他问耶和华,第一步应该去哪里,耶和华告诉他,到希伯伦山去。

在那里,犹太支派的全体成员迎接了他们的新君主,大卫正式行过膏礼,成为扫罗的继任。

埋葬扫罗

此后近四十年时间，大卫一直统治着大半的犹太领土。

他是一个极具管理才能的人。若非如此，他也担负不起这份几乎是成功无望的重任。

首先是非利士人的问题。打仗打了几百年，犹太人却始终摆脱不掉这些人的威胁。我们一次次在记载中看到非利士人势力衰微，行将覆灭。可是几年之后，他们总能卷土重来。每次两军正面交锋，战术更高一筹的非利士人必能取胜，所以一直到国家灭亡前，犹太人每年都要向这个可恨的邻国纳贡。

第二个问题可以说更加棘手：大卫必须面对犹太支派间永无休止的争吵。各个宗族相互妒忌，像没见过世面的人一样斤斤计较。

他们想要一位国王。

可是刚刚有了一位国王，他们就开始嫉恨他手中的权力。

即使是威望极高的大卫，在某个人缘好的战士触犯律法、需要他来处置时，他也无力做到不偏不倚，秉公执法。

举例来说，他的外甥约押在军中有很高的职位，他杀害了扫罗的忠臣押尼珥，大卫却不敢依法将他处死。大卫厚葬了押尼珥，但也仅此而已。

约押就这样逍遥法外，日后大卫将为放过他而懊悔。

一步一步地，凭借着自己全部的智慧和不屈不挠的毅力，大卫才成为这片土地上大权独揽的君王。

不久，扫罗一个幸存的儿子遭属下谋杀，这时的大卫已有了足够的权力。他处死了两个杀人犯，并宣布今后再有人胆敢无视律法，这就是他们的下场。

这一来终于让犹太人从心底里对耶和华产生了敬畏。接着，大

大卫拿走了押尼珥的盾和矛

卫继续向前迈进,做了一件对新王国极为有益的事。

他把国家首都迁到了耶路撒冷,这座城坐落在非洲到美索不达米亚的交通干道上,位置便利。

在这里,大卫为自己造了一座王宫。

宫殿建成后,他开始制订计划,要建一座圣殿取代会幕。

当年无人驾驭的牛车从非利士领地拉回了约柜,在那难忘的一天之后,这件圣物就一直存放在基列耶琳村的亚比拿达家中。现在,应该在新都城里为它找一个合适的位置了。在沙漠里漂泊的人拥有会幕就满足了,但是,像犹太王国这样一个强大的国家有能力建一座真正的圣殿,在民众心里,建造这样一座雄伟建筑已经成了全民族的责任。

作为第一步准备工作,他们决定先把约柜运到耶路撒冷。

大卫亲自率领一支大军,东行去迎接约柜。祭司们把约柜放到一辆车上,亚比拿达的一个儿子,名叫乌撒的,拉着缰绳负责赶车。

途中车子陷进一道车辙,拉车的一头牛一个趔趄,约柜差点翻倒。乌撒下意识地伸出手去稳住约柜,免得它摔下来。

他当场倒地身亡。

古老的犹太律法规定,未受神职的信徒不得触摸约柜。这是祭司的特权。

原本在大卫带领下欢欢喜喜行进的队伍,突兀地停住了脚步。

乌撒被安葬,约柜被运到了一个名叫俄别以东的迦特人家中。

它在那里存放了三个月。

然后,大卫带着全部人马回来了。约柜又一次被装上了车。

这回它平安抵达了耶路撒冷,被安置在一座新的会幕中,后来大卫的继承人所罗门将会幕改建成了举世闻名的圣殿。

从那一刻起,耶路撒冷就不只是犹太国的首都了,它同时也成为了所有亚伯拉罕后裔的宗教中心。巴勒斯坦还有其他圣地,但与耶路撒冷的圣所相比都黯然失色。

除此之外,犹太人中独掌祭司一职的利未家族很聪明。他们不允许竞争对手存在,对国王一直忠心耿耿。国王也给了他们恩宠,下令将全国其他祭祀场所一律关闭,迫使所有信徒都来他的都城朝拜。

宗教事务料理妥当，大卫把注意力转向了军事领域。

首先，他划定了王国疆界。

接着，他彻底击败了亚扪人，他们从此不敢再来骚扰犹太人。

第三步，他与非利士人达成了停战协议，他们也不再来犯。

以世俗的眼光来看，大卫的王国成就非凡，一派繁荣。

可是，站在王国最高处的人却并非事事顺心。

他高高在上，享有无限的权力，渐渐地开始被这权力侵蚀。

大卫和撒母耳一样，从很多方面来说都是一个软弱的人。他仁慈、英明、温和亲切，甚至对敌人也是这样。扫罗唯一在世的孙子正巧是他的知心好友约拿单的儿子，大卫对他极为慷慨。

这个可怜的男孩两腿都有残疾，大卫收他做了养子，让他和自己一同住在耶路撒冷的宫殿里，直到他去世。

不过，在个人享乐的问题上，大卫有时表现得卑鄙而残忍，与臣民中最坏的一类人不相上下。

一天傍晚，大卫在王宫屋顶上散步，这是犹太人在暑热天气里的一个习惯，远远地，他看见一名女子。

大卫喜欢她的容貌，便说想要娶她为妻。

可是，大卫派人打听了她的情况，发现她已经成亲了，丈夫是一个名叫乌利亚的赫梯人，当时正在前线军营里，是约押手下的一名军官。各位应该还记得，约押就是那个杀害了押尼珥却没有受到惩罚的将军。

当然，大卫本该立即忘了这女子，但他没有这么做。

相反，他把女子的丈夫请到了宫里。

大卫极其亲切地招待他，赐给他礼物，然后让他回营去，顺便给约押带一封信，他在信里指示约押，把乌利亚派上前线，并把他留在那里，让敌人杀了他。

约押这个人跟一般的罪犯没两样，要做这样一桩冷血的谋杀，他正是合适的人选。他没有警告乌利亚大祸临头。相反，他假意奉承这个可怜人，说因为他的英勇，要把他派到危险的地方去委以重任。乌利亚信了这些话，高高兴兴地做了先头部队的指挥官。

进攻开始后，一切分毫不差地按大卫的计划展开。

乌利亚冲在最前面。

约押一声令下，其他战士都撤了回来。

乌利亚落了单，被敌人杀死。

他的妻子拔示巴成了寡妇，没过多久，她就嫁给了大卫。

大卫原以为耶路撒冷人不会知道他做的恶事，可惜他想错了。

前方的战士总是消息灵通，他们把这件事告诉了自己的亲友。在一个小国，事情传得很快，不久，所有犹太人都知道了他们的国王垂涎另一个人的妻子，于是下令把做丈夫的杀死，然后娶了他的遗孀。

但国王毕竟是国王，即使在这种情况下，仍有许多人认为大卫不可能做错事。

至于其他人，他们不敢说出心里的想法，免得因为惹祸而被关进监狱甚至被吊死。

这是我们在本章开头提到过的那种时刻，犹太史上的一个伟大时刻。

当犹太人全体保持缄默时，民族良知的化身开口了。

先知拿单来到国王的宫殿。他刚听来一个小故事，想要讲给大卫听。

大卫请他说。

"从前,"拿单讲了起来,"有一个富人和一个穷人,两人是邻居。富人有很多羊,而穷人只有一只小羊羔。他非常喜欢这个小宠物,待它就像亲生孩子一样,食物不够的时候,他把自己那份奶和面包分给心爱的小羊,天冷的时候,他就把小羊裹在自己的外衣里,不让它受冻。

"有一天,富人要招待一个朋友。他完全可以杀一只自家的羊。可是他没有,他偏要去偷穷邻居的小羊羔,端上饭桌来让他的客人开心。"

大卫听完非常生气。他对拿单说,他还从没听到过如此卑鄙怯懦的罪行。

他许诺说要严办这件事。

羊羔被偷的穷牧人应该得到七倍的赔偿。

至于犯下这桩罪的恶棍,他应该被立即处死。

这时先知拿单站起身说道:"陛下啊,你就是那个人。是你杀死了乌利亚,因为你想要他的妻子。为此耶和华必要降灾祸于你和你的家人,你和拔示巴的儿子将会暴死,以弥补父亲和母亲的深重罪孽。"

大卫又是害怕又是懊悔。没过多久,他最小的孩子病倒了。这是预言中讲过的。大卫在头上撒灰,想尽办法在耶和华面前羞辱自己。一连七天七夜,他不吃不喝。到了第八天,孩子死了,拿单的话应验了。

从那时起,大卫认定了自己是杀死儿子的凶手。他向耶和华忏悔，说他那样对待乌利亚是极大的错误，他愿意苦修赎罪。他恳求、祈祷、苦苦哀告，希望求得宽恕。他在悲痛中表现出的诚意显然打动了耶和华，随后一段时间里，大卫没有再受到惩罚。

不久，拔示巴又生下一个儿子，取名所罗门，大卫欢喜之余向孩子的母亲许诺，要在众子嗣中立这个男孩为自己的唯一继承人。

对于王位的其他合法继承人——押沙龙和亚多尼雅，这无疑是个很不愉快的消息。

亚多尼雅性格比较沉闷，对身边发生的事情漠不关心。但押沙龙不一样，他的脾性得自出生在叙利亚炽热沙漠里的母亲，是个鲁莽的年轻人，他开始密谋推翻父亲。

为了拉拢耶路撒冷的民众，押沙龙费了很大的心思。他相貌俊美，一头金发直披到肩膀。不论出现在哪里，他的身边总是围绕着一群人。他喜欢把自己塑造成穷人权益的捍卫者，帮他们反抗富人的压迫。由于大卫越来越像个暴君，加之赋税越来越重，心生不满的人不在少数。他们纷纷跑去向这位突然丢了继承权的王储诉苦。

这样暗中煽动了四年，押沙龙认为自己已拥有了足够多的追随者，于是离开耶路撒冷，前往希伯伦，表面上他是去向耶和华献祭，实际上却是为了发动推翻父王的行动。

这对大卫是沉重的打击。

他爱押沙龙胜过其他子女，一直觉得有点亏待这个孩子。他不忍与自己的亲生骨肉兵戎相见，所以逃离了王宫，匆匆跨过约旦河，在玛哈念村住下。

随着大卫的出走，内战硝烟四起。在蒙受失败和羞辱的时候，人们又忆起了那个抗击非利士人、杀死歌利亚的神勇领袖大卫，忘记了抢夺别人妻子的国王大卫。

他们无比忠诚地团结在君王左右。

国家很快一分为二:一半支持大卫,另一半忠于押沙龙。但站在国王一边的还是大多数。

一场战役在约旦河东面的以法莲森林里打响了。战斗开始前,大卫恳请手下将士不要为难押沙龙。其实在押沙龙无耻反叛之后,大卫虽不愿承认,内心里却依然很牵挂他。

追随国王的人和追随王子的人激战了一整天,很多人战死,到了傍晚,大卫的人马占了上风,押沙龙被迫撤退。

他骑着骡子一路疾驰,正跑着,一棵树伸出的粗壮枝条缠住了他的长发。他胯下的牲口受惊逃走了,留下押沙龙一个人挂在树上。

大卫手下的一名士兵发现了他。他知道国王曾要求宽待叛军,便不肯动手杀押沙龙。

他跑回去报告了约押。

押沙龙之死

这个粗野的恶棍可没那么多顾忌。他带上三根长矛,去了押沙龙无依无靠悬在半空的地方,杀了他,把尸体抛进橡树下的一个墓坑里,然后叫来一名黑奴,命他去向大卫禀报这件事。

黑人到了国王的营地,欢欢喜喜地告诉老国王,他的敌人被打败了,他的儿子也死了。大卫听了并不高兴。他心碎了。

他想起了自己的罪孽,想起了先知拿单的诅咒。

如今他得胜了,叛乱的各部纷纷赶来求和,可是,胜利换不回可怜的押沙龙。大卫从王宫这一头走到那一头,边走边为儿子恸哭。

在这之后,一连串的不幸接踵而来。国王日渐衰老,眼看生命将尽。他无力再带兵打仗,不久,非利士人再度来犯。

接着,押沙龙的弟弟亚多尼雅也起兵造反。

这提醒大卫加紧办了最后一件大事。

他下令为所罗门加冕,让他做了犹太人的国王。

亚多尼雅知道所罗门远比自己聪明,当即投降求和,得到了弟弟的宽恕。

对于这些事,大卫已经完全不关心了。他坐在王宫的一个幽暗角落里,自己轻声念叨对押沙龙的疼爱,他的这个儿子,因为向父亲宣战而惹来了杀身之祸。

最后,死亡仁慈地终结了他的痛苦,自从触犯了摩西和约书亚传谕的圣律,他第一次得以享受安宁。

现在,所罗门成了犹太人的王,当年第一批先驱走出吾珥的荒漠,跨过那时被西亚人称作"大河"的幼发拉底河,在对岸的山区平原安家落户,自那以后沧海桑田,很多事情都已改变了。

亚伯拉罕需要招待客人时,命他的仆人去杀一只小羊。

第十一章 犹太王国 | 171

所罗门的生活完全是另一个水平。他每日餐桌上的供应如下：细面三十歌珥，粗面七十歌珥，肥牛十头，瘦牛二十头，鹿、狍、鸡和其他禽类数十只。

亚伯拉罕迁到一个新地方之后，为自己搭一个简单的帐篷，铺几块旧毯子便睡了。

所罗门则用二十年时间为自己建了一座新的宫殿，所用餐具都是纯金制成。

这些事读起来有意思，实施的时候却是耗费了巨资。几百年以后，犹太人在流亡巴比伦时撰写历史事记，很喜欢对所罗门时期的繁华盛况大加描述，据他们说，在幼发拉底河到地中海的广阔土地上，所罗门是无可争议的主宰。

可是，这位伟大君王的臣民们被迫为所有的公共工程出力尽义务，被迫每年上税，用以养护王宫、圣殿、米罗的阶梯形堡垒、耶路撒冷的城墙以及所罗门下令重建并加固的三座边境新城，他们就没有那么热情地拥戴国王了，老实说，他们一直都处在揭竿而起的边缘。

幸好所罗门是一个精明人，始终把王室用度控制在一定的范围内。

他和约瑟等几位伟大的犹太领袖一样，经常在睡梦中看到异象。就在即位后不久，他梦见耶和华问他，最渴望得到什么礼物。

所罗门回答说，他想要智慧。古希伯来语中的"智慧"一词可以译作"智慧"，也可以译作"精明"。

所罗门二者兼备。他极其聪明，但又不莽撞。

身为国王，他同时也是全国的最高法官。由他审理的第一批案子中，有一个是两名女子争一个婴儿，两人都说这是自己的孩子。所罗门命手下一名护卫把孩子抱过来，劈成两半，给两个女人一人一半。接下来的一幕果然如他所料。

真正的母亲恳求士兵饶了孩子。

她说明了她的理由："把孩子给假冒的母亲，总好过让孩子这样惨死。"

如此迅速又敏锐的裁决让公众大为满意，所罗门为此深得人心。即使他晚年做了荒唐事，也没有完全失去臣民对他的爱戴。

公元前943年至前903年，他统治王国四十年。

在位的这些年里，他一直挥金如土。

首先，他建造了王宫。这是一座庞大的建筑，其中包含许多厅堂庭院，每一处都通向圣殿。高墙的里面有一个厅堂，国王在那里接见臣民，审理案件；有宽敞的生活空间，供陛下和他的全体侍从居住；还有一座后宫用来安置众嫔妃，远远避开百姓好奇的目光。

这里的一切都由石材打造，再以柏木装饰。整个工程耗费了二十年。

然后是圣殿。当然，古时候的神殿与今天的教堂大不一样。这是人们向神明献祭的神圣场所，我们讲的这一座则是为唯一的神——耶和华而建的。这里没有布道仪式，只有前来朝拜的人来来去去，络绎不绝。

殿堂本身不需要太大，所罗门的圣殿长九十五英尺，宽三十英尺，大小与一般的乡村教堂差不多。

尽管如此，这座建筑还是造价不菲。犹太人经商务农，手艺人很少。工程所需的石匠、木雕艺人、金匠都要从国外聘请。这些匠人大都来自腓尼基——三千年前全球最大的贸易中心。

今天的推罗和西顿不过是凄凉的小渔村，但在所罗门的年代，犹太王国的内陆居民来到这两座港口时，就像美国草原小镇的人第一次见到纽约那样惊叹不已。

大卫在世时与推罗王订过协约。现在所罗门与西顿王也结成了同盟。

推罗每年都能得到犹太人送来的粮食，作为回报，国王希兰划出一部分船只供犹太王差遣，并答应为他提供技术熟练的工匠协助修建圣殿。

所罗门租用的船只遍访地中海沿岸港口，一直航行到西班牙的他施（罗马人称之为塔特索斯），为所罗门的圣殿工程带回了黄金、宝石和贵重木材。

然而地中海世界太小，无法满足这位伟大君王的所有需求。于是他决定开辟一条通往印度群岛的贸易路线。他请来腓尼基造船工匠，安置在红海东面的亚喀巴湾岸边。在犹太人六百年前漂泊荒漠时到访过的以甸迦别附近，他们建起了一座造船厂。由这里造出的船远航到俄斐（位于非洲东海岸或印度西海岸），满载着檀香木、象牙和香料归来，再由车队把这些货物运往耶路撒冷。

与当时已有近三千年历史的金字塔，或是与底比斯、孟菲斯、尼尼微和巴比伦的神庙相比，所罗门的圣殿算不上是一座气势宏伟的建筑。

但这是有史以来第一次，在西亚众多的闪族小部落中，有一个部落把如此雄心勃勃的一项工程计划付诸行动。就连阿拉伯半岛的著名黄金产地——示巴的豪富女王也禁不住好奇，亲自造访了这个北方邻国的首都，并觐见所罗门，对他所取得的成就表示了钦佩。

很遗憾，史料中没有留下外国人对圣殿的记录，《列王记》中虽有详细的描述，却是时隔几个世纪才写成的。当时人们普遍相信，圣殿的建造共花费了108000他连得的黄金和1017000他连得的白银，合现在的24.5亿美元。不过，这一数字大约是整个古代世界黄金供应量的五十倍，所以应该是有些夸张的。由于原来的建筑已荡然无存，圣殿遗址经过岁月沉积，如今被埋在一百二十英尺深的地下，我们很难再以现代的标准做出正确的估算。

但我们知道，古老的摩利亚山上起初是耶布斯人阿珥楠的农场，这时渐渐被一片错综复杂的建筑群占据，其盛名一直流传到了几千年后的今天。这些屋宇的建造始于犹太人出埃及后的第四百八十年（这是《旧约》中出现的第一个确定年代），在第四百八十七年竣工。

按要求切割石料、劈砍木头之类的预备工作都在远离摩利亚山的地方进行，这样可以把实际建造过程中的噪声降到最低。

那时候的犹太人很少住在石头房子里，他们不喜欢光秃秃的墙壁。为此所罗门用柏木和松木板把圣殿的地面、墙壁以及天花板全部遮盖起来，又在木板表面贴上一层金箔。

圣殿的中心，即至圣所，是一间四方的小屋子，长宽各三十英尺，高三十英尺。屋内立着两尊巨大的天使雕像。在天使张开的翅膀下面，放着约柜，这个朴素的木头箱子已跟随犹太人漂泊了近五百年，里面是两块石板，耶和华在西奈山巅的云中向摩西显现时，在这石板上刻下了神圣的约法。

永恒的寂静笼罩着狭小的至圣所。每年只有一次，在赎罪日这一天，大祭司可以来到圣灵近前。

这时大祭司要脱下他的官服，穿上一身纯白的亚麻衣物。

他一手拿着一只香炉，里面放着祭坛要用的几块炭。

另一只手举着一只金碗，碗里盛着当作祭品的公牛的血。他把血洒在地上，表示赎罪。

然后他退下。装饰着花朵和棕榈图案的金色大门就此关闭，沉

至圣所

默的雕像继续站在那里，伸展翅膀守护着约柜。

圣所是整座圣殿中最忙碌的区域，与至圣所之间有柏木板隔开。这里摆放着香坛，律法规定，所有前来献祭的人都要把祭品的血洒在这个著名的神坛前。

从清晨到深夜，圣所里时刻充斥着人和牲畜的喧闹声。

有关献祭的犹太律法精细又复杂。从祭祀活动中大捞油水的祭司们不断修改摩西制定的律法。每一种罪孽和恶行都有一种特定的献祭赎罪方式。

穷苦人可以用无酵饼或烘烤过的谷子当祭品。

不过，有能力负担的人就需要买一头小公牛或一只绵羊或山羊，带到圣殿去交给祭司处理。

为方便起见，在圣殿入口附近就有这类牲畜出售，所以这里一天到晚回荡着牛羊咩咩哞哞的叫声。起初，来献祭的人必须自己动手宰杀祭品。但后来，这项工作渐渐转交给了祭司代办，献祭本身的个人色彩也就所剩无几了。

作为祭品的牲畜先被宰杀，分割成块。血或被涂抹在香坛上，或洒在香坛前。牲畜的其余部分，或是富含脂肪的部分，随后被放在燔祭坛的炭火上，铜制的燔祭坛立在名为"祭司院"的圣所外院里，祭品烧出的烟可以由这里直升上天。

如果仪式完成之后祭品还有剩余，可以由献祭的人吃掉，或是送给祭司。祭司和他们的家人就住在倚圣殿外墙而建的三排屋舍里。

当圣殿竣工、准备开门迎接虔诚的信徒时，所罗门为这个神圣的场所举行了盛大而庄严的落成典礼。

献燔祭的祭坛搭在空场上

他把犹太各支派的首领全部邀请到了耶路撒冷。

他们首先一起从耶路撒冷走到锡安去迎接约柜。

锡安是一座小山的名字,原耶路撒冷村所在地。这里曾经是迦南地区的一支原住民——耶布斯人占据的一座要塞。国王被约书亚杀死后,耶布斯人继续维持了几百年的独立。

最后,大卫占领了锡安。

他把这里定为未来都城的中心,改名叫大卫城。

他从基列耶琳迎回约柜之后,一直把它安放在旧王宫里搭建的临时会幕中。

现在,祭司从那里抬出约柜,送进了它的归属之地——至圣所。

这件事刚刚完成,一团云雾立时充盈了圣殿,表明耶和华圣灵已至。所罗门随即跪下为民祈祷,一道火焰从天而降,烧尽了摆放在祭坛上的祭品,国王和他的臣民由此知道,耶和华对这个新家十分满意。

随后的庆祝活动持续了整整两个星期。

所罗门宰杀了两万两千头牛,十二万只羊,其他人也各尽自己所能献上了祭品。

这一切让犹太国王声名大噪。

有史以来第一次,他的王国引起了四海关注。各国人士纷纷来访。贸易往来空前活跃。很多犹太商人在埃及以及地中海、幼发拉底河、底格里斯河沿岸城镇开设了自己的商号。

一个伟大的繁荣时代就此开启。

然而,金钱是福也是祸。所罗门现在很少出宫。他增加了贴身护卫,并在犹太统治者中首开先河,建立了独立编制的骑兵团。随着年事渐高,他完全不再过问国事。他也不再认为自己只是几个简朴的游牧部落的国王。他已经成为了一个东方强国的绝对主宰。

当年为国家考虑,他娶了几个强大邻国的公主。

这些女子,无论是埃及人、摩押人、赫梯人、以东人、亚扪人还是腓尼基人,每一个都虔诚地保持了本国信仰,所以在王宫里可以看到为女神伊希斯、太阳神巴力以及其他非洲或亚洲异教神祇设立的祭坛。

有时候,为了取悦某位嫔妃,所罗门会允许她建一座属于自己的小小神庙,供奉她信仰的神,就像她儿时在尼罗河畔或在亚兰的山间那样。这显示了国王仍是一个豁达开明的人。可是在笃信唯一真神的民众当中,这却没有为他赢得好名声。

为了建造圣殿,这些人受奴役、出苦力,承受了不知多少艰辛。而如今,他们的国王竟抛下耶和华的圣殿,跑去坐在什么异教的神庙里。

这在百姓中引发了极大的不满。

反叛的火种已被点燃,一旦所罗门与世长辞,大规模的叛乱就将爆发。

关于他生命的最后几年,我们了解得很少。《所罗门记》对此有详细的记述,可惜这卷书早已失传。

所罗门平静离世,和祖先一样,被安葬在大卫城的家族墓地里。

他有条件为犹太国的强盛打下基础。但是,对奢华的喜爱和对信仰的淡漠注定他无法实现这一点。

他一死,风暴骤起。

第十二章 内 战

一位睿智的领袖或许能够挽救这个国家，避开帝国必亡的宿命。然而所罗门的继承人懒惰又无知，身边还围着一群奸邪谋士。北方的十个部落被迫揭竿而起，反抗他的暴政。他们自己选了一位国王，建立了一个新的国家，名为以色列。南方则依然忠于正统君主，这一地区成为犹大国，定都耶路撒冷。

罗波安继承了王位，他是所罗门与亚扪女子拿玛的儿子。

他愚钝、无知、心胸狭隘。

自从他坐上王位，国家就灾祸不断，最终犹太民族分裂成了两个彼此仇视的小王国，但要把这些全部怪罪到他的头上，对他未免有些不公平。

除了民众对君王的普遍不满，这其中还有别的原因。

在犹太历史上，住在亚割谷以南的犹大支派与住在北方的以色列支派从一开始就相互妒忌，感情不和。

我们很难顺着历史脉络理清这对老冤家结仇的起因。《旧约》前十一卷是有关这一时期的唯一资料来源，里面记载了很多传说，但确切的史实非常有限。写这些大事记的人往往带有个人偏见，落笔时倾向于自己支持的观点。他们时常在叙述中添加一点离题的传闻，与犹太民族的真实历史完全不相干。

另外，在那几百年里，犹太人占据的地区一直处在持续的变化中。

原先住在当地的居民，有很多被杀，或接受了犹太人的统治，或皈依了犹太教。

但是这里那里的，总有那么一个村庄或一座小城，连续几百年保持着半独立的状态。关于巴勒斯坦地区究竟在什么时候真正变成了一个犹太国家，我们很难说出一个确切的时间。我来用近代历史做一个对比，可以更好地解释这个问题。

研究美国大西部的历史时，你会发现很难甚至是不可能确定某一地区具体在哪一年脱离蛮荒状态，进入了文明时代。我们通常知道第一批拓荒者赶着牲口、带着家人，在哪天到达了阿勒格尼山另一边的平原；知道圣路易斯、芝加哥之类城市里，最早的房子是何时建成的。可是，密苏里和伊利诺伊到底是什么时候一改"边区"面貌，由里到外都变得和大西洋沿岸成立较早的各州一样了？

我们充其量只能说"19世纪上半叶的某个时候"，不可能回答得更具体了。

在这一点上，犹太历史与美国的历史非常相像。

这一章还会讲到另外一些令人费解的问题和古今相似之处，阅读时需要格外细心。

首先是"犹大"和"以色列"的问题,这两个名称几乎出现在《旧约》的每一页上,但是用得毫无章法可循。

《约书亚记》《士师记》和《列王记》的作者在提到"以色列"或"犹大"时,常常是指"由迦南人、亚扪人和耶布斯人手中夺来的全部土地",有时他们甚至更粗心,把"以色列"称作"犹大",把"犹大"称作"以色列"。

我可以举一个离我们更近的例子来说明这个问题。

假设三千年后的一位作家在波士顿的遗迹上,在一个废弃的地窖里发现了几本讲美国历史的书。借助一本在博物馆里找到的古旧的英语语法书,他开始读这几本书,发现书里不断提到"America""United States"和"The States"。

他怎么能知道1923年的历史学家在随意使用这几种说法时究竟指的是什么呢?

"America"是从北极延伸到南极的一片广阔大陆的名字。

可是在日常使用中,这个名字也可以指这片大陆的一小部分——位于加拿大和墨西哥之间的那块地方。未来的作家看到"America"的时候,怎么能知道这是指美国而不是指整块大陆呢?再说"United States",他读到这个词的时候,该如何准确判断这是指南半球的"巴西共和国""委内瑞拉共和国",还是指北半球的"美利坚合众国"?

如果遇上"The States"这种说法,他又怎么能确定这是指整个美国,还是指东部或北部或南部或西部的某些州?

在两千年前的犹太文书眼里,"犹大"或"以色列"之类的名称指的是一个非常明确的地方，不可能引起混淆。可是，那个世界已经被两千年的岁月沉积埋在了地下，那时的先知简单地说一句"河对岸来的人毁了城"，今天的我们要想确定这常常被提到的"城"和"河"是哪里，却不是件容易的事。"河对岸来的人"很可能是指住在幼发拉底河对岸的巴比伦人，而"城"十有八九是指耶路撒冷城。动一动脑筋，我们往往能大致不差地猜出这类问题。但是，我们无法百分之百地确定答案，进一步探索美索不达米亚，或许会有新的发现证明我们其实完全搞错了。

各位现在应该明白了，在下面的章节里，我们只能做一些泛泛的历史推断，对于本章提出的观点，我们也不是绝对肯定。这一章的内容旨在解答一个问题：为什么犹太王国尚未具备帝国的一般外部特征，就注定要分崩离析。

以色列人是雅各的直系后裔，犹大人自称是雅各的后裔，先祖是雅各的四子与亚杜兰村的一名本地女子。要说以色列人是否比犹大人更有活力，我们无从知晓。

以色列人住在北方开阔、宜人的山谷间，那里有许多村庄和城镇；犹大人住在贫瘠的高原上，被阴沉的岩石包围，比邻近各族更长久地延续了祖先的牧人习俗。关于生活环境的差异是否造成了二者的不同，我们也无法给出准确的答案。

但有一个事实可以肯定：从约书亚、基甸、撒母耳和扫罗，到后来的施洗者约翰以及耶稣，几乎所有的犹太领袖都出生在北方。

确切地说，除了大卫这个唯一的特例，南方几乎没有诞生过杰出的大人物。

有人问，假如当初是一个北方人将各派融合为统一的王国，结果对犹太民族而言会不会更好。这是一个没有答案的问题。

这种历史猜想其实没有什么意义。如果俾斯麦是巴伐利亚人，今天（20世纪20年代）的德国必定会是一个更令人愉快的国家。

可是，他是普鲁士人，正如大卫碰巧是犹大人，这个事实以及它对未来历史进程的影响都是不可能更改的。

大卫逃过了扫罗愤恨的迫害（他也许仅仅因为大卫是南方人就存了偏见），被立为犹太人的王，随即采取了非常明智的调和政策。

他迫切希望打消北方人的偏见，为此时常做得太过火，惹恼了他自己的族人。不过，他的王国是在温和与妥协的坚实基础上建立起来的，在君王已经老得打不动仗的时候，照样能够轻松地经受住反叛风暴的考验。

所罗门在其统治的前半期尝试过实行同样的政策。但是，他不及大卫坦率，也不及大卫宽厚。

凡是有可能威胁到国家安全的人，全都遭到无情的迫害或被杀。

但在外交方面，所罗门做得比父亲更成功。他在战场上取得了一连串的胜利（出战的是他的将军们，因为国王本人对军营里的艰苦生活没兴趣），由此把所有敌人挡在了边境外，为他的臣民提供了和平与繁荣的保障。

他在南方本来就很得人心，过了没多久，他在北方也取得了同等的声望。然而步入中年以后，所罗门开始犯错，他的错误最终导致了帝国的覆灭，这也就是我们下面要讲的。

或许是出于战略考虑，耶路撒冷被定为国家的首都。以色列人自然希望王宫和圣殿建在属于他们的北部地区，但他们还是很大度地接受了所罗门的决定，每次向耶和华献祭，他们都要走几百英里的路。

然后，所罗门开始大兴土木。

当然，也有其他君王为实现宏大的建筑梦想，把臣民逼到山穷水尽的境地。可是，以色列和犹大的金银都被他们的"太平君王"榨得一干二净，很少有哪个国家遭遇过如此彻底的搜刮。

以色列人起初并没有抗议。他们觉得自己出力是为了耶和华的荣耀，牺牲再大也是心甘情愿。可后来，当耶路撒冷变成了一座艳俗粗野的都城，当国王本人开始用国库的钱为摩洛、基抹以及其他十几个异教怪神修神庙，人民中就有了私下抱怨的声音。

最后，为了所罗门能从俄斐运回更多的金子，从他施运回更多的银子，百姓实际上已经变成了奴隶，变成了农奴。他们有了造反的念头。

但他们还没有拿起武器，一位先知就代表全国的苦难民众说话了。

所罗门的一名臣仆——以法莲支派的尼八，有一个儿子名叫耶罗波安。他是修圣殿的一名工头。一天，他正要去上工，在路上遇见了从示罗村搬到耶路撒冷来的先知亚希雅。先知穿着一件新外衣。这是一件很奇怪的事，因为先知大都很穷，只穿得起破旧的驼毛衫。

亚希雅一看见耶罗波安，立即脱下身上的好衣服，不多不少撕成十二片，把其中十片递给了耶罗波安。这一举动表示耶和华有意让耶罗波安成为以色列十个支派的统治者。

所罗门手下有一批能干的密探,他听说了这件事,便下令将耶罗波安除掉。但在耶路撒冷这样一座小城里,消息传得很快,耶罗波安得到了风声。他逃到了埃及,第二十二王朝的法老示撒准许他在那里避难。

示撒是一位有头脑的政治家,眼看犹太王国在他的东面崛起,他感到非常不安。

他无疑是想扶持耶罗波安,等所罗门一死,就帮他去争夺犹太王位。

事情果然是这样。法老听说罗波安继承父亲做了国王,马上给了耶罗波安一笔钱,让他以王位竞争者的姿态返回耶路撒冷。近两代人以来,犹太国一直实行世袭君主制。但从士师那个时代留传下来的"选举"形式依然存在。因此国王死后,各支派要聚集开会,"推举"一位新君。

来自全国各地的代表齐聚一堂,共商国是。他们愿意接受罗波安做国王,但在拥立他之前,他们坚持要求立一份"大宪章",也就是今天我们所说的"宪法",以此保护自己,防止税法过于苛刻。

罗波安从小长在深宫里,很少接触平民。他叫来几位辅佐过他父亲的老臣。

他们建议他怎么做呢?

老人对他说,国家现在已经不堪重负,国王应该满足会众提出的要求。

然而罗波安贪图安逸,不喜欢听到有人说减少王室用度。

他又找来了平日里陪他寻欢作乐的贵族青年,问他们对"节省开支"的普遍呼声怎么看。

这些人表达了对乱民的强烈鄙视,在他们的怂恿下,罗波安给了民众一个愚蠢的答复,这番遗臭万年的话永远地和他的名字联系在了一起。

"我的父亲,"罗波安说道,"给你们套上了沉重的枷锁。很好。我,你们的新国王,要把这枷锁变得更重。我的父亲用鞭子惩罚你们,而我将用毒鞭惩罚你们。"

这真是谚语里说的压倒骆驼的最后一根稻草了。

十个支派拒绝承认罗波安,推举耶罗波安做了他们的国王。

只有犹大和便雅悯两个支派继续忠于所罗门的儿子。

就这样,犹太民族分裂成了两半,再也没有重新统一。

建立一个中央集权的强盛国家的机会一去不复返。犹太人的帝国梦想破灭了,世界却是由此而受益。犹大国和以色列国在规模上与今天的比利时王国相当,两国合一,有可能发展为西亚首屈一指的重要国家。

一旦分开,两个小国都没有足够的力量抵御东面的强大邻国。

首先,在公元前722年,以色列遭亚述人入侵,终被征服。

一百年后,犹大国在迦勒底人手中落得同样结局。

犹太人开始了流亡生活。

虽然远离圣殿,远离家园,祭司们仍旧一丝不苟地恪守古老的律法。

他们什么也没忘记,同时什么也没学到。

先知却充分利用这个意外得来的机会,加深对人、对世事的认识,研究本民族与世界的关系。他们由此得以修正自己的宗教思想。

冷酷无情的耶和华,摩西、约书亚和大卫敬拜的耶和华,至此只是一个部落之神,信奉他的小族群由农夫和牧人构成,生活在西亚一个被遗忘的角落里。

现在,因为被放逐的先知的勇气和远见,这个古希伯来神成为了天下人概念中永恒的圣灵,被今天的人们视为爱与真理的最高体现。

第十三章 先知的警告

两个犹太小国几乎一刻不停地打来打去,因为这种兄弟相残而元气大伤,只能任凭邻国宰割。但最后的厄运降临前,两国其实得到过警告。在国王、大臣和祭司都玩忽职守的时候,几位被称为先知的勇士挺身而出,想要引领人民回到虔心信奉耶和华的正路上,结果却是徒劳。

士师、大卫和所罗门的宏图大业夭折了。他们梦想建立的犹太帝国化为了泡影。由一连串要塞构成的一道坚固防线从约旦河附近的吉甲(这里曾是约书亚的据点)延伸到非利士边境上的基色城,把犹太人的土地分割成了南北两半。

保持统一,他们就能共同保持独立。

一旦分裂，他们只能听凭强邻宰割。

我们下面将要讲述一个不幸民族的不幸经历。在几个世纪的内战和混乱的无政府状态之后，等待他们的是两百年的流亡和奴役。这是一段充斥着黑暗行径的历史——有突如其来的谋杀，有落空的野心。但是，这为我们认识古代最令人关注的一场宗教斗争提供了必要的背景资料。

知道了这一复杂时期里发生的重大事件，我们才可能正确理解历史上最伟大的那位先知。他降生时，犹太人仅存的一点独立也早已被庞培的军队毁灭了。

所罗门大帝死于公元前940年至前930年之间的某个时候。

五年后，他的王国已告分裂，这已经是公认的事实。

这时，可以对两个新国家的实力做一番比较了。以色列的面积是犹大的三倍，人口是其两倍。犹大国有四分之三的国土是荒凉的不毛之地，论牧场的丰饶，根本不能与以色列国相提并论。但是，这并不意味着以色列与南方的邻国相比，拥有两倍的实力，三倍的财富。情况恰恰相反，地域的广阔对以色列很不利。犹大国小而紧凑，政权更集中，也能更好地抵抗外敌入侵。

它的东面是死海沿岸岩石嶙峋的荒野，这片洼地比地中海海平面低了1200英尺，闷热得让人喘不过气来，像一道无法逾越的天然屏障般挡住了虎视眈眈的摩押人和亚扪人。

它的南面是沙漠，一直延伸到了阿拉伯半岛。

它的西部边境与非利士人的领土相接。这些从克里特岛逃出来的人已经不像过去那样凶猛好战了。他们安顿下来，在农田和作坊里劳作，过起了平静的生活。现在的非利士人很少去骚扰犹太邻居，还为他们挡住了来自海上的强盗——那是不久前占领了附近希腊半岛的一群未开化的野蛮人。

再来说以色列的处境，它却是四面受敌。约旦河原本是一条理想的天然国界，但由于在战场上接连得胜，以色列的势力范围向东扩展了几百英里。在当时，全世界只有中国人有耐心在荒漠里修建防御性的城墙。

以色列人似乎也考虑过筑工事保护这一地区，有几次眼看就要着手实施，但是都因为国内的动荡局势而告吹。在那之后，以色列人就干脆听天由命了，结果他们自然是败给了东面的强邻——那些人不相信运气，只相信弓箭手和骑兵的本事。

以色列国另外还有一个严重的缺陷。它由十个支派构成，各支派嘴里说着团结与合作，心里却为自己的利益斤斤计较，就像美国最初的十三个州那样。他们甚至无法在定都的问题上达成一致。从很多方面来看，位于以法莲领地的示剑很适合做以色列国未来的中心。这是一座有名的古城。亚伯拉罕西行寻找应许之地的途中到过这里，这座城与过去一千年的犹太历史紧密相连。

可是，耶罗波安借助一场成功的叛乱坐上了王位，他每时每刻都在防备着现实中和想象中的各路敌人，认为示剑不够安全。他把王宫迁到了再往东去的得撒。

五十年后，得撒因为条件更好的撒玛利亚而被放弃，撒玛利亚在一座小山顶上，视野开阔，四周景色一览无余。

没有稳定的国都，这个小国的正常发展严重受阻，同样的问题自古以来导致了许多强国的灭亡。

但是从根本上说，以色列的弱小与地理疆界或政治中心无关，而是另有原因。

犹太国从建立之初就是一个神权国。所谓"神权国",就是由"神"统治的国家。神不能住在尘世,所以要通过专职的祭司管理国家,神的旨意或通过梦境,或通过特殊的征兆——例如神树的叶子发出的响声,或是献祭时来自天上的信号——传递给祭司,再由祭司转达给民众。

无论耶和华还是朱庇特,"神"当然不能让普通大众看见。因此,祭司就成了他在尘世间的代表、神谕的执行者。祭司的权力与过去的印度总督有些相像,总督以英王的名义统治着数亿百姓,而那位神秘的国王住在遥远的伦敦白金汉宫,加尔各答或孟买的居民是无缘得见的。

几乎每一个国家,在其政治发展的某个时期,都曾经历过一个神权政治的特殊阶段。我们知道尼罗河流域和巴比伦王国是这样。希腊和罗马也是这样。在中世纪那样混乱的年代,这种思想仍然屹立不倒。英国国王为此获得了"护教者"的尊号。俄国沙皇由此得以自封为教会和国家的半神式元首。即使到了今天,我们仍可以在美国参众两院以及各州议会的大会上看到一点神权思想的影子,会议开始时都要由一位神职人员做祈祷,宣明任何英明的决议都离不开神的指引。

原始社会的人们在各种自然力量的摆布下生活,向祭司求助是顺理成章的事,因为只有祭司能在神明发怒时保护他们。在国中如此受宠的职位,自然赋予了祭司阶层无限的权力,没有人会自愿放弃这种权力,也正因为如此,一个国家由神权政体向纯粹的君主政体转变时,免不了要伴随着激烈的战争。

各民族中，几乎只有犹太人一直坚守着神权思想，这种观念在他们心中根深蒂固，永远无法打破。

要从开端说起，摩西就坚决奉行严格的神权统治。《十诫》实际上就是新王国的宪法。摩西任命的大祭司成为了人民的最高行政长官。会幕在一定意义上相当于国家的首都。

征服迦南的战斗暂时削弱了教会的权力，把军事领袖推上了优越的位置。即便如此，仍有不少士师同时也是祭司，对国民生活施加着双重影响。

大卫和所罗门统治期间，国王似乎即将建起君主专制政体，大祭司将执行世俗主人的旨意，而非耶和华的神谕。

但是，耶罗波安的反叛和国家的分裂让祭司拥有了新的力量，这些精明的人抓住机会，昔日的影响力恢复了大半。

逆境也有好处。

犹大国王罗波安失去了三分之二的子民，四分之三的领地，不过，他保住了耶路撒冷，而这座城作为犹太人的信仰中心，其价值是几个撒玛利亚和示剑加在一起也比不上的。在公元前 10 世纪，耶路撒冷的圣殿垄断了犹太领地上的一切敬神活动，各位还记得这一点的话，就能真正领会这种价值了。

当时的形势对我们来说有点难以想象。如今人们分属各种教派。我们当中有循道会信徒，有天主教徒，有犹太教徒，有基督教科学派成员，有浸礼会教友，有路德会教友。但大家都和和睦睦地比邻而居，到了周日，或是自己认为合适的时候，我们可以去自己选择的教堂，按自己的意愿做礼拜。

可是，古时候的犹太人没有这样的选择权。他们必须到耶路撒冷圣殿的祭坛前献祭，不然就无法履行他们的宗教义务。

由于国家很小，做这件事并不会太辛苦。况且，大多数犹太人只在非常重要的日子到圣殿去，一辈子也不过两三次。他们不介意这几天的路程。但耶路撒冷却因此在人民心中占据了极高的地位。

在中世纪，人们都说条条大路通罗马。在古巴勒斯坦，条条大路都通往所罗门的圣殿。

当以色列的国王筑起屏障，将自己的臣民与可恨的犹大邻居隔开时，耶路撒冷却获得了意想不到的声望。这座城蒙上了神圣殉道者的色彩。圣殿的祭司们与犹大国王站在了一条战线上，拒绝承认以色列的"非法"统治者。他们痛斥北方的"叛乱分子"，说他们不接受"合法的"王位继承人，就是违背了耶和华的意愿。祭司们开除了所有以色列人的教籍，因他们的邪恶行为而诅咒他们。后来，那个可怜的北方小国被亚述人的政治野心吞噬时，犹大国的圣殿守护者们高兴得欢呼雀跃。

他们宣称，耶和华惩罚了不忠诚的孩子，现在天下太平了。

可是，一百年后，他们却也落得同样的命运。随后几个世纪的流亡生活给他们上了沉重的一课，让他们懂得了宽容和仁慈。

我们这个时代的孩子恐怕不太容易理解这种情况。如果他的父母因为某种原因不喜欢他们的牧师，只要不声不响地换一个教堂就好了，他们不会为此觉得自己犯了罪。但是，一个生活在公元前10世纪的以色列人与同时代的犹大人一样，都是耶和华的忠实仆人。他拒绝被人称作"异教徒"，就好像某位美国公民因为没有和多数邻居及同城市民投一样的票就被划为政治异己，他也会抗议。以色列人希望与圣殿保持联系。可是，圣殿在耶路撒冷，而耶路撒冷是一个敌对的、不友好的国家的都城。他虽然万般不情愿,却不得不建立几处自己的圣所。

然而这并没有让局面好转。

事态反而更糟了。以色列人这一来陷入了尴尬的境地,处境与14世纪的欧洲人相仿——那些人自己选了一位教皇,与驻罗马的那位公认的教会首脑对抗。

很抱歉,我们在这一章里啰啰唆唆地讲了这么多历史背景。但也只有这样,读者才可能对以色列与犹大之间复杂而可叹的关系有一个清晰的认识。

以色列占据了物质方面的所有有利条件。

犹大保持了宗教领域的唯一优势。最终事实证明,二者之中犹大的实力更胜一筹。

下面我们必须简要介绍一下从分裂到流亡之前,两国在这段时间里的政治发展。

以色列与犹大的争吵,被来自东方的侵略者粗暴地打断了。示撒是亚洲的一个冒险家,在埃及登上了王位,开创了一个新王朝。他一直密切关注着犹太王国的动向。各位大概还记得,耶罗波安因为触怒所罗门而出逃时,示撒热情收留了他,与他结为朋友,还鼓励他返回耶路撒冷发动叛乱,夺取了大卫家族的大半江山。

现在,那个王国的各派势力陷入内乱纷争,示撒充分利用了这个机会。他入侵以色列,又占领耶路撒冷,纵容手下兵士捣毁圣殿,之后挥师北上,攻占并摧毁了以色列的一百三十三座城镇村庄,最后满载着战利品回了埃及。

以色列很快恢复了元气,犹大遭受的损失却很难弥补。国家的财富被洗劫一空。圣殿虽然重建了，但国库已拿不出钱来让它重现往日的奢华面貌。铜铁取代了金银，圣殿再也没有了过去的辉煌壮丽。好奇的示巴女王也不再来访了。

这次入侵过后不久，耶罗波安去世，他的儿子拿答继位。

这个年轻人和他的许多英明前辈一样，向非利士人发起了进攻。

基比顿城拒绝投降，拿答便下令围城。可是，还没来得及教训这座顽抗的城池，他就被刺身亡了。凶手巴沙来自以萨迦支派，似乎曾是拿答手下的一名将军。

巴沙随即自封为以色列王，杀了拿答全族，把王宫迁到了得撒。

他继续围困基比顿，除此之外，他还向犹大宣战了。

在犹大国，罗波安已死，亚比央继位当了国王。亚比央在位仅三年，去世时把王位传给了四十二个子女中的一个——亚撒。

亚撒作为国王，比他的前几任都更出色。他毁掉了领地内所有的异教神坛，巩固了圣殿祭司的地位。

不过，他在位的四十一年过得并不轻松。先是有几个埃塞俄比亚部落联合进犯，他要为保卫家园而战。打退了这些人，与以色列的战争又开始了。巴沙对犹大国实行了封锁。他加固了南北交通干线上的要冲——拉玛——的城防。这样一来，犹大与大马士革和腓尼基之间的一切联系都被切断了。

亚撒怕王国被以色列的经济政策扼杀，急忙寻求援助。他派了一个使团去亚兰（通常称为叙利亚）求见便哈达，从黎巴嫩山区到幼发拉底河畔的广阔平原都是这位国王的领地。

犹太人向亚兰王奉上了一份厚礼，请他出兵从背后袭击以色列人。

便哈达同意了这个计划。

虽说他刚与巴沙订下了友好和约,但在那个年代,人们并不太把条约当回事。

便哈达集结军队,离开他的都城大马士革,向南进发。

他攻破了北方要塞但城,一直打到加利利海,占领了大片以色列领土。巴沙被迫求和。犹大国得救了,通往大马士革的商路重新向他们开启了。

亚撒无疑是做了看似对国家最有利的事。然而,这是犹太人第一次把外国人拉进他们的内部争斗中来,亚撒和他的后人都将为这一天懊悔不已。从这以后,东方的君王们一旦感到手头拮据,就想办法让自己"被邀请"去援助以色列或犹大,或一国出动或几国联手,然后打着补偿"援军"出征花销的名义大肆掠夺财物。

再说巴沙,他做了二十九年国王,有一多半的时间都在和先知耶户吵架。

两人争吵的原因是一直有人在敬拜异教神像。

犹大是一个比较紧凑的国家,以色列的土地上却生活着众多的外邦部落。这些人中,有的信奉太阳神巴力,还有的崇拜金牛——亚洲和非洲的很多居民一向把金牛看作强壮和尊贵的象征。

对以色列国王来说,要终结这种令人遗憾的局面实在是很难。几百年过去了,在约书亚征服的这块土地上,以色列人依然属于少数民族。他们不敢冒险干预原住民的个人观念,免得引发叛乱。在今天的印度——英联邦成员之一,政府仍允许各种教派存在,不会去干涉他们。因为对土著士兵的某些宗教偏见导致了误会,那里曾发生过一场大规模的叛乱,政府没有忘记那次教训,所以对当地的寺院神庙敬而远之。

巴沙也面临着类似的难题。他的王国里总有那么几十个不肯让步的狂热分子，认为任何形式的宽容都是道德上软弱的表现。他们不停地敦促巴沙以及每一任国王，要求铲除一切异教神祇、异教祭司以及不承认耶和华为独一真神的人。如果统治者考虑到国家的实际情况，拒绝采纳这种方案导致自毁政治前途，就会被那些狂热分子斥责为全体正义者的敌人，不配坐在国王的宝座上。

巴沙杀害了旧主，踩着他的尸体登上了王位，这样的处境不允许他有任何冒险的举动。他不得不对那些敬拜金牛的人格外宽容，只要他们能保证支持他对抗敌人就好。每当先知耶户觉得有责任向他转达神谕时，巴沙都会礼貌地听着，但他坚决不肯对众人鄙视的异教徒采取措施。到他死时，以色列境内的巴力神庙比以往任何时候都要多。盛怒之下，耶户预言巴沙王朝将遭受各种厄运打击，这是他们对宗教事务漠不关心的恶果。

这些预言果真应验了，而且快得吓人。

巴沙死后没多久，他的儿子以拉也被人刺死了。这个年轻人和他的父亲一个样。他在得撒办了一场声名狼藉的宴会，席间和他的战车指挥官心利发生了争执。心利拔出短剑杀了以拉，然后他自立为以色列王，霸占了王宫。

百姓虽然看惯了杀人流血之类的事，却也接受不了如此无耻的暴行。他们派人送信给当时正在围攻基比顿的军队统帅暗利，请他回首都来平复骚乱。心利听说军队正朝得撒进军，顿时吓破了胆。他在王宫里、城里放起火来，坐上王位还不到一个星期，他就在都城燃起的大火中自焚身亡。

心利在做国王的六天里，杀害了以拉所有的兄弟，因此国家没有了合法的王位继承人。顺理成章的候选人只有暗利一个，于是他被推举为王。他决定离开已成废墟的得撒，开始物色一个适合的地方建造新都城。

在由得撒往西的一座小山顶上，他找到了中意的地点。小山的主人是一位名叫撒玛的农夫，暗利用二他连得的银子（约合三千美元）买下这座山，在山上建起了一座城，取名撒玛城，又称撒玛利亚。

以色列的国王走马灯似的换了一个又一个，而暗利是到目前为止最重要的一个。不管有什么缺点，起码他是一个善战的人。在位的十二年里，他一直在与便哈达打仗。双方实力相差悬殊，但暗利丝毫没有退让，甚至还在原有版图的基础上增添了小块小块的新领地。

他去世时，给儿子亚哈留下的王国已比原先扩大了许多。

在亚哈手中，以色列国真正陷入了麻烦。

亚哈性格软弱，他的妻子耶洗别却很强悍。

这个女人很快就让所有人看到，她才是以色列的实际主宰。

耶洗别是腓尼基城西顿的统治者——谒巴力的女儿。腓尼基人崇拜太阳神，耶洗别是巴力的忠实信徒。一般说来，王后应该皈依丈夫所在国家的宗教。可耶洗别没有这么做。她嫁到撒玛利亚的时候，带来了自己的祭司，在亚哈的王宫里确立地位之后，她立即着手在以色列首都的正中心建一座供奉巴力的神庙。

百姓震惊，先知向上天疾呼。耶洗别却根本不理会这些，没过多久，她便开始迫害虔心信仰耶和华的人，实行宗教恐怖统治，直到后来她被耶户发起的革命推翻。

对于那些受迫害的耶和华信徒，幸好这时南方的犹大国迎来了一位极有头脑的明君——约沙法。他是亚撒的儿子,接受过严格的帝王教育,在外交和战略方面的才干不同凡响。

约沙法知道自己的王国在战场上打不过以色列。

所以,他设法让两国维持在休战状态。首先,他的儿子娶了亚哈和耶洗别的女儿亚他利雅,然后,他与儿子的新岳父达成了攻防协定。这样一来,北部边境的安定就有了保障,他随即向居住在死海对岸的亚扪人和摩押人发起进攻,占领了他们的土地。约沙法由此名声大振,但这没能平息老先知耶户的怒火,他强烈地谴责约沙法对邪恶的耶洗别过于友好,并指出与以色列立约就是对耶和华的亵渎。

约沙法因为信仰不够坚定而受到指责,但在其他各方面都做得非常出色。他在公元前850年辞世,令臣民痛惜不已。他被安葬在大卫城的家族墓地,与祖先长眠在一起。

关于公元前9世纪上半叶的犹大国历史,我们就讲到这里。这一时期的以色列完全是另一番情景。

那个不幸的王国,一切都在走向没落。

耶洗别设立了一个名副其实的宗教法庭,凡是拒绝敬奉太阳神的人,一律处死或流放。似乎没有什么能够制止这种强迫整个国家改变信仰的行为。

但是和以往一样,在紧要关头,民族良知开始发挥作用。

先知以利亚挺身而出,挽救了被推向堕落深渊的人民。

关于这位杰出人物的早年生活,我们的了解非常有限。他的故乡有可能是加利利地区(许多伟大的先知都来自那里),但我们无法确定。他的青年时代大半是在约旦河东岸、基列的旷野里度过的,环境影响了他的人生。他本质上是一个思想传统的人。他不假思索、没有异议、没有疑问地承认耶和华是他的主人。

相对于城市里的安逸,他更喜欢荒漠中简朴、艰苦的生活。确切地说,他憎恶所有的城市。在他看来,城市助长了奢侈享受和对宗教的淡漠,包容甚至欢迎来自腓尼基、埃及和尼尼微的古怪神祇,是异教滋生的温床。城市,连同城市里的大部分居民,都应该被彻底铲除。

从亚哈和耶洗别的角度来看,先知以利亚是一个极度危险的人物。

他无比坚定地相信,自己支持的事业是正义的。

他像狮子一样勇敢。

他没有任何世俗欲望。

他鄙视一切私人财产。

他只有一件衣服:一件骆驼毛皮制成的破袍。

好心人给他什么,他就吃什么。

有传言说,实在困难的时候,他还吃过乌鸦送来的食物。

简而言之,他是一个绝对打不倒的人,因为他在这个世上无牵无挂,而死亡——不论多么惨烈的死亡,对一个已将全部身心奉献给上帝的人来说根本不算什么。

难怪这样一位导师对当时的人们影响至深。

以利亚总是四处奔忙,而且很喜欢制造些戏剧性的场面。他会突然出现在远方某座城市的集市上,说一段警示未来的话,不等人们从惊讶中回过神来,这位先知已经不见了。

几天后,他又出现在另一个地方,而且同样是来去无踪。

渐渐地，人们开始相信他拥有某种神奇的力量，可以随意隐身。

从古至今，人类一向喜欢夸大英雄人物的长处。时光流转，故事代代相传，以利亚的形象越来越像一位伟大的魔法师。人们忘记了他说过的至理名言，却记住了他做过的奇事，直到他去世几百年以后，犹太母亲们还在给孩子讲这样一个了不起的人，他能改变一切自然法则，他手一挥就能让河水停流，他能把一袋谷粒变成十二袋，他治愈过很多生病的人，甚至还曾让死人复活。

这个让人畏惧却又崇敬的伟人，在那个时代最轰轰烈烈的一场宗教大戏中成为了主角。

犹如从天而降的一道闪电，这位先知出现在了毫无防备的亚哈面前。国王刚刚向太阳神巴力做出更多让步，现在就要知道自己会受到怎样的惩罚了。

"这里将有一场旱灾，"以利亚说，"还将有饥荒，有瘟疫，因为

以利亚突然出现在亚哈的王宫门外

耶和华不能宽恕偶像崇拜的罪行。"

一转眼，他又消失得无影无踪。亚哈的士兵到处都找不到他。他已经快速越过以色列的高原，回到了心爱的沙漠里。在一道名为基立溪的深谷旁，有一间简陋的小屋，那就是他的家。以利亚在这里住到夏日将尽，因为水源干涸而被迫去找新的住处。这一次他由东向西横穿全国，来到地中海岸边的撒勒法村。这里属腓尼基城市推罗管辖。不过，以利亚声名远播，就连信奉异教的人们都知道他能创造奇迹。有故事说，他让女房东死去的儿子活了过来，他在庄稼歉收的几年饥荒时期，确保了这位虔诚的妇人家里不缺油和面。

但是，如果以利亚曾以为百姓的苦难能让邪恶的国王清醒过来，那可就错了。事实恰恰相反。国家遭受的灾祸让耶洗别大为恼怒，她开始变本加厉地迫害耶和华的信徒。只有极少数虔诚的老祭司活了下来，但全靠亚哈的王宫总管俄巴底一人保护。俄巴底是个好人，他把祭司们藏了起来。眼看这些人也性命难保，耶和华决定救他们。

他命以利亚返回以色列，再次向国王进言。

基立溪

204 | 圣经的故事

以利亚当然知道，一旦跨过以色列的边界，自己就是命悬一线了。

他守在王宫外面，直到等来了正为国王的马寻找草场的俄巴底，他请这个好人先去禀报亚哈，耶和华的使者将再度郑重拜访。

国王与先知又一次见面了。

亚哈非常害怕以利亚的神力，所以耐心地听他讲话，并且照他说的做了。亚哈召集所有的太阳神祭司，让他们到耸立在耶斯列平原上的迦密山顶去，途中不得耽搁。如果饥荒和旱情不能马上得到缓解，人民就将掀起革命，以利亚告诉亚哈，这次集会或许能为他带来一个拯救国家的机会。

太阳神祭司们从远近各处赶到了迦密山。

现场聚集了大批民众，都盼着亲眼见识以利亚展示神力。

他们看到一个孤独的老人，站在一座坍塌了一半、荒弃了的石头祭坛前，那是几百年前，第一批开拓者在占得这片土地之后筑的坛。

见太阳神祭司似乎到齐了，以利亚向众人讲话了。

他说，关于耶和华和巴力谁更强大，好像有些人还有疑问。那好，现在就来彻底解决这个问题。说完，他请人找来两头牛犊。一头给了他的敌人，让他们做好献祭的准备。另一头留下自己用。

牛犊被宰杀之后，切成块的肉被放在了祭坛的柴堆上。

"现在，我们来等待神迹显现，"以利亚宣布，"双方都不许用火点燃祭坛上的柴禾，我们向各自的神祷告，然后再看结果如何。"

整整一天，异教徒们伏在巴力面前，请求他前来相助。可是他们的祭坛始终像基顺河的水一样冰凉。他们呼号喊叫，念诵奇怪的

以利亚献祭

咒语,但依然什么动静也没有。

以利亚嘲笑这群人。

"真是了不起的神啊,你们的这位巴力,"他大声说,全然不顾自己身处险境,"一位高贵的神,连自己的子民都不肯来救。说不定你们的巴力出门旅行去了,也可能是睡着了。你们喊得再响一点,他大概就能听见了。"

可是,什么也没发生。

以利亚让他们这样闹到了傍晚。

然后,他请众人靠近一点,看着他。

他拿来十二块石头(象征着昔日犹太王国的十二支派),用这些修复了祭坛。接着,他围绕祭坛挖了一条沟,把坛与所有人和物隔开。

最后,为了让人们心服口服,他叫人用桶取来水,浇在木柴和石头上。

水浇了三遍,整个祭坛都浸透了,这时,以利亚向亚伯拉罕、以撒和以色列的神求告。

天上立即降下一道火。

在嘶嘶作响的蒸汽和湿柴燃烧发出的噼啪声中,以利亚的祭品化作青烟升上了天。

耶和华的力量清清楚楚地呈现在所有人眼前。

以利亚充分利用了这个胜利的时机。

"干掉这些骗子。"他指着巴力的先知们高喊,以色列人扑向这些外来的入侵者,把他们带到基顺河边,四百五十个冒牌祭司被杀得一个不剩。

以利亚随后转身面对亚哈,告诉他,耶和华满意了。到不了晚上,旱灾就会结束。

亚哈得了这个承诺,回宫去了。他的车驾走出还没有半英里,从海上涌过来的乌云就遮蔽了天空。几分钟后,下雨了。大雨倾泻在焦渴的田野上。三年零六个月以来,以色列的土地第一次得到了雨水滋润。

亚哈对妻子讲了这天下午发生的事,王后简直气疯了。她下令逮捕以利亚绳之以法,因为他杀害了她的祭司朋友们。

然而以利亚已经不见了。他知道这一次对方不可能饶过自己,于是格外小心地藏了起来。他一直不停地走,穿过以色列,穿过犹大,来到南方王国南部边境上的村庄别是巴。

在那里,他还是觉得不够安全。不久,他继续上路,走进荒漠更深处,一度在干渴和饥饿的折磨下生命垂危。

以利亚在地震中

但耶和华的一位天使给他送来了食物,他吃了,然后靠着这一餐的支撑一连走了四十天。

最终他走到了西奈半岛上的一座山峰——何烈山,这是一处圣地。一千年前,摩西就是在这里,在电闪雷鸣中,领受了耶和华的律法。

以利亚领受神谕的经过大不相同。先是一阵可怕的狂风刮来,险些把这位先知刮下悬崖。

以利亚侧耳倾听,但什么也没听到。

接着,大地轰隆隆地剧烈震动起来。一场大火随后燃起。

以利亚又凝神细听,仍是没听见什么。

突然,大地不震了,狂风也平息下来。

寂静中有一个微弱的声音。

以利亚听见了耶和华的声音。

耶和华让他回到原来的地方去,找一个优秀的接班人,接过他本人因年迈而无法继续承担的使命。耶和华告诉他,他来日无多,而在以色列,还有许多事有待完成。

以利亚遵命照办。他离开荒漠,返回他痛恨的城市。走到耶斯列的平原上,也就是古代士师击溃亚玛力和米甸军队的地方,他看到一个农夫正不紧不慢地在这片富饶的土地上耕作。

耶和华向他示意,这个孩子将成为他的门徒。以利亚停住了脚步。他离开大路,走过去把自己的外衣披在了年轻人的肩上。

名叫以利沙的青年明白这一举动的意义。他抛下犁,回到家,向父母亲告别,跟着导师上路了,他要学习智慧与虔诚之道,无愧

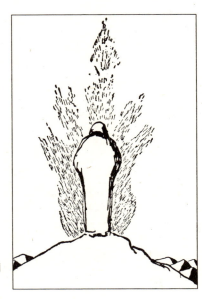

以利亚在荒漠中听到了一个声音

于自己获得的至高荣耀。

以利亚和以利沙到了以色列,发现这里一团糟。在耶洗别的影响下,这个国家每况愈下。又一批太阳神祭司从腓尼基被召唤来,异教迷信仍和先前一样弥漫全国。

与此同时,焦躁不安的国王从撒玛利亚搬到了耶斯列城,正在为自己兴建一座新王宫。

正巧那里有一座葡萄园,国王想将其纳入王宫场地,园子的主人是一个名叫拿伯的市民。

亚哈对拿伯说,他想买下这座葡萄园。可拿伯回答说,这园子是他家祖传的产业,他不想卖掉。

耶洗别提出了一个轻松解决问题的办法。亚哈是一国之君。他不能做自己想做的事吗?为什么不直接占了葡萄园,杀了拿伯?这再简单不过了。

可是亚哈不同意这么干。他害怕再次面对以利亚,为了避免为此多费口舌,他干脆假装生病躺下了。

拿伯的葡萄园

耶洗别抓住了机会。趁亚哈卧床不起,她指控拿伯犯了叛逆罪,连审讯也省了。可怜的农夫连同他的儿子们(国王垂涎的葡萄园本该由他们继承)都被乱石砸死,尸体喂了狗。

这件事刚办完,看吧!以利亚站在了王宫花园前。

他和往常一样,出现得那么突然。

他的话让亚哈感觉到了难以言喻的恐惧:不出一年,刚刚舔过拿伯鲜血的那些狗,必将来舔国王的血,而王后耶洗别的尸首也会被抛在耶斯列街头,那些狗将会吃掉她的肉。

这听起来实在太离谱,不可能有这样的事。然而亚哈还是吓坏了,他试图找个办法躲过这种命运。

亚哈在以色列已经确立了暴虐的专制统治,他不怕自己的臣民。如果他命里注定要被人杀死,那么杀他的应该是他的敌人。

所有人都知道,他的敌人在北方。显然,亚哈必须防备来自亚兰的攻击。他运气不错,眼下那个国家在亚述王的强大威胁下自顾不暇。如果与东面配合,同时从南面发起进攻,或许就能让亚兰人从此不敢轻举妄动。

亚哈决定不再耽搁,立即主动出击。他派信使骑着快马去见犹大王约沙法,邀请他一起出兵大马士革。

约沙法欣然同意,两位国王一同向北方进发。

太阳神祭司预言此战将大获全胜,但是米该雅——可数的几位依然忠于耶和华的先知之一,再次警告国王将会被杀,他无论怎么努力也逃脱不了这种命运。

亚哈接下来的举动充分暴露了他的本性。他伪装成一名普通士兵,却怂恿约沙法穿上国王的战袍。

"这样一来,"他自己分析,"亚兰人就能认出约沙法,拼命朝他射箭,根本不会注意到我。"

可是战斗打响后,身披猩红斗篷的约沙法毫发无损。穿着破旧外衣的亚哈却被一支流箭射中,伤重而亡。

他的遗体被运回了耶斯列。葬礼前,有人清理了亚哈的战车,把他的血洗掉。东方村庄里常见的流浪狗跑来舔掉了血水。以利亚的预言就这样应验了。战车停放的地方,正是曾经属于拿伯的土地。

亚哈这一死,不仅仅意味着国王要换人,也是又一个漫长的混乱时期的开始。

在亚哈之后登基的是他的长子亚哈谢。可是即位没多久,亚哈谢就从撒玛利亚王宫的一个窗口摔下去,受了重伤。他派信使到巴力神庙去问问,他能不能康复。以利亚中途拦下这批信使,回答他们说"不能"。

亚哈谢死了。

他的兄弟约兰继位,运气比他稍好一点。原本应该每年向以色列国纳贡的摩押王米沙造反了。约兰向约沙法提议,两国联手,攻下摩押人的领地瓜分掉。

犹大国王认为这个主意非常好。

这次出征从一开始就厄运不断。不知因为什么,两位国王没有选择北面那条更加便捷的常规路线,而是试图穿越死海一带的荒野。

他们在沙漠里迷了路,险些渴死。

好不容易到了摩押国,他们发现国王加强了防卫,都城固若金汤,唯一的办法就是围城。

围城持续了好几个月,将士们疲惫不堪。最后,眼看不能不投

墙边一个小石堆标明了
埋葬亚哈的地点

降的时候,摩押王孤注一掷,决定献祭。他把自己的长子带到都城城墙上,当着敌人的面杀死了,然后焚烧尸体献给摩押人的神。

面对这一幕,犹太人的士气一落千丈,因为他们,也就是约兰和约沙法这一代人,已经不太信自己的神——耶和华。

犹太人怕摩押神祇接受如此虔诚的敬拜之后大显神威,他们说,在这种情况下继续围城不会有好结果,于是就回家了。

这是犹太历史上最为关键的一刻。现在,暗利家族的强大势力覆盖了南北两国。在北方,耶洗别以专制君主的残暴统治着国家。在南方,她的女儿亚他利雅操纵着丈夫和丈夫的王国,凡事都听从手下的外邦参谋。在各地,耶和华的影响力均日渐衰微。巴力似乎赢得了胜利。要想办法——而且是马上想办法拯救人民,不要让他们陷入愚蠢行为导致的恶果。

这样的时刻,需要有人采取果断而有力的行动。

可是,那个少言寡语、一心做事的人不在了。

以利亚已经离开了这个世界。一天，他正与以利沙一同走着，忽然一辆冒火的马车从天而降，载着老先知去了他应得的归属之地。至少，以利沙独自从伯特利回来的时候就是这样告诉人们的，没有人胆敢质疑他的话。以利沙继承了导师左右自然力量的本领，理应受到人们的敬畏和尊重。

曾有伯特利村里的淘气男孩嘲笑这位先知的秃头，结果就有两头熊从灌木丛里冲出来，吃掉了那些孩子，以警示所有人。不过，这只是一个例子。以利沙的本事说也说不完。他和以利亚一样，一声令下就能让河水停止流动。他能让铁块浮在水面上，他不断地治愈各种病患。而且，他也有那种隐身术一样的奇妙本领。

当他认为时机成熟、可以把耶洗别从犹太民族的生活中清除出去的时候，以上种种都是很有用的才能。他有意站在了一场革命运动的领导位置上，目标就是推翻暗利家族，把邪恶的巴力教彻底逐出以色列和犹大两国。

以利沙没有参与实际的起义行动。

他不是军人，但在原则性问题面前，他也绝对不是一个心慈手软的人。他把打仗的事交给了耶户——这是《旧约》中最生动的一个人物。

耶户是以色列军中的一名军官，以勇猛无畏著称。他骑马跑得比谁都快，射箭射得比谁都准，追杀敌人的时候根本不知道什么叫疲倦。推翻一个根基稳固的旧王朝是一项危险任务，而耶户正是最理想的首领人选。

他很幸运。犹大王和以色列王这时正巧在一起。两人是关系很近的亲戚，表面上维持着友好的样子。

以色列国王约兰先觉察到了危险。他听说耶户要打过来了,急忙坐上他的铁甲战车试图逃跑。可惜太迟了。约兰被一箭穿心,当场毙命。他的尸体横陈在路边,后面大部队跟上来的时候看到了,把他扔到了亚哈从拿伯手里抢来的土地上,任凭那些无处不在的野狗处置。

犹大国王亚哈谢目睹了舅舅的下场,拼命想跑回自己的国家去。在玛拿西支派领地上的以伯莲附近,他被叛军追上,受了重伤。他挣扎着逃到了米吉多,那是一座著名的古老要塞,不远处就是哈米吉多顿战场,许多犹太国王死于非命的地方。亚哈谢终于在米吉多死去了。

顺利完成这项任务之后,耶户的怒火转向了耶洗别。老王后知

耶户驾车碾过耶洗别的尸体

第十三章　先知的警告

道自己难逃厄运，死也要死得有尊严。她精心穿上了王袍，然后平静地等着来取她性命的人。耶户到达王宫，高声呼叫耶洗别的仆人，命他们把女主人从窗口扔出来。几个守卫后宫的太监遵命照办了。

耶洗别被扔到了街上。耶户驾着他的马车从尸体上碾过，扬长而去，头也没回。

当天晚上，亚哈的几名忠实扈从感念旧情，在夜幕掩护下出了宫，想好好安葬死去的主人，好歹她也是国王的女儿。

他们没能找到耶洗别的尸体。

耶斯列的流浪狗已经把她撕成了碎片。

下一步，轮到亚哈的所有后人了。他们大都逃到了撒玛利亚。可是，眼看全国上下都站在了耶户一边，他们明白抵抗毫无意义，就无条件向耶户投降了。耶户一个也没饶。这些人的头颅在城门外堆成了两大堆，有谁还胆敢反抗起义领袖，这就是他们的榜样。

不久，犹大王室的另外四十二位王子落得了同样的下场。

现在还剩下那些太阳神祭司。耶户放出话去，说他与祭司们无冤无仇，而且对他们的宗教有一点好感。为此，他邀请他们到巴力神庙见面，一起商量今后该怎么办。祭司们信以为真，全都来了。等他们都进了神庙，大门轰然关闭。黑夜来临，信奉太阳神的人被杀得一个不剩。

耶户一举解除了外邦势力主宰国家的危机。

暗利家族被消灭。

太阳神祭司也都被除掉了。

耶户做了以色列的国王，以利沙满心欢喜。

耶和华取得了全面的胜利。

然而没过多久，所有人都看出这场用杀戮和流血换来的胜利，并没有给国家带来多少好处。

耶户的确勇猛无畏，可是，他不具备睿智的头脑和把握分寸的能力。他成了一群宗教首领的傀儡，那些人围在他身边，一心找机会推行他们所谓"完美国家"的狭隘观念。

他们惧怕一切外来事物，神和人都包括在内，就因为怕得厉害，他们不能容忍国内有任何人不属于纯正的犹太血统。他们在以色列和犹大周围竖起了一道无形的屏障，不是出生在犹太土地上的人就不得靠近。他们反对与其他国家结下"纠缠不清的联盟"，宣称与那些不信耶和华的国家立约，在他们的上帝眼里是可憎的行为。

可是，以色列和犹大两国都太弱小，没有东西方几位盟友的帮助，很难自己维持生存。先知们执意要与外界划清宗教界限，事实证明这是一次灾难性的改革，而且实施的时间恰恰是所有职业军人（王室子弟）都已被处决、军中高级军官骤减了八成的时候。

在虔诚的信徒看来，耶户的伟大革命为以色列和犹大清除了一切蛮族影响。两国将由此成为真正的"圣地"。这是崇高的抱负，却是注定要失败的。

在这个世界上，从没有人能依靠杀戮成就大业。

即使是先知阿摩司与何西阿这样极度虔诚的人，不久以后也认识到了这一点，并对那么多人的无辜惨死表示遗憾。然而，他们的话说得太迟了。

那时候，以色列已经被东边的几个国家征服了。

亚兰也发生了一场革命。叙利亚将军哈薛谋杀了他的主人——国王便哈达二世，自己坐上了王位。

他加强了大马士革的防御,可是,当亚述王亚述纳齐尔帕的儿子——撒缦以色二世进攻亚兰时,篡位者哈薛的好日子突然到了头。他的军队在黑门山附近溃败,大马士革陷落。哈薛战败的消息传到地中海沿岸各国,西顿、推罗和以色列的国王忙不迭地表示接受亚述征服者提出的一切条件。他们知道自己有了新主人。

我们有一些当时的亚述文献,上面说黑门山战役发生在公元前842年,还说暗利的后任耶户也向亚述纳贡。哈薛为弥补损失,等撒缦以色一回尼尼微,就跑到以色列北部大肆骚扰,占领了几个犹太地区安慰自己。他清除了当地的犹太部落,杀死男人,抢走女人,把小孩子从岩石上扔下去,然后迁来亚兰人安置在这些地方。

耶户不知该如何应付,便向他的新主子撒缦以色求助。可没等亚述人赶过来救他,亚兰人已经得知了他的小动作,于是第二次入侵以色列,又把犹大的军队打得七零八落,与摩押人、以东人、非利士人一起在这两个国家尽情掠夺。

那些没有死在侵略者剑下的人、没有饿死的人,都沦为了奴隶。

犹太人手中只剩下撒玛利亚这一座城。

危难时刻,以利沙出手相助。国王与先知并肩守城,等待亚述人前来援救。

从单纯的爱国观点来看,这两个人是国家的救星。亚述人打败了亚兰王,占领了大马士革,从而解除了以色列承受的压力。可是事情办完了,出了力的亚述人也送来了账单。

他们要以色列付钱,付很多的钱,还要以色列每年纳贡,其实也就是用一笔贿赂维持友善关系。

此后整整一个世纪的时间里,以色列人一直在想办法摆脱自己给自己套上的枷锁，时而也能取得一点成功。

在争取独立的战斗中，耶户的儿子约哈斯运气不错。他攻占了大马士革，他的军队一路向东推进到了接近尼尼微的地方。

约哈斯的儿子约阿施在战场上也是吉星高照。他听从以利沙的指导，始终诚心敬奉这位伟大的先知，直至他去世。约阿施在宗教事务上尽职尽责，他虽然敬畏耶和华，面对洗劫耶路撒冷圣殿的机会时却也没有犹豫。

约阿施的儿子耶罗波安二世让以色列最后一次体验了独立和繁盛的滋味。

在这位伟大君王的同代人看来，所罗门盛世仿佛又回来了。他们自认为国家不久就能恢复旧时的东方强国地位。

现实却将给他们带来痛苦和失望。

那片绚烂的天空并非意味着新一天的开始。那不过是他们的太阳落下前，最后的一片红色霞光。

那个世纪的前五十年确实是一个突如其来的、出人意料的繁荣时期。一夜之间，村庄变为了城市。牧羊人抛下了羊群，到附近兴旺的集市去找发财机会。古老的商路重新开通了，南北东西往来的商队又开始络绎不绝。

然而随着财富的回归，在投机买卖基础上建立起来的经济体系也带来了种种祸患。

祖先的简朴生活方式在许多偏僻村落里保留到这时，终于消亡了。

所罗门时代回来了，重现的却是它最坏的一面。

耶和华受了冷落，不久彻底被人们遗忘。公元前8世纪的伟大先知阿摩司、何西阿和以赛亚，以极大的耐心和勇敢的坚持，苦苦劝说同胞不要信奉错误的概念，单是财富不可能让人幸福。

以利亚和以利沙在电闪雷鸣中斥责尘世间的罪恶。

阿摩司、何西阿和以赛亚则是另一类先知。他们不仅仅劝导说教，他们也书写。

这时的犹太人已从邻近的巴比伦人那里学来了书写技巧，他们开始汇集整理过去的传说故事，并将先知的话抄录下来，将来好把这些至理名言传给子子孙孙。

以赛亚、何西阿和阿摩司不厌其烦地告诫人们，盲目积累金银不是人生的唯一目标。他们不知疲倦地劝说年轻一代，享乐本身不是罪，但并不能带来那种无法言喻的精神上的满足感，生活因此也只能是空虚的、没有真趣的。

当他们发现世人对自己的劝诫置若罔闻，当他们越来越清晰地预见到国家终将失去自由，先知们改变了口吻，说出的警告令人无地自容，这样的话自以利亚之后就没有人听到过了。

这些先知一生大部分时间远离政治，只探讨真理。

如果是在今天，我们大概会称他们为"社会改革家"。

他们告诫富人要乐善好施，告诫穷人要学会忍耐。

他们传播了宽容和助人为乐的新教义。

他们由最初的思想得出一个必然的结论，开始宣讲全新的教义：仁慈的耶和华爱所有忠实的信徒如自己的孩子，并要求所有的孩子同样以爱彼此相待。

唉！没几个人有心听他们说话。

犹太人正忙着高兴呢，为新兴的繁荣景象，为国王耶罗波安的战绩，为日渐发展壮大的商贸事业，高兴得没空理会那几个怪人，在整个国家一团兴旺的时候，他们却站在集市路口，说什么就要大难临头了。

等到人们终于开始怀疑这些警告会不会有点道理，一切都已经太迟了。

在遥远的城市尼尼微，一个才干出众、异常精明的战士幸运地坐上了国王宝座。他自称为提格拉毗列色，以纪念五百年前的一位民族英雄。他梦想建立一个伟大的帝国，从底格里斯河一直延伸到地中海。

犹太人给了他实现野心的机会，比他预想的还要快。

犹大国王亚哈斯卷进了一场争执，具体原因不详，这时正要与亚兰打一仗。亚哈斯请提格拉毗列色出兵助战。消息传出后，先知以赛亚去见亚哈斯，警告他不要与异教徒结盟。犹大国王应该全心全意地信耶和华，不能信其他神。亚哈斯回答说他不信这一套。他甚至拒绝向上天祈求信物。他对自己要做的事很有把握，这次出征亚兰不可能失败。

但是以赛亚不同意他的观点，还预言了犹大和以色列的衰落。这将是不久就会发生的事。不等现在出生的孩子长大成人，两个国家都将失去自由。

听了这些话，亚哈斯依然固执己见。他把圣殿里的金银搜刮一空，全部送到尼尼微献给提格拉毗列色。北上去拜见他那位威严的盟友时，亚哈斯甚至带上了自所罗门时代起就一直立在至圣所前面的铜祭坛，把它运到大马士革，送给了亚述王。

提格拉毗列色非常满意。

这些礼物是否让他改变了想法、在对待犹太人的态度上比以往的亚述人更友善？我们永远无法知道，因为这位国王死了，他的那些宏伟蓝图也就随着被埋葬了。

但我们有充分的理由推断，如果提格拉活着，至少会放过犹大。

在他之后登上王位的撒缦以色五世显然继承了他的外交政策，对小小的犹大国非常宽厚，对以色列却是毫不留情。

以色列的最后一位暴君何细亚听说将有外敌来犯，急急忙忙地想与埃及结盟，可是还没等援军从尼罗河畔赶来，撒缦以色就已经跨过边境，打败了以色列军队，并将国王押送到尼尼微，当作战俘关了起来。

接着，他包围了撒玛利亚城。

撒玛利亚居民背水一战，拼死守卫最后的阵地。

他们坚持了三年有余。

撒缦以色似乎是在一次进攻中受了伤，死在城下。

但是，继位的撒珥根发动了更加猛烈的攻势，撒玛利亚终于陷落。

以色列人最后的抵抗被瓦解。

他们的国家在耻辱中灭亡了。

一个苦难深重的时期由此开始。

两万七千二百八十个家庭（约十万人）被驱逐出境。来自五个亚述行省的移民迁入这个饱经战火蹂躏的国家，与十个犹太支派的残留人口混居在一起。这些人渐渐形成了一个新民族，被称为"撒玛利亚人"。他们起初是亚述臣民，后来相继受巴比伦人、马其顿人和罗马人统治，再也没有建起一个独立的国家。

犹大在姊妹国灭亡之后又支撑了一个半世纪,但完全是靠着对所有邻国卑躬屈膝才勉强维持了名义上的独立。西拿基立在亚述登基之后,开始了那次注定要失败的远征埃及行动。犹大国王希西家拿出了三十他连得的金子,为自己的国家买个平安。

为了凑集这份礼物,圣殿墙壁上残存的一点金子都被刮了下来。

奇怪的是,国家沦落到这种地步,耶路撒冷的民众并没有觉得很丢脸。外邦官兵在他们的街道上大摇大摆地走过,他们却照常开开心心地吃喝。

不过忽然之间,这些麻木不仁的人变得惊恐万分。

有消息——而且是可靠消息说,西拿基立后悔对犹大国太温和,决定捣毁犹太都城,消除背后受敌的隐患。

犹大人闻讯陷入恐慌,这时才想起向他们的一位先知求教。

国王辜负了他们,但以赛亚热切地鼓励众人,并承诺说,只要他们不再动摇,坚信自己应该——也能够保卫耶路撒冷直到最后一刻,耶和华必将与他们同在。

他的预言似乎成真了。亚述军队在尼罗河三角洲的沼泽地带被困。一大半士兵死于发烧,因为这种神秘的疾病,还有更神秘的老鼠攻击(他们弓上的弓弦都被啃掉了),余下的人都被吓坏了,他们拒绝继续作战,撤了回去。

以赛亚很高兴,但这时庆祝还为时过早。敌人正穷凶极恶地准备报复。

公元前6世纪中叶,西底家登基做了犹大国王,完全受几个外国人操纵。他只在意自己的享乐,根本不关心国家的独立。

亚述未能避免帝国灭亡的命运,另一个闪族部落迦勒底人征服了他们，随后建立起一个新的国家，定都古城巴比伦。

对西底家来说，换不换主人没什么差别。只要能让他安稳过日子，无论要向迦勒底人还是向亚述人或埃及人纳贡，他都很乐意。然而这种怯懦的人，在一生中最需要谨慎的时候，却往往会草率行事。

迦勒底统治者尼布甲尼撒与埃及闹起了矛盾，西底家听信身边一些人的话，觉得应该趁这个机会大干一场，让犹大国以及国王的威名永垂青史。

预言灾祸的先知耶利米大声疾呼不要做这种蠢事，但怎么说都是白费口舌。

他面见国王，警告他这样反叛只能以惨败收场。

可西底家正在兴头上，听不进任何反对的话。

耶利米提醒国王说，他曾辅佐过另外四位犹大国王，从没有人说过他不称职。

西底家大怒，干脆把耶利米赶走了。

他突然拒绝再向迦勒底人纳贡，宣布自己要独立。他的都城一下子就被尼布甲尼撒的大军包围了。

耶路撒冷没有应对长期围城的能力。

城里缺粮缺水，穷人中很快爆发了疫病。只有耶利米一人毫不动摇，听不得"投降"二字。

生病的民众日渐衰弱，把怨气发泄到了他的头上。他们指控这位忠诚的领袖已被迦勒底人收买。耶利米想为自己辩解，结果被关进了地牢。

一位好心的黑人同情这位老人，把他从黑黢黢的牢房里救了出

耶利米在耶路撒冷城墙上

来，藏在卫兵房里，直到围城结束。

耶路撒冷还没有正式投降，犹大国的最后一位国王就已经抛弃了他的臣民。

半夜里，在几名侍臣陪同下，他溜出王宫，偷偷越过了迦勒底哨兵的防线。

天亮时，他已经走在前往约旦河的路上了。

尼布甲尼撒得到消息，立即派人骑着快马去拦截犹大国王。

在耶利哥附近，西底家被抓住了。

他被带回国王大营，面对可怕的惩罚。

他被迫目睹了儿子们在自己眼前被处决。然后他被剜去双眼，押送到巴比伦，跟在迦勒底君王的凯旋大军中游街示众。不久，他在巴比伦的监狱里死去。

再说耶利米，迦勒底人是一个文明程度很高的民族，他们没有杀他，而且对这位老人非常尊敬。他们敬重他的无私、他的智慧，并表示他可以安心住在家里，不会受到任何伤害。

不过，大多数犹大人害怕落得以色列人那样的下场，被带到美索不达米亚去当俘虏。他们准备逃往埃及。耶利米建议他们留下来。可是，极度惶恐的耶路撒冷民众不肯听他的话。他们收拾了行李，开始艰难地向东跋涉。耶利米怀着一颗忠诚的心，跟着他的人民一起走了。他年事已高，承受不住这样的旅途劳顿。他在一个埃及村庄里去世，被葬在大路旁。

这是基督诞生前586年的事。

耶路撒冷变成了一片废墟。

一位迦勒底总督驻扎在约书亚和大卫的土地上。

被战火熏黑了的圣殿墙壁伫立在迦南的蓝天下。

最后一个独立的犹太王国宣告灭亡。

因为无视耶和华的意旨，犹大国付出了代价。

第十四章　覆灭与流亡

不听劝告的犹太人在亚述和巴比伦度过了一段漫长的流亡岁月，直到这时，他们才认识到自己当初做了什么，本该做什么。远离故乡，散居在美索不达米亚平原的城镇村庄里，他们开始认真研究古老的律法和早期历史记录，等到适当的时候，这将指引他们更加真诚、更加热切地敬奉耶和华。

现在统治犹太人的是一个非常出色的民族。汉谟拉比是为他们拟定法典的伟大人物，他生活的年代比摩西早了一千年。从他在世时起，巴比伦人就被认为是西亚文明程度最高的民族。

这个广袤帝国的首都是一座雄伟的堡垒。整座城有两道高大的城墙，围起了占地近一百平方英里的房屋、街道、庭院、神庙和集市。

城市的布局整齐划一。街道笔直宽阔。

巴比伦

城内砖造的房屋很宽敞,有的两三层高。

幼发拉底河从城中穿过,这里因此有了一条直通波斯湾和印度的通道。

在城市的中心,一座人造小山上,矗立着尼布甲尼撒那座赫赫有名的宫殿。

层层叠叠的露天平台让王宫看上去宛如一座悬在半空的巨大花园,"空中花园"的神秘传说就是由此而来的。

这是一座国际化大都市,就像现代的纽约。

巴比伦商人很有经营才干,把生意做到了埃及,甚至遥远的中国。他们发明了一套书写体系,经腓尼基人改进之后,就有了今天我们使用的字母。巴比伦人精通数学。他们最早提出了科学的天文学概念,把一年分成若干月,把一个月分成若干周,和我们现在做的一样。他们发明的度量衡体系为现代商业奠定了基础。

他们率先制定了道德法典,后来被摩西吸纳融入他的《十诫》,也构成了今天教会的基石。

巴比伦人有很强的规划组织能力,一直在稳步地、谨慎地扩大他们的版图。不过,占领犹大这块土地属于意外收获,与他们的扩张政策没有关系。

他们的一位统治者计划征服亚兰和埃及。小小的独立王国犹大正巧位于由北向南、由东向西的交通要道上。

占领它,只是战略上的一项防范措施。

仅此而已。

我们高度怀疑,尼布甲尼撒时代的巴比伦人对犹太人有没有一个清晰的概念。他们眼里的犹太人,也许就和今天我们眼里的普韦布洛印第安人一样。我们知道有那么一个原住民部落,在美国西南部的某个地方维持着半独立的生活。我们不知道他们具体在什么地方,也不太关心。我们理所当然地认为,印第安事务局或内政部的什么人会负责照顾他们的利益。生活中有那么多的事,我们都在自顾自地忙碌,没空去关心一个少数民族部落。我们对那些人的概念,充其量只是一个部落名称,还有几张古怪的宗教舞蹈的图片。

要理解后面的故事,你们必须牢牢记住这一点。

当时没有任何迹象表明,亚伯拉罕和以撒的后代将在人类历史上扮演那样重要的角色。

关于犹太人,早期世界史作者一个字也没提到过。就拿希罗多德来说,他曾希望忠实记述大洪水以来发生的所有事(这里指的是希腊的洪水,而不是古代巴比伦神话提到的挪亚经历的那场洪水)。他和大多数雅典人一样,有包容心,也有好奇心。他想了解周围人说过、想过或做过的每一件大事,把这些都收录在自己的书里。

他没有种族偏见,他云游四方,到各地搜集第一手材料。关于埃及人、巴比伦人以及地中海沿岸的其他许多民族,他都为我们提供了一些重要信息,可是,他从没听说过犹太人,提到巴勒斯坦平原地带的居民,他只是很含糊地说那是一个不知名的部落,有一些奇特的卫生习惯。

至于与犹太人同时代的迦勒底人,他们看这些流亡的可怜人,就像我们看一群愁苦的俄罗斯或亚美尼亚难民,这群人在去往西部某地的途中,偶然路过了我们的城市。

在这种情况下,《旧约》就成了我们的主要资料来源。

但正如我们前面讲过的,编写这部民族史书的人并不是具备专业素养的历史学家。他们对外族统治者姓名的拼法不太在意。他们的地理概念非常模糊，不断提到一些谁也无法准确辨别的地方。

他们经常故意把自己想要表达的真实意思隐藏起来，在文中使用奇怪的象征手法。他们讲起一条鲸鱼，把一名遭了海难的水手吞进肚里，几天之后又把他吐到了陆地上。他们在这里真正要讲的是庞大的帝国巴比伦如何征服了小小的犹大国，半个世纪之后，又不得不把俘虏来的人放走。这对两千五百年前的人来说自然不难理解，可对于我们——我们所认识的巴比伦不过是一堆荒弃的乱石瓦砾，这段话的含义就不是那么清楚了。

尽管如此，《旧约》后二十卷文字量很大，弥补了准确性的不足，由此我们还是可以比较准确地拼凑起公元前5世纪、前4世纪和前3世纪的历史画卷。

借助这份多少有点不可靠的资料，我们现在要讲一些必要的知识；知道了这些，你们才有可能理解精神领域即将上演的重要一幕。

以犹太人的经历来说，流亡并不意味着受奴役。

从纯粹的世俗角度来看，由巴勒斯坦迁到美索不达米亚改善了大多数犹太人的生活。一百五十年前，以色列人被分散在四五个相隔很远的村镇里，渐渐湮没在周围的巴比伦人当中。但是，在公元前586年流亡的犹太人没有被拆散，他们在同一个地方安顿下来，形成了一个名副其实的犹太聚居区。

这些人实际上是一批非自愿的移民，从拥挤的耶路撒冷贫民窟来到了开阔的迦巴鲁。他们离开了迦南老家的贫瘠田野和山谷，在巴比伦中部水源充足的牧场和果园里建起了新家。

他们也没有像一千年前在埃及时那样，要忍受外族监工的无端欺压。

他们获准保留自己的首领，自己的祭司。

他们的宗教习俗和仪式没有受到干涉。

他们可以与留在巴勒斯坦的亲友互通书信。

他们可以重操在耶路撒冷时熟悉的老手艺，这是受到鼓励的。

他们是自由的人，有权拥有自己的仆人和奴隶。各行各业都向他们开放，不久，巴比伦城的富商名单里陆续增添了许多犹太人的名字。

到后来，有才能的犹太人可以出任上层高官，巴比伦国王向犹太女子求爱的事也发生过不止一次。

总之，除了不能自由来去，这些流亡的人拥有了安居乐业的一切条件。

从耶路撒冷到特哈萨，他们丢掉了在故乡时的很多坏毛病。

可是啊，现在他们染上了一种新的病。

这就是"思乡病"。

自古以来，这种病就对人的心灵有种奇怪的影响。它把故乡笼罩在幸福回忆的光芒里，把旧日受到的伤害、经历的苦痛一股脑儿地从记忆里抹去。它必然会把"过去的时光"变成"过去的美好时光"，给生活在旧环境里的那段日子冠上一个高贵的名字，称为"黄金时代"。

一个人如果得了思乡病，就看不到新家的任何优点。他的新邻居不如老邻居（其实，他和老邻居一直是公开作对的）；新城市简直是个可悲的破村子（虽然这里比他以前住的村子大十倍，漂亮二十倍）；新环境的氛围只适合原始人和野蛮人。

一句话，凡是"旧的"突然之间都成了"好的"，凡是"新的"都是"坏的""邪恶的""讨厌的"。

一百年以后，当这些流亡的人获准返回耶路撒冷时，只有极少数人真地回了故乡。但是，只要他们身在巴比伦，巴勒斯坦在他们心中就是失去的乐园，他们的话里、文字里都流露出这种情感。

总体来说，犹太人在这半个世纪里的流亡生活单调而平静。他们一天天地过着日子，等待着。

起初，他们怀着急切的心情等着某件"突如其来的"事情发生。伟大的先知耶利米预言了这场劫难，他的话还在他们耳边回荡。

但耶利米已死，还没有人能完全取代他的位置。

我们在前面章节中简单谈到过犹太先知的特质。自远古以来，他们一直是人民的精神领袖。有些时候，他们就是民族良知的化身。

然而时代在变。犹太人的宗教指示不再依赖于言传。他们有了自己的文字，他们的语言也有了正式的语法。

最初的字母表还很不成熟，其中没有元音。这就留下了不少需要用想象填补的空白。

造句的规则也有类似的问题。完成时和未完成时没有明显的区别，同一动词的同一形态可以用来表述一个已经完成的动作，也可以表述一个即将发生的动作。我们只能结合上下文来确定它的意思。

这种语言形式非常适合诗歌创作，所以他们的许多圣歌写得很美。可是，如果用它来表达具体的思想观点或记述过去发生的事，效果就差得多了。

我们很难分清哪些是预言，哪些是史实。

但当时的犹太人只能做到这一步，后来他们从邻国学来了亚兰文字，尽管仍有不成熟、不完善的地方，新的文字却发挥了极大的作用。

先知们从此可以把新思想传递给所有的犹太同胞，不管他们住在埃及、巴比伦还是爱琴海的岛屿上。先知们还可以规整过去形式模糊的祭拜活动，确立固定的程序。宗教及民事律法经过编纂整理，得以形成我们在《旧约》及《塔木德经》中看到的庞大法律体系。先知所扮演的角色也和过去大不相同了。他开始为孩子们讲解祖先的著述。他从四处奔波的活动家变成了潜心沉思的哲人，在书本的包围中度过一生。此后我们偶尔还会看到在民众中奔波、在集市上发表言论的先知。不过，由于培养先知的学校越来越多，先知的影响力也越来越小。

耶和华已不再是昔日大风吹袭的平原山岭上的耶和华。

他变成了一套法规戒律。他也不再在荒漠雷霆中向世人发话。人们只能在清冷的图书馆里寻找他的声音。先知变成了拉比，变成了教士，他们讲解、阐述、诠释、说明神的意旨，渐渐把其中的真意埋在了博学高深的注释和考证底下，日积月累，这个文献垃圾堆已变得无比庞大。

不过，这种新发展与其他类似的变革一样，来得并不突然。流亡岁月里也出现过几个杰出人物，与那些被公认为民族精神领袖的前辈相比毫不逊色。

其中有两位先知格外突出。

一位是以西结。

另一位，很不幸，我们不知道他的名字。他是"先知中的福音传道士"。他讲的是新观点，在以色列和犹大都没有人听到过类似的话。他的著述隐藏在《旧约》第二十三卷《以赛亚书》的后半部分。

这卷书共有六十六章。前三十九章可能是先知以赛亚所作,他生活在约坦、亚哈斯和希西家统治时期,早在西拿基立和尼布甲尼撒的时代之前,就预言了两个犹太王国的命运。

但是,最后二十六章明显是另一个人的手笔,作者生活在几百年后,措辞和文风都与前面的不一样。

没有一句说明,这截然不同的两部分就被拼凑到了一起,对此我们也不必觉得惊讶。我们说过很多次了,编纂《旧约》的人对这类问题不是太在意。不管在哪里发现自己欣赏的书卷,他们就直接拿来粘在一起,完全不经过今天我们所说的"编辑"这道程序。

这样一来,《以赛亚书》后半卷作者的身份就被写下前半卷的先知掩盖了。这倒也没有太大关系。作为"无名氏",这位诗人的名气已经超过了许多与他同时代的人——这些人的族谱是《旧约》中最枯燥乏味的内容。

他的作品之所以重要,是因为他对耶和华的权能及性格提出了新的、独到的见解。在他眼中,耶和华不再是一个闪族小国信奉的部落神明。耶和华的名写在天上,覆盖每一片土地。

他是世间所有人的主宰。

即使是强大的巴比伦王,还有与他势均力敌的波斯王(犹太人暗自将最终获救的希望寄托在他的身上)——这两个人自己没有意识到,他们也是唯一上帝的仆人。上帝的意旨就是所有人的法律。

但是,这个上帝不是残酷的上帝,不会憎恨那些不知道他的人。相反,就连那些住在黑暗中的人、从没听过他的名的人,同样可以得到他的爱与怜悯。

他不用令人生畏的云隐藏起自己,不容世人窥见。凡有眼睛能看的人都可以看到他,凡有耳朵能听的人都可以听到他的话。他是所有人的慈父,他是一位牧人,要引领执拗的羊群走向和平与公正的安全港湾。

这样的观点在当时太超前了。

流亡中的人们听了,大都觉得很不安。

他们不喜欢这种上帝爱所有人的话,这个小社群依靠每天的面包和心中的仇恨支撑着自己一天天活下去,他们不停地祈祷复仇的日子快点来,盼着耶和华把可恶的巴比伦强盗统统消灭。

于是他们急切地去向另一些人求助。这些人谨慎坚守着过去的严格教义,相信耶和华选中了(只选中了)亚伯拉罕和雅各的后代来做神谕的传达者,并且一直在预言将来有一天,所有国家都将拜倒在胜利者——新耶路撒冷的主人脚下。

流亡时期的著名先知当中,坚毅强硬的以西结最引人注目。

他出生在故国。

他的父亲是一位祭司,男孩在耶路撒冷的浓郁宗教氛围中长大,无疑曾听过耶利米讲道。

后来,他也成了一名先知。

他在当地似乎曾是一个有些名望的年轻人,因为巴比伦人占领犹大之后,他是第一批被逐出都城的,比后来大规模的流放早了好几年。

耶路撒冷陷落的消息传来时,以西结已在幼发拉底河南岸的村庄提勒亚毕安了家。

他在那里一直住到去世。

就文学水平而言，以西结的著作远不及那位无名氏的《以赛亚书》。他的文风刻板生硬。他本身也没有老一辈领袖人物身上那种吸引我们的人性魅力。这个人一点谈不上谦逊。

他经常故作兴奋，完全像是陷入了催眠状态。这时，他就能看到异象，听到神秘的声音。

但总的来说，他仍是一个很注重实干的人。

他和耶利米一样，坚持不懈地驳斥走上歧途的狂热分子，那些人认为耶路撒冷不可能被攻破，因为这座城是上帝选民的都城。

以西结警告他们说，光有信仰没有实际行动，是救不了国家的。

可是都城被占领后，很多信仰不坚定的人顿时对民族的未来失去了信心。以西结却昂首挺胸地站出来，告诉人们未来会更好。

他始终坚持他的预言：将来必有那么一天，圣殿将被修复一新，耶和华的祭坛上将再度流下牺祭公牛的血。

但他同时认为，这个重建的王国要想生存下去，犹太民族必须切切实实地进行一些改革。他非常详细地描述了改革内容。

这时的以西结扮演了他的希腊邻居——柏拉图的角色。

他根据自己对生活的认识，为我们勾勒了一个"理想国"。他巩固并强化了《摩西律法》的某些部分，过去有几种异教祭拜形式在这里找到可乘之机，掺杂到了敬奉耶和华的神圣仪式中。

整体而言，他主张重建大卫和所罗门的王国。

但在他构想的新王国里，生活及一切活动的中心应该是圣殿，而不是王宫。

先知认为，圣殿是耶和华的殿，而王宫不过是君王的住处。

二者的这一区别一定要铭刻在民众心里。

另外，普通人应该对上帝的神圣怀有深切的敬畏，应该明白上帝是远离尘世纷扰的神。

因此在以西结的理想国里，圣殿有两道高墙围护，矗立在开阔庭院的中央，时刻与民众保持威严的距离。

与圣殿相关的一切事物都是神圣的。

任何外邦人不得踏入围墙内的圣地。

除祭司之外，犹太人只能在极特殊的场合获准进入圣殿。

祭司应组成一个紧密的团体或行会。

只有撒督的子孙有资格担任这一圣职。

他们的权力应大幅增加，最终让他们成为国家的实际统治者，就像摩西当初设想的那样。

为加强祭司对普通百姓的约束，要大量增设宗教节日，要格外精心准备赎罪祭的祭品。

要在全民心中牢固树立终身有罪的概念。

不能允许私自献祭。

至圣所内一切与敬神相关的活动都应该以全民的名义进行。

在这种场合下，国王要担负起国家代表的职责。

在其他时候，他应该只是一个名义上的元首，没有任何实权。

过去，大卫和所罗门曾拥有任命所有祭司的特权。

现在，应从君王手中收回这项特权。

祭司阶层应成为一个永存的独立团体，国王应该是它的仆人，绝不是主人。

最后，耶路撒冷周边最好的土地应全部归祭司所有，确保他们能有一份不错的收入，还有，不能对他们希望通过的任何法规或教令提出异议。

这实在是一个古怪的方案。

但在以西结那个时代的人们看来却挺合理。只等圣殿重建,流亡的人们得以重返故乡,他们就准备建立这样一个刻板的宗教国家了。

这一天来得比大多数人预期的都要快。

在东面遥远的群山另一边,一个年轻的蛮族首领正在训练他的骑兵队。这个人将成为犹太人的弥赛亚,将他们从外邦统治中解救出来。

他的波斯臣民叫他"库鲁斯"。

我们称他为居鲁士。

第十五章　重返家园

一个波斯牧人部落踏上征战之路,摧毁了西亚的强大帝国。波斯王居鲁士准许流亡的犹太人返回自己的国家。然而大多数犹太人在宜人的巴比伦城市过得很好,选择了留在那里生活下去。只有一小部分人虔诚履行宗教义务,回到了满目疮痍的耶路撒冷,他们重建起圣殿,使这里成为世界各地所有犹太人敬拜耶和华的中心,不容置疑的、唯一的中心。

公元前7世纪初,一个名为迦勒底的闪族小部落离开了阿拉伯沙漠中的家,向北迁移。

他们历尽艰险,几次尝试进攻亚述都以失败告终,最后,迦勒底人与美索不达米亚平原东部的山地居民结下了盟约。

他们联手打败了亚述军队,占领并捣毁了古城尼尼微。

在昔日帝国的废墟上，迦勒底人的首领那波勃来萨建起了自己的王国，今天有的历史学家称之为新巴比伦，也有的叫它迦勒底王国。

那波勃来萨的儿子尼布甲尼撒继承王位之后，大大巩固了国家疆界。就像三千年前那样，巴比伦再度成为了古代文明世界的中心。

在与周边各国的常年战争中，尼布甲尼撒入侵并征服了犹太王国残存的那一小块，即犹大国，把犹大居民（也就是犹太人）从地中海岸边迁走，安置在幼发拉底河两岸的几个聚居区。

他与这些犹太子民保持着一种淡淡的关系，但双方相处得还算愉快。

暴君大都对算命很感兴趣，尼布甲尼撒也不例外。解梦解得好的人，在国王面前必然是受宠的。

先知但以理似乎就是这样一个人。

《旧约》中有一卷《但以理书》（实际上写于四百年之后），据书中记载，但以理是犹大王室子弟，与三个年轻的表兄弟一起被带到巴比伦，在迦勒底人的宫廷里接受教育。

这四个少年都是耶和华的忠实仆人。

他们一丝不苟地遵守着每一条圣律。

以一件事为例，他们拒绝吃宫中平常的膳食，坚决要求按古法烹制肉和蔬菜，他们祖先传下来的规矩详细说明了牛羊应当如何宰杀，蔬菜应当如何烹煮。

幸好迦勒底人比较宽容，脾气又随和，他们满足了这些小俘虏的要求。

几个男孩非常勤奋，求知若渴。

他们学完了巴比伦学校所能传授的全部知识，承诺要在他们寄居的这个国家做有用的臣民。

尼布甲尼撒统治末期,有一天,老国王做了一个梦。

他召集了手下的术士,命他们解梦,否则就把他们处死。术士们很自然地说:"请讲一讲您的梦吧,陛下,我们自当尽力给您一个解释。"

"我不记得这个梦了,"国王说,"但我肯定是梦见了什么。你们得告诉我,我做了什么梦,还有这个梦是什么意思。"

术士们纷纷讨饶。

他们恳请国王讲点道理。

"一个人自己都不记得的事,别人怎么可能告诉他呢?"他们叫道。

东方的暴君可不管这种琐事。

尼布甲尼撒二话不说,干脆把术士们都处死了。

那天他似乎心境不佳,不仅下令杀了这些失职的人,还命人把宫中所有术士巫师一个不留地统统处死。

一名军官被派往但以理和朋友们的住处,他们将和同行一样难逃厄运。

不过,但以理在很多方面都与约瑟相像,他和巴比伦宫廷里的军人交情不错。他请护卫长宽限一点时间。

在此期间,他要想想有什么脱身的办法。

他躺下睡觉,耶和华马上向他显明了尼布甲尼撒不经意间忘记的梦。

第二天早上,护卫长亚略带着但以理去见尼布甲尼撒。国王还在为他的梦忧虑不安,愿意给这外邦青年一个机会。

但以理首先讲了国王的梦，那是一个怪异的故事，与四百年后的政治事件有关。

然后，他解释了这个梦。

因为他的聪明才智，国王对他感激不尽，于是任命他为巴比伦城总督，并让他的三个伙伴——沙得拉、米煞和亚伯尼歌分别掌管三个富饶的省。

一切都很圆满，只可惜好景不长。据这卷书的无名作者记载，尼布甲尼撒年迈昏聩时，沉迷于一种偶像崇拜，对此，犹太人和明智的迦勒底人都觉得难以接受。

国王命人造了一座巨大的塑像，足有九十英尺高，九英尺宽，从头到脚包裹着黄金。这金像立在杜拉平原上，从远近各处都能看见。号角齐鸣的时候，全国上下所有的人都要在金像前匍匐敬拜。

但是沙得拉、米煞和亚伯尼歌不能这么做。他们牢记着《十诫》中的第二条戒律，拒绝服从王命。所有人俯身下拜时，沙得拉、米煞和亚伯尼歌依然站得笔直。

他们知道自己会为此受罚。

三个人被带到尼布甲尼撒面前，国王下令把他们扔进一座熊熊燃烧的火炉。为防止罪人逃脱，那火炉烧得比平常热七倍。

沙得拉、米煞和亚伯尼歌被捆住手脚，扔进了烈火。

可是，看啊！第二天早上炉门打开时，三个年轻人竟然毫发无损地走了出来，看上去就像是刚去游了泳回来。

尼布甲尼撒这下相信了，耶和华在众神之中是至高无上的。他不再拜什么偶像，比以往更加厚待几个被掳来的犹太人。

然而没过多久，他突然得了一种奇怪的神经疾病。

他想象自己变成了一头动物，行走时四脚着地，发出"哞哞"的叫声，他在一片田野上像牛一样吃草，最后凄惨地死去。

以上内容都出自《旧约》中据说是但以理所著的一卷。现代学者经过悉心的考证研究，认为这卷书大约写于公元前167年至公元前165年的某个时候。当时犹太人对自己的宗教义务非常漫不经心。作者发挥创作的自由，把故事设定在了尼布甲尼撒统治时期。他在文中加入完全虚构的火炉一节，也许是为了告诉同胞，那些坚信耶和华与自己同在的人，信仰可以为他们发挥怎样的力量；他安排尼布甲尼撒惨死，是因为如此不幸的结局必定会让犹太读者高兴。

作为宗教道德的传授者，他自然有权这样写。但是关于这位伟大的迦勒底国王，我们掌握了大量来自巴比伦的史料，知道这并不是他的最终命运。他于公元前561年平静离世，六年后，那波勃来萨开创的王朝宣告终结，一位名叫拿波尼度的将军篡夺了王位。

这位拿波尼度似乎有一个名叫伯沙乌色的儿子或女婿，与他共掌大权。

《但以理书》称此人为"伯沙撒"，根据犹太传说，他是巴比伦的最后一位国王。但是，我们在这里又一次遇到了与史料冲突的叙述。在《旧约》同一章里出现的玛代人大利乌，有可能是指波斯人大流士，而他应该是一百年后的人物；另外，伯沙撒是在巴比伦向波斯人投降之后，过了几个月才被杀的。

不过，巴比伦遭敌人突袭之前，城中的确举行过一场盛宴，历史学家希罗多德和色诺芬都证实了这一点。正是在这场喧闹的欢庆活动中，但以理作为预言未来的先知，声名鹊起。

据说，伯沙撒邀请了一千多位王公权贵来赴宴。他们又吃又喝，酩酊大醉的人吵吵嚷嚷，大厅里一片嘈杂。突然，在国王御榻对面的墙上，出现了一只手。

它无声无息地在石头上写下四个词。

然后，它就消失了。

很奇怪，它写的是亚兰文。难怪国王不认得。他派人找来术士，可他们也解不出这几个词的意思。这时，有人想起了但以理，正如一千年前，有人在法老的宫中想起了约瑟。

但以理来了。他通晓各种神秘的书写方式。他先从上向下看，然后向上，接着再向下。这是他看到的字母：

M	U	P
E	L	H
N	E	A
E	K	R
M	E	S
E	T	I
N	E	N

这是他拼出的词：MENE MENE TEKEL UPHARSIN。

即使这样排列出来，这仍像是一串没有意义的字母。

"mene"即迈纳，是犹太货币或重量单位，大约合五十谢克尔。

"tekel"就是我们所说的谢克尔。

下一个单词前面的字母"u"只是一个起连接作用的前缀，而"pharsin"翻译过来可以是"半迈纳"，也可以指波斯人。

这样看来，这几个词的意思可能是："尼布甲尼撒是一迈纳。尼布甲尼撒是一迈纳。"（重复以表示强调）"伯沙撒，你不过是一谢克

但以理破解神秘文字

尔。波斯人是半迈纳。"

翻译成直白的话就是:"伟大的尼布甲尼撒建起的大帝国,伯沙撒王啊,如今因你的无能缩成了一个小王国,不久还将被波斯人分割成两半。"

不过,这是一个文字谜,我们就不和它多纠缠了。

但以理似乎是把几个名词当作了动词"清点""称量""计数"的过去分词。

对于这个可怕的谜语,他给出了下面的解释:

"耶和华已将你放在天平上称量过了,伯沙撒王,他发现你不合格。"

伯沙撒封但以理做了总督,一来奖励他解谜有功,二来也是想借此讨好犹太上帝。

然而这份荣誉没有什么意义。波斯人已经到了巴比伦城下。帝国剩下的日子的确是屈指可数了。

公元前538年,居鲁士由水路攻进了城。

他饶了国王拿波尼度的性命。不久之后伯沙撒企图发动革命反抗入侵者,被居鲁士杀死。

居鲁士将巴比伦变成了波斯的一个省,仅仅半个世纪之前,巴比伦人也是这样把犹大国变成了自己的一块附属领地。

至于《但以理书》中提到的玛代人大利乌,除了这个名字,我们对他一无所知。居鲁士就不一样了,他是古代的著名英雄,我们不能不讲一讲。

他统治下的波斯人属雅利安人种,也就是说,他们与巴比伦人、亚述人、犹太人、腓尼基人不同,不属于闪族,而与我们的先祖同属一支。最初,这些波斯部落似乎是居住在里海东岸的平原地带。

在某个不详的年代,他们离开故乡,开始了一次大迁徙。

有一小部分人向西去,在欧洲原住民中安顿下来,很快就把那些当地人都杀死或驯服了。

其他人一路南下,征服了伊朗平原和印度平原。波斯人与米堤亚人共同占领了几片山区,这些地方经历过亚述人的无情征讨之后,已变得人烟稀少。

波斯人在这里组织形成了一个类似于牧人共同体的国家雏形。奇异的波斯王国就从这样不起眼的萌芽开始,逐步发展壮大,在居鲁士开疆拓土的征战中成长为一个帝国。

居鲁士是一个非常了不起的人。只有在阴谋和外交手段不成功的情况下,他才会动用武力达成自己的目的。在进军巴比伦之前,他先把这座强大的城市同它过去所有的属国和盟友分开,将其孤立。

这是一个缓慢的过程。

将近二十年的这段时间,对流亡的犹太人来说是极为激动不安的一个时期。

他们从一开始就怀疑,这位居鲁士或许就是弥赛亚,他将在耶和华的激励下,把他们从巴比伦的束缚中解放出来的。犹太人屏息关注着他的每一步动作。起初,他们听说居鲁士同卡帕多细亚人开战了。

过了一阵,他们听旅人说,他与克罗伊斯打了起来,克罗伊斯是吕底亚国王,与制定希腊法典的梭伦私交很好。

接着又有传言说,居鲁士到了小亚细亚,正在那里组建一支船队,准备进攻希腊。

一群先知几乎是痴狂地关注着这个人的战绩。每当传来波斯打了胜仗的消息,所有人立时开始高唱颂歌,赞美希望。

他们坚信,巴比伦的覆灭指日可待。这座邪恶的城市不听耶和华的话。

耶和华就要为它犯下的罪行惩罚它了。

最后,当梦幻终于成真时,被掳来的犹太人在狂喜中庆祝了巴比伦的陷落。他们随即冲到新主人面前亲吻他的双脚,请求他准许他们返回故国。

居鲁士没有反对。

他一向以自己的宽容大度为傲。

曾经臣服于巴比伦王国的各个部族当即获准各回家乡。而且,居鲁士还有更进一步的举措。

对于其他人的个人主张,他似乎是抱着罗马人那样的放任态度。

如果犹太人、腓尼基人或西利西亚人更喜欢自己的神,不喜欢波斯的神,那是他们的事。

他们可以照自己的意思修建神庙。

他们可以在神庙里摆满神像,也可以不摆,愿意怎样都行。

只要他们按时纳税,服从国王派去的总督,他们可以按照最适合自己的方式安排政治和宗教事务,而国王会确保无人敢去干涉。

除此之外,让流亡的犹太人全部返回迦南还有一条重要的实际意义,对这位精明的君王很有吸引力。他希望把波斯建设成一个海上强国。

腓尼基城镇已在他的掌控之中。

但在腓尼基与巴比伦之间,是巴勒斯坦荒废的土地。

这片荒漠需要重新有人迁入居住。

巴比伦人在这方面做过一点尝试。他们曾向昔日的以色列国输送移民。当地残留的一些居民过着半饥半饱的日子,新移民就在他们当中安顿下来。这些人混居在一起,渐渐形成了一个新民族,名为撒玛利亚人,今天在巴勒斯坦北部的一些村庄里仍可以看到他们的后裔。

这个民族一直不是很兴旺。它是一个奇特的混合体,包含了希伯来人、巴比伦人、亚述人、赫梯人和腓尼基人,犹大国纯血统的犹太人对他们极端鄙视。居鲁士着手整治巴勒斯坦时,第一件事就是寻找当年被掳走的以色列人的后裔。可是,那些人和他们的后代消失得无影无踪。他们已经完全与巴比伦邻居融为了一体,从公元前538年直到今天,他们的归宿始终是个谜。

犹太人的问题就比较简单了。他们很好地保持了民族完整性。

公元前537年，国王颁布了一道法令，敦促他们立即返回耶路撒冷，同时准许他们重建圣殿。法令将四十多年前被尼布甲尼撒掠到巴比伦的所有金银器物归还给犹太人，并鼓励他们把耶路撒冷建成一座新都城，重现人们记忆中的所罗门时代的辉煌。

经过半个世纪的祈祷，先知的话终于应验了。

耶和华的孩子们可以回家了。

犹太人可以自由地走出这座牢笼。

可现在大门敞开了，真正回家的人却寥寥无几。

大部分人不声不响地留在了巴比伦，或是搬到了埃克巴坦那、尼普尔、苏萨或波斯帝国的其他大城镇。只有很少一部分人不畏艰险，踏上了穿越沙漠的漫漫征程。他们都是虔诚的人，认认真真地履行着自己的宗教义务。

在耶路撒冷的废墟上，他们建起了一个新的国家，拒绝一切外来影响，全心全意地敬奉耶和华。

对于这些回到巴勒斯坦的人，但以理本该是理所当然的领袖。

然而但以理老了，已经不能远行。波斯人待他很好，保留了他的职位。曾经有一阵子，有人对他的忠诚提出质疑，因为国王下了一道令，一个月内禁止向任何人或神祈祷，但以理在此期间却照旧向耶和华祷告。他因为违背王命而被判处死刑，扔进了狮子群里。

可是，猛兽不肯吃这样圣洁的先知。到了早上，但以理走出狮子笼，全身没有半点损伤。从那以后，再也没有人去骚扰他了。

确定但以理不能长途跋涉之后，波斯人需要另外物色一个人，到新设立的犹大省去担任总督。

他们选中了一个名叫所罗巴伯的人，他是从前犹大国王的远亲。

所罗巴伯去了耶路撒冷，与大祭司约书亚一起开始了重建工作。

这不是一项轻松的任务，整座城都需要重建。城周围的大部分土地都被撒玛利亚人擅自占用做了农田或牧场。这些人当然不愿意被赶走，于是绞尽脑汁给新来的人出难题，让他们的日子不好过。

撒玛利亚人本来也想到圣殿工地上干活，老老实实赚钱。可是人家说，圣殿不要异教徒，他们申请也没用。

为了报复，他们给居鲁士送去匿名密报，警告波斯王说有人谋反，一旦圣殿完工就要让犹大国独立。

居鲁士是一个大忙人，没空理会犹太人造反之类的琐事，不过多一点小心总没坏处，他下令暂缓修圣殿，等把事情调查清楚再说。

不久，居鲁士去世，人们也就忘了这件事。几年过去了，建了一半的圣殿墙头杂草丛生。这时，先知哈该来到了这里。他谴责所罗巴伯懒惰怯懦，让他继续建圣殿，不管有没有得到国王批准。

所罗巴伯正需要一点鼓励，听完马上答应先知照办。他召集了工人，重新开工。

可是，撒玛利亚总督达乃又来找他的麻烦，质问他有什么权力修建这座圣殿，明明看上去越来越像一座常规的防御堡垒。所罗巴伯回答说，这是多年以前居鲁士批准的。达乃把所罗巴伯的话上报到王宫。这段时间里，居鲁士之后的国王冈比西斯也已去世，现在继位的是大流士。大流士下令查找档案。事情变得越来越复杂。幸好，当初居鲁士签发的敕令找到了。

达乃于是不再阻挠。四年后，圣殿竣工。

陆陆续续地，又有少数流亡的人回到祖国。但是，大部分犹太人仍住在埃及、巴比伦和波斯的各大商业重镇。只要条件允许，他们就回圣城来庆祝重要的宗教节日。他们郑重地把耶路撒冷奉为自己的精神家园。可是这座地处内陆的小都城,街道又窄又脏,作坊冷冷清清,不能为世俗意义上的成功提供什么机会。

献过最后一份祭品,唱过最后一首赞美诗,访客们便匆匆离开,各自赶回他们在苏萨或达夫尼的帐房去了。生为犹太人,他们感到自豪,他们也深爱耶路撒冷,只要别让他们一年到头住在那里就好。

这样一来,他们变成了一颗心同时向着两边,这种不正常的状态在接下来的四百年里成了祸端,给人们带来许多痛苦。犹太人散居各地,安安静静地生活在波斯人、埃及人、希腊人、罗马人当中,但是,他们从来没有接受过这些国家的风俗习惯。

无论在哪里,他们都建起一个国中之国。

他们生活在自己的小圈子里。

他们有自己的神庙。

他们禁止子女与那些根本不知道耶和华的当地孩子接触。他们宁肯杀了自己的女儿,也不会允许她嫁给一个异教徒。

他们吃的食物与当地人的不一样,烹煮方法也不一样。

他们小心翼翼地遵守着当地的法律,但除此之外,他们有自己的一套极为严格且复杂的法律。

他们有自己喜欢的服饰,穿着打扮与当地人截然不同。

他们一丝不苟地过自己的节日,而其他居民完全搞不懂这些活动。

对于自己无法理解的邻居,人们往往会产生怀疑。犹太社区与周围格格不入,犹太人公开鄙视其他民族敬奉的神明,自己人之间又很团结,这一切让他们很难赢得邻居的好感,而且常常引发长年激烈的矛盾。

公元前5世纪初，因为这样一场纠葛，波斯的犹太人遭受重创，一度面临着灭绝的危险。

我们无从得知这次矛盾大爆发背后的深层原因，但事件始末都详细记录在《以斯帖记》中。

《以斯帖记》是《旧约》所谓历史书部分的最后一卷，和《但以理书》一样，写于薛西斯死后几百年，只是在这一部分内容上，没有波斯文献可供我们参考。我们对波斯国王薛西斯有不少了解，这个人险些一手毁灭了欧洲大陆的新兴文明。他软弱无能，从他对待自己妻子的态度上，就可以清楚地看出他的品性。

薛西斯（犹太人称他为亚哈随鲁）在一场颜面扫尽的争吵之后废黜了他的王后。当时国王喝醉了，而王后也有了醉意。两人恶语相向，结果王后瓦实提被赶出了王宫。

薛西斯转头就开始在全国诏选新后，选中了年轻的犹太女子以斯帖，她是一个孤儿，由堂兄末底改收养。末底改在民间是有威望的人，宫廷里对他印象也很好。

以斯帖住进了后宫，末底改常去看望她。

一天，在候见室里，他无意中听到两个人在密谋刺杀国王。末底改向以斯帖报了信，以斯帖又告诉了国王。那两个人被抓起来处死了，可末底改被忘在了一边，他救了国王的命，却没得到任何奖赏。

末底改并没把这件事放在心上。他家中富有，不需要钱；况且他曾是王后的监护人，已经得到了数不尽的荣誉，他知足了。但是，他的地位骤然上升，现在的显赫身份也给他带来了不少敌人。

当时，一个名叫哈曼的阿拉伯人是薛西斯极为宠信的大臣。哈曼所属的亚玛力部落是犹大人的凤敌,所以他很看不起末底改,而末底改也以由衷的鄙视回敬他。

哈曼要求末底改每次见面时向他跪拜,末底改坚决不肯。两人到国王面前理论。国王说不要拿这种事来烦他。从此以后,两个人彼此恨得咬牙切齿。为这样一件小事大动肝火似乎不值得,但三千年前的人们不这么看。

哈曼是一个危险的敌人。他不停地在薛西斯耳边吹风,让国王对昔日俘虏的后代起了疑心。他让国王看他们的豪宅,看他们多么风光。国王从没见过大多数犹太人居住的贫民窟,于是就信了这些话。哈曼没费多少力气就哄着这位昏君签了一道旨意:将全国的犹太人全部处死。

这道可怕的王命就由哈曼负责执行。他和所有刻薄的人一样,开始慢慢地、细细地布置这件事,因为他要把复仇的乐趣享受到极致。他用抽签的办法确定哪个月最适合一总处决耶和华的信徒,结果选定了2月。他有充裕的时间命人在一座山顶上立起一个绞刑架,到时候可以把他的死敌末底改"挂得比谁都高"。

这项暗中进行的计划牵扯到方方面面,很快就不再是秘密了。末底改紧急求助,以斯帖没有预先通报,突然出现在国王面前,请求宽恕她的族人。

薛西斯起初很生气,但后来想起来,末底改救过他一命,现在把种种证据拼凑起来,相互印证,他渐渐看清了哈曼如何为报私仇误导了自己。国王当即派信使骑着快马奔赴全国各地,警告犹太人防备哈曼策划的屠杀。至于哈曼,他被吊死了,就在他原本打算吊死仇敌末底改的那个山顶上。

哈曼密谋屠杀犹太人

阴谋被详细披露后,犹太人这才明白自己逃过了怎样的一场劫难。他们决定永远记住这一重要事件。

从此,每逢巴比伦历的亚达月(公历2月至3月间)13日到15日,他们都要隆重欢庆"普珥节"。

节庆期间,在每一个犹太社区,人们都要高声诵读《以斯帖记》,共同诅咒哈曼。富人要慷慨周济穷人,以纪念那位在危难关头拯救了族人的好王后。

当时已经回到耶路撒冷的虔诚信徒并不接受这种新事物,很长一段时间里,他们拒绝庆祝一年一度的普珥节,认为它"外国味道"太浓。但这个节日,虽然有可能源起于亚述或巴比伦的古老节庆,被犹太人赋予了新的形式之后还是迅速流传开来,并且一直延续到了今天。

以斯帖的故事充分显示了波斯国王统治期间,侨民群体有着多

第十五章 重返家园 | 255

哈曼被吊死在自己
预备的绞架上

么强大的影响力。

与他们的聚居区相比,故国却是一片黯淡,当时的各种记载似乎一致描述了耶路撒冷的萧条。

圣殿勉勉强强重建起来了,可城墙依旧是残垣断壁,商业和贸易也一直不见起色。所罗巴伯已经去世,继任的几位因为资金匮乏、人口凋敝,想改善现状也是有心无力。

终于,侨居海外的犹太人决定为祖国做点贡献。他们给一位名叫以斯拉的祭司一笔钱,请他回犹大去了解情况。以斯拉招募自愿随行的人,却没几个人响应。他一次次劝说,最后说服了大约五百人和他一起回去。

经过四个月的跋涉,这队朝圣者远远望见了古老的圣殿。

然而以斯拉发现,耶路撒冷的状况糟透了。新移民(这里的人的确就像来拓荒的新移民)从周围村庄娶回了异族女子。

流亡中的犹太人

对于自己的宗教义务，他们已变得非常漫不经心。

犹大眼看就要变成第二个撒玛利亚。

以斯拉及时出现，在精明能干的助手——做过波斯王亚达薛西贴身侍从的尼希米协助下，开始全面整顿这个日渐衰败的国度。城墙终于得以重建。街道上的垃圾清理一空。娶来的外邦女子被打发回各自的娘家。圣殿大门外搭起了一座木头的讲坛，以斯拉定期在那里宣读并讲解神圣的律法，让人们时刻牢记自己的责任。

但这时，古城仍有一大半是荒废的区域，无人居住。

这种情况构成了时时存在的威胁。所罗门时代人丁兴旺，当时精心设计的城墙体系，现在想找到足够的人来防卫都很难。以斯拉果断采取了措施，增加必要的人口。

所有住在邻近乡村的犹太人，通过抽签抽出十分之一移居到耶路撒冷城里。少数人心甘情愿地搬了进来，被赞为无私的爱国者；

其余的人则是被强行迁到了城里。

然而，重建之后的耶路撒冷依然无法与当年相比。身兼政治及商业重镇的那段日子已经成为过去，一去不回。

以西结的梦想永远不可能实现了。

但不久以后，这座城市将迎来一位伟大的先知，撰写《以赛亚书》的"无名氏"早已预言了他终将出现。那位作者，当流亡的同胞都在缅怀昔日的辉煌时，他却勇敢地把目光投向了未来。

第十六章 杂 卷

讲讲《旧约》中形式各异的杂卷。

《旧约》就像是犹太民族的一本剪贴簿,内容包括了历史、传说、家谱、爱情诗和赞美诗,经过多次分类、编排、再分类、再编排,全然不考虑年代顺序或文字润色。

假设世上从来没有一部美国史,到了公元2923年,一位爱国的公民决定自己编一部。他很可能从头到尾浏览各大报纸杂志的合订本(如果能保留到那时的话),把看上去比较重要的文史资料全部搜集到一起。

但是,除非他真正具备完成这项工作所需的一切素养,否则他编出来的作品从很多方面来说都将与《旧约》相似。

书中会有一些早期印第安人的奇特传说,讲述神秘的创世故事；还会有专门在周日念给孩子们听的故事，讲哥伦布的伟大发现，讲第一批拓荒者在查尔斯河以及哈得孙河沿岸经历的种种艰辛。

然后，该详细说如何把十三个州（就像十二个犹太支派）组建成一个统一的国家了，这方面有大量的资料留存下来。

这个新国家经历的风风雨雨要详加叙述，南北战争更是其中的重头戏，那场内战险些把美国分裂成两半，就像犹大和以色列。

除了讲这些历史，书中还应该收录有五花八门的诗篇和歌曲，这是民族遗产中不可缺少的组成部分。

如果这位爱国公民与耶路撒冷和巴比伦的文书一样，在编写史书方面缺乏专业训练，我们恐怕会看到，征服大西部的章节里穿插了零散的诗歌，有朗费罗、惠蒂埃，还有爱默生的作品；讲述购买阿拉斯加的章节里，加入了有关独立战争的内容；提到罗斯福的时候，会说几乎所有的重大国策都是由他制定的。

这本假想中的书当然不可能是一部很可靠的历史要览。在当今这个时代，这倒不是什么大问题。我们可以去法国、英国和西班牙，那里的图书馆应该不会和巴比伦的图书馆一样，被毁得所剩无几。借助其他国家的馆藏资料，我们可以相当轻松地拼凑起美国的过去。

但在《旧约》的问题上，这种方法却是行不通的。无论埃及人、亚述人、迦勒底人还是波斯人，都很少关注这个虔诚得有点古怪的部族，在寄居的国家里，他们一向游离在外，从不融入当地的生活。

所以大体上说，我们的信息来源只有古代希伯来语和亚兰语文献。虽然前面已经说过，但在这里还要最后再强调一遍：这一点至关重要，千万不能忘记。

到目前为止，我们尽最大努力讲述了传说中的时代以及有历史记载的时代。下面，我们一定要讲讲纯粹由诗歌构成的《旧约》其余各卷，这是犹太文学中最具魅力的组成部分。

我们已经讲过路得的故事。《约伯记》同样描写了昔日犹大村庄里的淳朴生活，但故事性质完全不同。

这是一个非常非常古老的故事，流传很广，讲的是一个虔诚的人，他经历了各种痛苦的考验，但始终坚信一切最终都是对自己有益的。他不明白为什么这些可怕的事情都降临到自己头上，为什么自己突然得了重病，为什么他这样一个"智者"享受不到学识带来的好处，为什么他这样一个慈父失去了所有的孩子。

他虽不明白，但仍是默默地顺从了命运的安排。

他没有争辩。

他只是忍耐。

但文学爱好者之所以珍爱《约伯记》，还是因为他见到三位老朋友以后，几个人之间那些令人难忘的对话。

约伯坚定地认为，这一切痛苦都是为了拯救他这卑微的灵魂。他或许不懂耶和华的意图，但耶和华必定是对的，而无知的他必定是错的。

最后，这番考验终于结束了。约伯又变得和从前一样富有，他又娶了妻，生了七个健壮的儿子、三个美貌的女儿。他活到了一百四十岁，他的财富和名望在当地无人能及。

《约伯记》之后是《诗篇》。

英语"诗篇"一词来自希腊语，原是指一种弦乐器，有可能起源于腓尼基，一度在西亚非常流行。这是一种用于节庆场合的乐器，为唱圣歌的人们伴奏，像今天的曼陀林一样，要用拨弦片弹奏。

它的音域不宽，只能弹出十个音符，但发挥了很大的作用。

它就像现代的管风琴，能帮助人们唱对音调。

《诗篇》涵盖的题材丰富多样，丝毫不亚于《牛津英国诗选》中收录的近六个世纪的诗歌。

诗中所写的内容从至善到至恶以及极端的复仇欲望，包罗万象。这里面有迄今发现的最古老、最美的自然景物描写。虔诚的人们所感受、梦想、祈祷的一切，都被融入了这些洋溢着希望和抚慰的美妙字句中。《诗篇》几乎覆盖了犹太民族生活的各个阶段。有的诗写于王国时期，有的写于大流亡时期。日久天长，它们渐渐成为各种宗教庆典的固定组成部分，后来也被基督教会采用。它们为后世的许多大诗人提供了灵感。它们被译为各国文字。西方最伟大的作曲家为它们谱了曲。即使用一种完全无法听懂的语言朗诵，我们依然能感受到这些诗的深沉庄重。

不论将来《旧约》中大量的历史书和先知书命运如何，只要人类仍相信一切形式的美都是神圣而值得珍惜的，《诗篇》就会一直流传下去。

《箴言》就不是这样了。

这是不带一丝想象和激情的一卷书。

书中内容正如标题所示，是几代老于世故的长者留下的箴言。

自古以来，每一个国家都有类似这样的谚语集。美国早期开拓者积累的常识构成了这个国家的坚实根基，许多谚语已经传播到了全世界。

中国人的伟大导师孔子的至理名言，几乎也都是这类温和宽容的劝诫，揭示人的愚蠢和神的耐心。今天我们把整整两代人的善意警句都认定为亚伯拉罕·林肯所作,波斯统治时期的犹太人也一样,所罗门是他们心目中最了不起的民族英雄,所以他们宣称这些平实的智慧是他的杰作。

实际上,大部分箴言的创作时间都在那位伟大君王死去四百年后。当然了,这一点其实无关紧要。即便《箴言》是昨天才搜集整理出来的,它的价值并不会因此而打折扣。这里面的文字让我们看到了普通百姓的观点,比十几卷历史或预言书更好地折射出古代犹太人的思想。

下一卷书名为《传道书》,是一卷纯粹的宗教书。

它很枯燥,但充满人性光芒。

它深入探讨了人生和信仰的问题。

据说这卷书的作者是一位很有名的犹太医师,书中内容反映了略显疲惫的个人见解。

按平均寿命来说,人生在世七十年,这七十年的劳碌忧虑有什么益处呢?他这样问道。一切终将进入坟墓。

好人会死。

恶人会死。

所有人都会死。

这一切究竟有什么意义?正直的人受迫害。不敬神的人发了财。人世间的苦难都是没道理的吗?

"虚空的虚空,凡事都是虚空。"这种观点贯穿了全卷十二章。

犹太人和其他东方人一样,是一个情绪化的民族。

他们有时高居在快乐的巅峰,有时又跌入阴沉愁闷的深渊。

文学作品就是他们的音乐。

伤心沮丧时，他们听《传道书》，这卷书有肖邦练习曲那样忧郁的美。

高兴时，他们诵读欢欣的《诗篇》，海顿《创世记》的开篇旋律很好地呈现了这些文字。

人会变，但人的灵魂不会变。今天，聪明的人同样可以从这些诗歌中得到慰藉。我们此刻经历的痛苦，过去已经有人体验过，往后还会有更多的人体验到。

有些东西，曾让千年前的人看到新的希望，或许有一天也能让未来的人生出新的勇气。

人虽然在变，人的悲伤快乐却是不变的，与亚伯拉罕和雅各那个时代的人没有什么不同。

《旧约》杂卷的最后一卷很奇特。它叫作《雅歌》，或叫"歌中之歌"。这并不是一部歌集。称它为"歌中之歌"，是为了表明它在文字上的完美，意思是说："这是所有歌中最美的一首。"就好像我们赞美一生中最幸福的一天是"黄金的日子"。

《雅歌》实际上是一首非常古老的爱情诗。传说中的作者当然是所罗门——以他的显赫威名来看，这似乎是难免的。但不管怎么说，他的确是这首著名抒情诗中的男主人公。

女主人公是一位牧羊女。

国王偶然见到她，把她从家乡书念村带走了。

他在后宫中赐给她显贵的地位。

他想博得她的青睐。

可是她，一位淳朴的书拉密女子，依然钟情于自己那位放羊的情郎。她住进了王宫深处一间漂亮的宫殿，却仍是一心念着她和情郎在山间牧羊的快乐时光。

她一遍遍回想两人说过的话。夜晚,她梦见情郎强壮又温存的臂弯。最后,诗的结局和类似的爱情故事一样,有情人终成眷属,皆大欢喜。

《雅歌》不是一本宗教书,但它让我们第一次看到,世界终于迎来了一种非常美好的新变化。

上古时代,女人曾像负重的牲口。

她属于俘获她的男人。

她在这个男人的田里干活,为他放牛,为他生养后代,为他煮饭,把他服侍得舒舒服服。她得到的回报,却只是他的残羹剩饭。

然而这一切都开始改变了。

女人渐渐得到了本该属于她的权利。

她获得了与男人平等的地位。

她是他的伴侣。

她点燃他的爱,接受他的爱。

在这种相互尊敬、彼此爱恋的坚实基础上,一个新的世界即将诞生。

第十七章　希腊人来了

就在我们前面讲到的一系列事件发生时,世界正迎来一场巨变。希腊人的天赋才华把世人从古代的无知和迷信中解救出来,为现代社会的科学、艺术、哲学和治国策略奠定了基础。

在其东边很远的地方,腓尼基船只的紫色帆影消失的地方,有一个地势崎岖的希腊半岛。

这是一个小国,比今天美国的特拉华州大一点,但还不及南卡罗来纳。不过,生活在这里的民族将在人类历史上扮演至关重要的角色。

希腊人和犹太人一样,是外来的移民。

在亚伯拉罕赶着牲畜西行寻找新牧场的时候,希腊军队的先头部队正在奥林匹斯山的北坡探查情况。

比起摩西和约书亚想在迦南立足时遇到的困难,希腊人面临的问题要简单一些。

佩拉斯吉人是伯罗奔尼撒和阿提卡地区的原住民,他们弱小,未开化,还没有脱离石器时代晚期的生活模式。一支装备了铁矛的军队轻而易举地征服并消灭了他们。

希腊人随即建起高墙环绕的小城邦,安顿下来,为文明发展打下基础,从那时起,希腊文明就成为了欧美所有国家共同的财富。

希腊人起初没有太在意隔海相望的那些国家。他们征服了爱琴海诸岛,但是没考虑过到亚洲争一块地盘。腓尼基人继续把持着海外商贸,希腊人的活动范围很少超出马勒斯角或达达尼尔海峡。

在耶弗他和参孙那个时代,曾有过一次令人难忘的例外:希腊人发动了远征特洛伊的著名战役。不过,他们为斯巴达国王墨涅拉俄斯报了夺妻之仇,之后就凯旋了,几乎没再迈出过帕加马和哈里卡纳索斯这两个偏远港口。他们没兴趣知道弗里吉亚的蓝色群山另一边有什么。对于雅典的居民,巴比伦只是一个地名。对于过着苦行生活的斯巴达战士,尼尼微也没什么吸引力。他们说起这些神秘的城市,就像我们的祖辈说起廷巴克图和拉萨。

对他们来说,迦南是一片全然陌生的土地。

他们从没听说过犹太人。

但是公元前5世纪,这一切都改变了。

欧洲人没有去亚洲,亚洲人却试图向欧洲扩张。

这次算不上正义的尝试差一点就成功了。

我们前面提到过居鲁士。在被囚的犹太人眼里,他是作为救星出现的,是他让圣殿恢复了往日的光彩。

希腊人却有理由从不同的角度看待他。

希腊人的世界

居鲁士本人一直忙于巩固他的帝国,没空进军美索不达米亚平原以外的地方。但他死去八年之后,希斯塔斯佩司的儿子大流士登基,古希腊从此没有了安宁。

在长时间的准备之后，波斯军队跨过达达尼尔海峡，攻占了色雷斯。那是公元前492年的事。远征军在圣山附近遭遇惨败，希腊人认为这是他们的伟大神明宙斯及时相助的结果。

两年后，波斯人卷土重来。

在马拉松，他们被挡住了。

在这之后，他们又进行了两次尝试。尽管他们在温泉关一带摧毁了一支希腊军队，洗劫并焚毁了雅典城，但波斯人始终没能在西方大陆占据一块永久的立足之地。

这是古老的亚洲文明与新兴的欧洲文明第一次发生碰撞，欧洲保持了不败。

希腊人在战场上获胜之后，迎来了一个思想与艺术空前发展的时期。

短短一百年时间里，在希腊诞生的科学家、雕塑家、数学家、医生、哲学家、诗人、剧作家、建筑师、演说家、政治家和法学家，比任何一个国家在过去两千年里培育的还要多。

雅典成为整个文明世界的中心。

人们从四面八方来到阿提卡，学习优雅的礼仪和精妙的思想。

汇聚在雅典卫城脚下的人群中，或许也曾有过几个犹太人。

但我们有理由对此表示怀疑。

耶路撒冷从未听说过希腊都城，让西方人充满好奇的那些事物，正是巴勒斯坦的狂热信徒所不齿的，对他们来说，了解了耶和华的意愿，就了解了世间的一切。

他们不知道、也不关心异教领地上发生的事情。

他们去他们的神庙。

耶路撒冷被遗忘了

他们在新设立的犹太会堂里聆听祭司的告诫。他们只管自己的事。

他们那样默默无闻地过着日子,对于他们在这一时期的历史,我们一无所知。

耶路撒冷被遗忘了。这正是虔诚的犹太人祈盼的。

第十八章 犹大,一个希腊行省

一个世纪以后,一名年轻的马其顿领袖在一流的希腊学校里接受了教育,决心要把希腊文明传播到全世界。他征服了亚洲。犹太人的国土被亚历山大的军队侵占,沦为马其顿王国的一个省。亚历山大死后,他手下一位名叫托勒密的将军在埃及称王,并将巴勒斯坦省纳入了自己的版图。

犹太人在波斯生活了很长时间,那些年里,他们接触到一种新的宗教体系。波斯人崇奉一位伟大的宗教导师,名叫查拉图斯特拉,又名琐罗亚斯德。

查拉图斯特拉认为生命就是善与恶的一场不间断的较量。智慧之神奥尔穆兹德和愚昧及邪恶之神阿里曼永远处在交战的状态中。

对大多数犹太人来说,这是一个全新的概念。

查拉图斯特拉

此前他们认定世间万物只有唯一的一个主宰——耶和华。每当遇到不如意的事,每当打了败仗或受到病痛折磨,他们总是把灾祸原因归结为自己不够虔诚。他们从没想过,罪孽是一个邪恶神灵作祟的结果。即使是伊甸园里那条蛇,在他们看来都没有亚当和夏娃那么坏,因为那两人明知故犯,违背了神的旨意。

在查拉图斯特拉的教义影响下,犹太人开始相信世上存在一个恶神,专门破坏耶和华做的一切善事。

他们称他为耶和华的敌人,或撒旦。

他们怕他,恨他,公元前331年,他们坚信他已降临人间。

一个名叫亚历山大的年轻异教王子,在尼尼微的平原上一举歼灭了残存的波斯军队。最后一位波斯国王大流士被杀死在他亲自修建的一条王家大道旁。

曾经对流亡的犹太人那样友好的强大王国,就这样成了历史。亚历山大和他的希腊人胜利了。那是一段黑暗的日子。

世界末日似乎真的来了。

但世界毕竟不会就此终结。历史总归还有"下一章",现在,犹太人就在很奇特的状态下迈进了"下一章"。

马其顿的亚历山大并不算是希腊人。正宗的希腊人认为他是马其顿人,是"外邦人"。但是,他本人出于对希腊生活和希腊文明的热爱,坚决不同意这种观点。

年少时,他公开宣布自己要为希腊的事业而战斗。他立下雄心,要把梭伦和伯里克利的思想理念传播到世界各个角落,让所有人都能受益于这些人类智慧的卓越成就。

公元前336年,亚历山大开始大展宏图。

十三年后,他的遗体停放在曾经属于尼布甲尼撒的宫殿里,这里此时已成为了一个新帝国的中心。

这段时间里,马其顿人征服了尼罗河至印度河流域的全部土地,将希腊文明的萌芽带到了西亚各国以及埃及。

伟大的征服者开始挥师横扫叙利亚平原时,一个难题摆在了犹太人面前。

他们该怎样面对这位新主人?就在几年前——公元前345年——他们还曾勇敢反抗过叙利亚晚期的一位国王——亚达薛西施加在他们头上的几项暴政。

在埃及国王纳克塔比努斯和一支希腊援军的帮助下,犹太人维持了一小段时间的独立。见他们胜得轻松,腓尼基人受到鼓舞,也掀起了一场反抗。结果,西顿城在大火中变成了一片废墟。

不久,耶路撒冷也遭遇了相似的命运。城中屋舍毁了大半。

圣殿被亵渎,里面供奉了不洁的牲畜。一大批人被流放到里海南岸的希尔卡尼亚省,土地被抢走,犹太人的独立梦想在硝烟中化为了灰烬。

犹太人的自豪感受到了沉重的打击。多年来,他们一直小心翼翼地遵守着神圣的律法。他们相信自己的行为堪称模范,因此必定赢得了耶和华的绝对支持,有他的神威庇护,耶路撒冷已经成为了一座坚不可摧的堡垒。

可现在,亚达薛西和他那些可怕的雇佣兵刚走,又出现了新的、来路不明的威胁。

不知应该说是幸运还是不幸,亚历山大并没有给他们多少琢磨对策的时间。

推罗覆亡、撒玛利亚陷落的消息刚刚传来,犹太人就接到了指示,要他们送钱粮给马其顿国王。

迦萨控制在希腊人手中,通向海边的道路被切断了,他们无路可逃。

有一个真实性很值得怀疑的传说,据说亚历山大亲临耶路撒冷,他在那里做了一个著名的梦,他被告诫要宽厚对待犹太人。

事实上,耶路撒冷已经不声不响地服从了征服者的命令,送去了他要的金银。

犹太人以这样的表现换回了一段相对安宁的日子,他们没有受到骚扰,而在他们周围,大大小小的王国一个个轰然倾覆,灰飞烟灭。

几年后,亚历山大城在尼罗河入海口建成,取代了早已废弃的腓尼基贸易站。亚历山大需要犹太人的经商才能,便在新城东北角为他们提供了一片居住区。很多犹太人迫不及待地抓住这个机会离开耶路撒冷,迁到了埃及。有才干的人走了一大半,慢慢地,圣城完全没有了一国之都该有的样子。

从那时起,耶路撒冷变成了犹太民族的精神中心,直到今天都是如此,它受到所有人的崇敬,但真正去朝圣的只是少数。

亚历山大的死并没有改变这种状况。这位马其顿伟人的帝国被他手下的几位将军瓜分了。

其中一位名叫托勒密·索特尔的将军分到了埃及。公元前320年,托勒密向统治叙利亚的旧僚宣战,而这时的犹大已是叙利亚的一个省。

他在安息日进攻耶路撒冷,犹太人谨记《十诫》第四条,在这一天拒绝出战,于是丢了他们的城。

不过,托勒密对犹太人很好。这一来便有更多的犹太人迁居埃及,当年所罗门的兵士威武走过的繁华街道,如今渐渐生出了荒草。

此后一百年的历史无趣到了极点。亚历山大军中部将的后代们没完没了地争斗。犹大这块土地换了一个又一个主人。

最后,公元前2世纪,这里被纳入了塞琉西王朝的版图。

公元前175年,塞琉西王朝的第八任国王安条克·埃皮法内斯成为了西亚大部分地区的主宰。在这位精明但是狭隘的君王统治下,犹太民族意识的发展进入了一个新阶段。

安条克即位时,犹大人口正迅速流失。

耶路撒冷在一个安息日不战而降

希腊城市生活的安逸和魅力引诱着最后一批坚守犹太文化的信徒。

用不了多久,整个犹太民族都将被那种奇特的文明——完美融合了欧亚所有优劣元素的古希腊文明同化。

但是,安条克不懂得适可而止。短短一生时间里,他让历任国王的努力成果付诸东流,让淡漠的犹太人又一次变成了激情满怀的爱国者。

第十九章 革命与独立

两百年后，一个名为马加比的犹太家族掀起了一场革命，力图让国家摆脱外邦影响。然而马加比家族努力构建的国家始终未能兴盛。罗马人征服西亚之后，将巴勒斯坦变成了一个半独立的王国，并将自己的一名政治亲信送上王位，统治着这个愁云笼罩的国家。

迦南这片古老的土地容不下两种相互冲突的信仰。

一个部族认定了耶和华是世间唯一的、不容置疑的绝对主宰，就不能容忍一个莫名其妙的宙斯跑来与他作对，据说——当然是据异教徒说，这个宙斯住在蛮夷领地的某处荒凉的石头山顶上。

安条克没有认识到这一点。结果，他白白耗费了大半的时间和全部的精力，一厢情愿地要把顽固的犹太臣民改造成希腊人。

我们说过,他已经是塞琉西王朝的第八任统治者了,按说应该表现得更明智。

不过,他年少时就作为人质被送到了罗马。当时罗马不单是文明世界,也是整个世界的中心,他在那座城市度过了十五年。

发展到那时的罗马已极其富足,旧时的简朴美德所剩无几(我们很怀疑这些美德是否真的存在过),取而代之的是大批希腊移民带来的更有趣、更轻松的娱乐消遣。

希腊人在那个时代扮演的角色,与现今纽约的外国人相似。一般的美国人搞建设、做买卖、定规划,想办法满足国家的物质需求。

但是,美国的交响乐团是由德国人、荷兰人、法国人组成的,剧院里上演的多半是俄国人和挪威人创作的剧本,饭店聘请的是法国厨师,绘画则由几个欧洲国家来的画家完成。

美国人忙得无暇顾及这些事,于是大方地(有时多少有点轻蔑地)把它们交给了别人,那些人比美国人更擅长做这类工作,但生性没有足够的野心去参与政治或财富创造。

共和国晚期到帝国初期的罗马也是同样的局面。

罗马人首先是军人、立法者、政治家、收税官、道路建设者、城市规划者。

他们征服并管理着整个已知世界,从阴沉沉雾气弥漫的威尔士海岸,到达契亚一望无际的平原和北非炽热的沙漠。

这就是罗马人的工作。

他们做得很好,也喜欢做这些。

可是他们太忙了,照顾不到那些细致琐碎的问题,比如学校、研究院、剧院、教堂和糖果店。

所以，伯里克利、埃斯库罗斯、菲迪亚斯的后代子孙很快蜂拥到了罗马，他们才华横溢，但丝毫谈不上稳重可靠。

这些英俊、黑发的希腊教师都是能言善辩的演说家，他们海阔天空地谈论各种话题，全都是老实的罗马人从来没听说过的，其实与他们的生活并不相干。

希腊人可以一边探讨神明，一边告诉男士如何穿衣。他们可以为女士讲解某种东方宗教的秘密，同时向她们透露一点化妆品的使用诀窍。他们永远都有一肚子的俏皮话，总的来说，他们把单调沉闷的罗马社会变得越来越像雅典卫城脚下那片著名的市场了。

年轻的安条克从遥远的叙利亚来到这座庞大而奇妙的城市，一下子就被它那令人愉悦的魅力迷住了，就好像一个年轻人从密歇根北部的荒僻农场，突然被扔到了纽约市中心。在罗马生活的十五年里，安条克变成了一个狂热的崇拜者，崇拜希腊哲学、希腊艺术、希腊音乐，希腊的一切，即使是亚西比德本人，也不可能比这位年轻的亚洲王储更加诚挚地热爱雅典的优越文明。

这位青年被召回国时，看着自己的家乡，自然是感到极度的失望。

耶路撒冷始终未能重现大卫和所罗门时代的辉煌。即便以当初来说，它与科林斯、雅典、罗马、迦太基之类阅尽繁华世事的大城市比起来，也只能算是一个落后的村庄。

它一直稍稍有些偏离文明发展的常轨。巴比伦人、希腊人和埃及人（如果他们考虑过这个问题的话）都认为它还算不错，但无疑只是一个外省的中心城市，当地居民思想褊狭、难以相处，他们自视过高，毫不掩饰对一切外来事物的蔑视。

大流放之后,这种状况并没有改观。许多犹太人选择了留在巴比伦。两百年后,大部分人难敌外界诱惑,搬到亚历山大和大马士革去了,正如我们在上一章里讲过的,只有最虔诚的人留了下来。这些人把耶路撒冷的知识界变成了极其封闭的神学辩论会。

安条克刚从五光十色的罗马回来,谈的、想的都是运动盛会和酒神节游行,现在却不得不和一群严肃阴郁的学究纠缠,他们整天死死盯着古老律法的艰涩文字,而他们的国王和国王的朋友们对这些东西深恶痛绝。

安条克做出一个鲁莽的决定:他要大力倡导更优越的希腊文化。

然而,他就像一个竭力想让冰川加速移动的人。

他没有取得多少成效,却引发了一场大乱。

起初,他试图利用犹太臣民间的意见分歧达到自己的目的。

国中有一小部分人对希腊的生活模式并不十分反感。

安条克由此受到鼓励,开始在耶路撒冷办体育比赛,并捐钱给一些祭拜希腊神祇的庆典活动。这些举动严重冒犯了虔诚的犹太人,可偏巧他们自己内部闹出了一桩丑闻,问题解决之前什么也做不了。

当时有两个人在争夺大祭司这个职位。

其中一个名叫梅内劳斯的表示,只要能当选,他一定向国王献上几十万块钱。这在他周围的人看来是一笔巨款,但是老实说,这个可怜的家伙一辈子也不可能拿出这么多钱来。

为了凑齐第一笔钱,他无奈之下盗用了圣殿的专用资金。事情败露之后,梅内劳斯成了众矢之的,一时间所有人都倒向了他的竞争对手耶孙,其实这个人一点不比他好。

犹太人内部起了争执,埃及国王抓住机会偷袭耶路撒冷,洗劫

耶路撒冷又一次被攻占

了圣殿,尽管这时圣殿里已经不剩多少值钱的东西了。

安条克向罗马的朋友们求援。

可是事情进展得很不顺利,他决定亲自到罗马去,向元老院申述理由。

伟大的罗马共和国却对盟友的内部纷争没兴趣。西亚那些部族只要不破坏帝国的和平,不危害跨国通商大道的安全,他们做什么都无所谓。东方燃起战火也许会扰乱亚洲的商业。于是罗马方面警告了安条克和埃及,让双方都安分一点,除此之外没再做什么。

埃及人撤走后,那个急躁的年轻人立即把全部的时间和精力投入了他的一项崇高任务:彻底清除他所谓的臣民的迷信行为。

为此他的确是全力以赴。

他粗率地下令废除所有古老的犹太礼俗。禁止再守安息日,禁止再向耶和华献祭,那是过去一个早该被遗忘的愚昧时代的规矩。

他的爪牙四处搜查犹太律法书,能找到的全部焚毁,市民私藏这类书籍无异于自判死刑。

耶路撒冷民众一直生活在一个法规戒律和预言构筑的不真实的世界里，现在被粗暴地唤醒，面对这些残酷的、他们不想看到的现实。他们关上了城门，试图反抗王命。可是叙利亚将军在安息日进攻圣殿。犹太人又一次拒绝出战，耶路撒冷就只能听凭安条克发落了。

居民之中凡是能当奴隶卖掉的暂时保住了命，其余的人全部被处死。圣殿也未幸免。

公元前168年12月，过去的燔祭台被拆除，原处建起了一座新的祭坛。

建成之后，祭坛上供奉了大量死猪，这是向宙斯献上的祭品。

猪是犹太人最厌恶的动物，不要说碰一下，哪怕只是看一眼，也会让他感觉不舒服、不干净。这是历史上未曾有过的奇耻大辱。

犹太人忍下了这口气，因为他们不能不忍。一支强大的卫戍军住进了新建的堡垒，时刻监视着幸存的犹太人。在这座不幸的城市里，惨遭亵渎的神坛摆上了猪肉，如果有人胆敢用牛肉替换，必将惹来杀身之祸。

当然，这种愚蠢的暴政总归会遭报应，安条克不久就要尝到苦果了。

从耶路撒冷向北大约六英里，有一个位于边境上的小村子叫摩丁，村中住着年迈的祭司玛他提亚和他的五个健壮的儿子。

新政推行期间，安条克的使者来到摩丁，要求当地居民依照最新法规敬拜宙斯。村民们聚集在市场，不太清楚应该怎么办。安条克离他们很近，耶和华离他们很远。

过了一阵，一位战战兢兢的可怜农夫表示愿意按规定祭拜。

玛他提亚的家

玛他提亚再也压不住心中怒火。他拔出剑来，一剑砍倒了可怜的乡下人，第二剑杀死了那名官员，恨他竟敢让耶和华的忠实子民做这种大不敬的恶事。

事后，玛他提亚和他的儿子们自然只剩下一条路可走。

他们逃跑了。

一行人翻过山，逃到了约旦河谷。

各地的人们都听说了这个好消息。终于有人公然挑战国王的权威了。

为耶和华而战的勇士出现了。

仍对民族未来抱有信心的人纷纷趁着夜色出逃，赶到约旦河去加入起义军。

安条克起初想用老办法平息这场叛乱。

他的军队又一次准备在安息日向犹太人发动进攻。

但玛他提亚是个讲求实际的人。他更愿意活着奉行约法,不愿意因为死守约法而送命。

他命众人迎战,叙利亚军队被击退了。

玛他提亚年事已高,经受不住战场上的辛劳。他去世了,但他的儿子们——约翰、西门、犹大、以利亚撒和约拿单继承他的遗志,成为了犹太爱国力量的领导者,继续着这场战斗。

几兄弟当中,三子犹大的名气最为响亮。他永远身先士卒,拼杀在战斗最激烈的地方,因为他骁勇善战,人们都叫他犹大·马加比,就是"榔头"犹大的意思。面对训练有素的敌军,他机智地避开正面交锋,采用游击战术,两千年后,华盛顿将军以同样的战术取得了胜利。

犹大没有给叙利亚人一丝喘息的机会。

他从侧翼攻击,从背后攻击,半夜里冷不丁地实施偷袭。每当叙利亚人停止行进,摆开战斗阵型,犹大和他的队伍就躲进山里,踪影全无。可是,一旦恼火的敌人等得不耐烦了,放松了警惕,犹大他们便又重新冒了出来,小股小股地消灭敌人。

这样的小规模战斗持续几年之后,犹大已经巧妙地巩固了自己的位置,可以冒险进军耶路撒冷了。

他攻下了这座城,圣殿得以重修,恢复了往日的光彩和圣洁。

可是很不幸,就在他的声望如日中天的时候,犹大在一场冲突中被杀,犹太人又一次没有了领头人。

这时,约翰·马加比和以利亚撒·马加比都已经不在了。

约翰几年前中了埋伏,被敌人俘虏,后被处死;以利亚撒则是意外被一头战象压死了。

犹大·马加比

小儿子约拿单被推选为统帅,但仅仅几周之后,他就被一名叙利亚军官杀害了。重担落到了西门肩上,玛他提亚只剩下这一个儿子了。

与此同时,在敌人那一边,安条克也死了。

他的儿子继承了王位,但没过多久,安条克的侄子德米特里·索特尔从罗马回来了,他谋杀了堂兄,在公元前162年自封为王,成为大半个西亚的主宰。

这对犹太人来说是天赐的良机。

德米特里在国中麻烦缠身,根本没有精力应付犹太人的革命。

他与西门·马加比讲和,此后,西门以"大祭司兼总督"的身份统治着犹大地区。这是一个有点含糊的职位,与之最相似的应该是一千八百年后奥利弗·克伦威尔的头衔:英格兰护国公。

外界对马加比家族的才干大为钦佩,事实上已经把重获新生的犹太国视为一个独立的王国,并承认"大祭司兼总督"是这个国家的正统君主。

大祭司随即忙碌起来,开始把国家引上正轨。他与周边各国签订了条约。

他的头像铸在了钱币上。

军队拥护他做统帅。

他和两个儿子在公元前135年被害时,马加比家族的地位已十分稳固,王位顺理成章地传给了他的另一个儿子,人称"希尔坎"的约翰。希尔坎在位近三十年,他统治下的王国虽然小,但秩序井然,人们在这里遵循最严格的古老律法敬奉耶和华,外邦人除了来办要务的可以短暂停留,其他的一概不准入境。

可是，相对安宁的日子刚开始，犹太人又像以往那样陷入了宗教讨论和争执，这在过去已经给他们带来了许多伤害。

理论上讲，这个国家仍是一个神权国。大祭司是公认的国家最高长官，而且玛他提亚·马加比出身于世袭祭司家庭，因此一切事务都是严格按照律法办理。

然而世界变化很快。

在亚洲其他地区以及欧洲和非洲，神权思想早已消亡了。

周边各国的人们都接受了希腊和罗马的治国新理念，要在这个闭塞的小国继续维持神权思想，实际上已是不可能的了。

在外界压力下，犹太人开始明确分裂成三派，各派都有自己信奉的一套政治和信仰原则。

这三个派别将对此后两百年的历史产生重要影响，所以在这里有必要做一点详细介绍。

三派之中，最重要的是法利赛派。

我们对其起源了解不多。

这一派似乎是成立于马加比起义之前的艰难时期，因为玛他提亚挥剑宣告反叛之后，马上就得到了一个团体的支持，这些人被称为"哈西德人"，即"虔诚者"。

争取独立的战斗胜利以后，最初的宗教激情开始消退时，这个改名为"法利赛"的团体站到了引人注目的位置上，坚守自己的主张，直到独立的犹太王国灭亡。

即使面对罗马皇帝提图斯的怒火，他们的热忱也不曾减退。当今世上仍有不少这样的人，只是已不再局限于古老的犹太信仰。

法利赛在希伯来语中的意思是"隔离者"，而他们也的确如此。

法利赛派与其他人的不同，在于他们狂热地维护着律法条文。

摩西的古卷已经刻在了他们心里。每一个词，甚至每一个字母，在他们看来都有特殊的含义。

他们的世界里有各种古怪的规则和更加难以理解的禁忌。他们必须要做的事很少，一定不能做的事却很多。

他们，只有他们，才真正是万能的耶和华的信徒。世上其他人都将坠入地狱万劫不复，而法利赛人，他们尽心恪守律法乃至律法中的每一个标点符号，所以一定能够进入天国。

一代又一代法利赛人不分昼夜，把大好的时光用来细细研读古代书卷，说明、注解、阐述、翻译、解释《出埃及记》的某个晦暗章节里没人注意的某个句子中出现的含糊、完全无关紧要的细节。

他们在公众面前表现出非常谦逊的美德。

但在内心深处，他们极其自负，很为自己身上那些（他们自认为）与众不同的品质感到骄傲，对于世上其他男男女女，老实说，他们都是极端看不起的。

毫无疑问，最初的法利赛派的确是秉持着对上帝之力的坚定信念，在崇高的动机和高尚无私的爱国热忱推动下前进。

可是随着时间的流逝，他们渐渐变成了一个喜欢指手画脚的教派，不能容忍别人对陈旧的成见和迷信提出异议。

他们拒绝面对未来，眼里看到的只有摩西时代的辉煌过去。

他们痛恨一切外来事物。

他们憎恶所有形式的革新，诋毁所有推行改革的人，说他们是国家公敌。

当世间最伟大的先知向他们宣讲上帝的慈善仁爱以及人人都是

兄弟的道理时，法利赛派视他为敌人，发起猛烈的攻击，由此导致不久前他们亲手协助建立的国家分崩离析。

撒都该派是势力仅次于法利赛派但人数较少的一个教派。

撒都该派这个名称有可能来自一位名叫撒督的祭司，这一派人比法利赛人宽容得多。不过，他们的宽容与信仰无关，纯粹只是因为无所谓。

撒都该人属于一小部分受过良好教育的犹太人。他们到过很多地方，见识过别的国家、别的民族，他们忠诚地信奉耶和华，同时也承认，越来越多希腊哲学家宣扬的有关生与死的崇高学说也有其道理。

他们对法利赛人描绘的世界不感兴趣，那个世界里满是天使、魔鬼以及各种想象出来的奇怪生物，都是旅人从东方带到巴勒斯坦来的。

撒都该人安于生活现状，力求有尊严地度过此生，不会把太多期待寄托在来生的回报上。

事实上，法利赛派曾在这个问题上与他们争辩，而撒都该派机智地回应，请对方在古书中找出相关的证据来，结果自然是找不到，因为那些神圣的书卷里根本没有。

简而言之，与法利赛派相比，撒都该派与自己所处的时代联系更密切。

他们在有意无意中吸纳了伟大邻邦希腊的智慧。

他们承认一神的重要性，无论神的名字是耶和华还是宙斯。

但是，他们认为如此伟大的神不可能关心微不足道的人间琐事。法利赛人那种纯粹拘泥于条文的思考，在他们看来完全是浪费时间和精力。

他们认为,比起逃避现实、躲在学术象牙塔里钻研灵魂的拯救问题,更重要的是勇敢地、高尚地活着。

他们把目光投向未来,而不是过去,很少为虚幻的旧日美德叹息感慨。

渐渐地,他们不再关心纯粹的宗教事务,开始以非常实际的态度投身政治。

多年以后,当法利赛派执意要处死发表异端邪说的耶稣时,撒都该派和他们站在了一条阵线上,强烈谴责那位拿撒勒的先知,因为他似乎对现有的法律和秩序构成了威胁。

他们对耶稣宣扬的教义不感兴趣。

但他们害怕耶稣的思想可能造成的政治影响,所以赞成处死他。

他们考虑问题的角度与法利赛派不同。

不过,他们的宽容其实与法利赛派公开表明的不宽容一样死板、一样狭隘,他们在各各他上演的最后一幕中起到了同等的推动作用,关于这一幕,本书最后一部分会详加叙述。

为忠实于历史,我们还必须介绍一下最后一个教派,但他们在这个故事中只是无足轻重的角色。

很多犹太人在生活中时刻背负着一种恐惧,怕自己在无意之间犯下罪。

犹太人的律法极端复杂,谁也不可能做到分毫不差地遵守古代法典的每一项规定。

这样触犯律法虽不是出自本心,但在律法的化身——耶和华眼里却是重罪,所受的惩罚几乎与违背《十诫》一样严厉。

艾赛尼派住在荒野里

为了避开这类难题,艾赛尼派,或"圣洁者",主动放弃了所有可以被称为"日常活动"的事。

他们什么也不做。

他们逃进荒野,远离一切尘世纷争,过着与世隔绝的生活。

但出于安全考虑,他们往往自己结成小规模的聚居区。

他们的概念里没有私有财产,每个人拥有的东西都是大家共有的。除了衣物、床铺以及从公共厨房盛饭用的碗,艾赛尼人没有任何属于自己的物品。

在这些虔诚的小村落里,居民每天要拿出一部分时间到田里耕作,他们的食物就来自可数的几块贫瘠的玉米地。

余下的时间里,他们可以研读圣书,埋首在早已被遗忘的先知留下的书卷中，用那些晦涩沉闷的字句折磨自己卑微的灵魂。

这种生活方式让大多数人感到难以接受，因此与法利赛派和撒都该派相比，艾赛尼派的规模一直比较小。

在城市街道上从来看不到他们的身影。

他们不经商，不参与任何政治活动。

他们认为这样生活是在拯救自己的灵魂，自己觉得很幸福；他们对别人的贡献几乎为零，对国家的运转也没有直接的影响。

但是，他们发挥了非常重要的间接作用。

他们严格奉行的禁欲主义一旦与法利赛派的实干热情结合起来，就像施洗者约翰那样，他们就能影响一大批人，所以说，艾赛尼派也是国中不可小看的一股力量。

从以上的简要介绍可以看出，平衡各方力量的关键掌握在几个互不相容的狂热教派手中，要统治这样一个国家绝不是件容易的事。

马加比家族在举步维艰的环境下，尽了最大的努力。

起初的一百年里，他们做得相当成功。

然而，约翰·希尔坎是这个王朝的最后一位英明统治者。

他那个不成器的儿子阿里斯托布卢斯被称为"希腊人的朋友"，根本没有能力承担起这份重任，王朝的衰落由此开始。

阿里斯托布卢斯虽然握有国王应有的全部实权，可他的犹太臣民偏不允许他享有国王的称号，这让他大为恼怒。

注重细节、尊崇传统的法利赛派却把这一点差别看得异常重要。

犹太人之所以接受士师的统治，是因为士师一向非常谨慎地避免使用君王的称号。

可现在有这么一个人，他甚至不是大卫的后裔，却执意想给自己冠上一个耶和华都极少用的称号。

法利赛人怒不可遏，阿里斯托布卢斯为寻求支持，愚蠢地与他们的敌人结为同盟。

随之而来的是一场当时常见的家族纷争，致使事态越发复杂。

新"国王"的母亲和兄弟们站在了他的敌人一边。

双方闹到了公然开战的地步。

母亲不幸被杀。

不久，因为一名过分热心的军官不慎失手，阿里斯托布卢斯最爱的兄弟安蒂戈努斯被刺身亡。

阿里斯托布卢斯想另外制造一点令人兴奋的事，让他的臣民忘记这些不愉快，于是，他向强大的北方邻居发动了进攻。

他占领了昔日以色列国的大部分领地。以色列灭亡已有四百年，阿里斯托布卢斯没有恢复原来的国名，而是把新征服的土地命名为加利利，这原是北方山区的一个地名。

我们无从得知阿里斯托布卢斯还有什么未来规划，因为他在位仅一年就病死了。

他的弟弟——约翰·希尔坎的三子亚历山大·雅奈继位。

这个年轻人长大不久就成了父亲的眼中钉，从那以后一直被流放在外。他在位近三十年，死时整个王国已是奄奄一息。

这位青年王子犯了和阿里斯托布卢斯一样的致命错误：他在两大教派的争执中支持了一派。另外，他试图学着祖先的样子侵犯邻邦，扩张领土。

无论对外还是对内，他都做得很失败，却从不知道吸取教训。

他的妻子亚历山德拉和他一样糟。她成了法利赛派手中的工具，一小撮精明的教派首领组成了幕后顾问,掌握着国家实权,他们统治了犹大和加利利,专为自己人谋求利益。

为了巩固他们对国家的掌控,法利赛人怂恿亚历山德拉任命长子希尔坎二世为大祭司,他是法利赛派最听话的弟子。

看到这种情况,次子阿里斯托布卢斯很不乐意,他继承了伯父的名字,还从那位死不足惜的亲人身上继承了很多不良品质。

事事顺心的法利赛人有些得意忘形,开始实施恐怖统治,就在他们试图处决撒都该派首领时,阿里斯托布卢斯站了出来,宣称他要捍卫撒都该派的利益。

犹太教公会依然控制在法利赛派手中,但阿里斯托布卢斯和撒都该派占领了几座重镇,实力迅速增强,很快就威胁到了耶路撒冷的安全。

正在这时,亚历山德拉死了。

她留给儿子们的是一座空荡荡的国库和一个被内乱撕裂的国家。

这样的局面并不新鲜。

世界的这个小角落动荡不安,向来是一波未平一波又起。

可是,正如上文说过的,时代和环境都已经变了。

一千年或者五百年前,只要这些闪族部落待在自己的地盘上,没人关心他们在做什么。

但现在,罗马人接管了亚历山大的帝国,统治着大半个西亚。

他们最关心的问题是税收稳定,财源不断。

亚洲这一地区的主要收入来自贸易,所以罗马人力求维持表面上的安定有序,否则信誉没有保障,商业也就无从谈起了。

就在不久前,在小亚细亚的本都王国,国王米特拉达梯试图扰乱罗马人推行的政策。经过一场漫长而残酷的战争，米特拉达梯被迫自尽，他的王国被罗马共和国吞并。

希尔坎和阿里斯托布卢斯没有注意到这位富有、强悍的暴君的下场，两人继续争斗，闹得沸沸扬扬，终于惊动了罗马。

驻扎在东方的军队总指挥接到命令，到耶路撒冷去查明情况。这位将军抵达圣城时，阿里斯托布卢斯一伙正守在圣殿里面，希尔坎带着手下围在外面，对这座堡垒一样坚固的神圣建筑实施了围困。

罗马人一出现，两位王子马上都跑来求助。

将军发挥了罗马人面对复杂问题时特有的冷静判断力，认为打败希尔坎要容易得多，因为他的人马暴露在外，而阿里斯托布卢斯躲在险峻堡垒的高墙内。

他赶走了希尔坎，这一来，阿里斯托布卢斯轻松成为了犹大和加利利的统治者。

但好景不长。

大名鼎鼎的庞培途经此地前往东方，希尔坎急忙前去拜见，想当面为自己申诉。

阿里斯托布卢斯得知消息也火速赶到了罗马军营，从他的立场讲讲事情经过，并毛遂自荐说，不论罗马人想在这块土地上设立什么样的政府，他都是最合适的人选，因为他最听话。

庞培还没完全搞清楚这番争执是什么意思，突然一阵号角声响起。

第三支代表团来了。

法利赛人来这里的目的是向庞培说明，犹太民众从心底里厌恶这两位王子，希望能以严格的法利赛派思想为基础，恢复旧时纯正的神权政治体系。

只要商队能安全往来于大马士革和亚历山大城,庞培才不在乎到底发生了什么,他耐着性子听完三方陈述,拒绝发表意见。

他说,一些阿拉伯部落正在过去属于亚述王国的地方闹事,他要带兵去征讨,等回来的时候再给犹太人一个明确的答复。

这段时间里,三方都要安分,耐心等待。

事情发展至此,犹太人仍没有认识到自己已经陷入绝境。阿里斯托布卢斯一回到都城就摆出了主宰整个犹大地区的姿态,仿佛这世上根本不存在罗马士兵,他可以一手统治这块领地。

庞培东征期间,这种局面还可以维持。

可是,庞培打败阿拉伯人之后立即返回西亚,责问犹太人为什么如此明目张胆地违背他的指示。

阿里斯托布卢斯鲁莽地迈出了致命的一步。

他试图向高祖学习。

他撤进圣殿,砍断连接这座堡垒与城区的桥,公开扯起了反叛大旗。

这是一场实力悬殊的战斗。长兄希尔坎投靠了敌人,采用当时最好、最有效的手段,开始了对圣殿的围困。

围困持续了三个月。

神圣的建筑里,守军饥肠辘辘,过得异常艰苦。

但是,绝境反而给了他们勇气。

因为希尔坎的背叛,他们感到自己是在为耶和华的神圣事业而战,为犹太人的独立而战。

逃兵向庞培报告了守军的宗教狂热情绪。

庞培想起几代人以前,叙利亚人用过的办法,于是下令在安息日发动总攻。

那是公元前63年的6月。

罗马军团狂风暴雨般攻向犹太人的堡垒,占领了圣殿,俘虏了守卫圣殿的所有人。

据说,那天有一万两千多名战士惨遭屠戮。

被俘的军官都被斩首,阿里斯托布卢斯和他的妻子及孩子们被押往罗马,随着罗马将军的凯旋大军游街示众。

但后来,这一家人获准在罗马城郊住下,过着平静的生活。他们为一个犹太聚居区的兴起打下了基础,那些犹太人将在保罗和彼得的时代,在西欧帝国史上扮演至关重要的角色。

聪明的自我约束是罗马人一贯的特点,战斗结束以后,他们没有洗劫圣殿,允许人们将那里继续用作祭祀场所。不过,庞培的慷慨举动并没有换来多少人的感激。

纯粹是出于好奇,再加上完全不了解犹太人的偏见,庞培和他的随从在一次巡查过程中,信步走进了至圣所。

原来这只是一个石砌的小房间,里面空无一物。

见这间神圣的屋子的确没什么可看的,罗马人便离开了。

可是在犹太人看来,这次造访虽然时间很短,但不洁的外邦人已经亵渎了圣殿,这种行为必将引来耶和华的严惩。

他们永远不会原谅庞培。

他在无意之中冒犯了这些新臣民的信仰尊严,今后不论再为他们做什么都是无济于事了。

当然,庞培并没有意识到自己干了什么。

从他的角度来看,他已经做到仁至义尽了。

他准许希尔坎返回耶路撒冷,还任命他为大祭司,以此安抚法利赛派。作为最高恩典,他甚至给了希尔坎一个"总督"头衔。这是一个空泛的头衔,有时赐给失去独立的君王。它没有多少实权,但可以满足被征服民族的自尊心。罗马人在赏赐这类虚名的时候还是很大方的,只要接受封号的人服从指示、循规蹈矩就可以。

假如希尔坎是一个有才干的人,即使在当时的处境下,他仍有可能在一定程度上挽救支离破碎的国家。

可是,这位总督实在无能,很快连最后一点威望也丢得一干二净。

大约三十年前,希尔坎和阿里斯托布卢斯的父亲亚历山大·雅奈在位时,曾任命一个名叫安提帕特的人掌管耶路撒冷南面的以东(又称以土买)地区。

安提帕特很喜欢浑水摸鱼,就像老话说的,一个有头脑、又不择手段的人很容易在那种混乱的地方大发横财。

他装作是希尔坎的忠实朋友,常在他耳边悄悄说些谨慎的忠告。

但这种看似不图回报的建议,结果总是把犹大地区的问题变得更复杂、更难办。

安提帕特极其巧妙地玩着他的这套把戏,很快,他就美美地沐浴在了阳光般的罗马恩宠中。

罗马爆发内战之后,庞培率领军队与他的对头恺撒展开对峙,安提帕特在一旁静观其变,等着看谁是赢家。

公元前48年,庞培在法萨卢一败涂地,那位以土买统治者马上与恺撒结为了同盟。

为奖励安提帕特的这份忠心，恺撒赐予他罗马公民的荣誉称号，并默许他在现已改称"犹地亚"的犹大土地上，在摇摇欲坠的王位背后掌握实权。

　　这位新"公民"充分利用了自己得到的恩宠。

　　他加强了对民众的直接控制。

　　他的犹太臣民享受到了很久以来最大限度的自由。

　　他们不必再到罗马军中服役，并且获准重修耶路撒冷城墙。

　　庞培向他们强行征收的小笔贡税，现在也不用再交了。

　　他们的司法和宗教基本恢复了独立。

　　但是在法利赛派那里，安提帕特得到的待遇不比庞培好。他们指责他是外邦人，是暴发户，是篡权夺位的人，没资格坐上大卫的宝座。

　　这些人考虑要让阿里斯托布卢斯的儿子、亚历山大·雅奈的儿子安蒂戈努斯做国王。他们又一次无视罗马人的存在，俨然把自己当作了西亚的主人。

　　但这次他们怎么说都无关痛痒，因为论精明狡猾，论肆无忌惮，他们远远比不上安提帕特。

　　安提帕特为构建自己的王朝制订了宏伟的计划，他认为时机已到，可以着手除掉马加比家族了。

　　他徐徐推进计划，一刻也没忘记自己的最终目标。

　　就在一切准备就绪的时候，他却被希尔坎的一个朋友下毒害死了。

　　不过，他的儿子希律沿着父亲规划的路线继续前进，做得毫不逊色。

这时安蒂戈努斯受人鼓动，很不明智地发起了反抗罗马政府的叛乱。

结果正如希律所料，这场不合时宜的起义以惨败告终。

安蒂戈努斯带着零星人马逃进了圣殿，长时间的围困激怒了罗马人，他终于被迫投降。

安蒂戈努斯恳请保命。

可是，这次罗马人一点不留情面。

他们的这个犹地亚省几乎每年都要出点乱子。

他们给了犹太人各种特权，犹太人给他们的回报，却是一场接一场劳民伤财的叛乱。

这回他们决心杀一儆百，让犹太人永远记住。

安蒂戈努斯被当作普通罪犯处置了。

他当众受了鞭刑，然后被砍头。

马加比王朝就此终结，希律登上了王位。

他娶了希尔坎的孙女玛丽亚姆内，算是与犹地亚的正统王族沾了一点关系。

就这样，希律仰仗罗马军团撑腰，成了部分犹太人的王。

这时是公元前 37 年，世界乌烟瘴气。

第二十章 耶稣降生

在一位名叫希律的国王在位期间,拿撒勒的木匠约瑟的妻子马利亚生了一个儿子,他的族人叫他约书亚,邻国的希腊人叫他耶稣。

公元117年,罗马历史学家塔西佗记述了席卷整个帝国的一场迫害新教派的运动。

他不是尼禄的支持者。

但他还是在极力为这次的暴行找理由。

"皇帝,"他写道,"对一些男女施以酷刑,这些人因其所犯的罪行而遭到憎恨,民众称他们为'基督徒'。赋予他们这个名字的人物基督,在提比留皇帝统治时期,在亚洲的偏远行省犹地亚被该省总督本丢·彼拉多处死。这种可怕且可憎的迷信被压制了一段时间,但现在死灰复燃，不仅在邪恶的滋生地犹地亚盛行，还流传到了罗马，很不幸，这座城市似乎吸引了世上一切丑恶、扭曲的事物。"

塔西佗对整个事件的叙述显得超然冷漠，这种口吻就好像1776年的英国记者谈起帝国的某处偏远殖民地发生了无关紧要的叛乱，性质不是很严重。

这个罗马人并不知道自己在文中轻蔑谈论的那些"基督徒"，还有"赋予他们名字的"那位基督究竟是什么人。

他不知道，也不关心。

在罗马帝国这样庞大、这样复杂的一个国家，总归是各种麻烦层出不穷，多数大城市里都有犹太人，他们互相之间吵个没完，每次闹到地方官面前，又必然因为顽固坚持他们那些无法理解的律法而把长官惹恼。

至于基督，他大概是加利利或犹地亚的某个犹太小会堂里的传道士吧。

当然，尼禄很可能是过于严厉了一点。

但是从另一方面来说，在这种事上毕竟不宜太宽厚。对塔西佗而言，问题讨论至此就可以了。

他再也没有谈起过这个让人厌恶的教派。

他的兴趣完全是学术研究性质的，我们可能会以类似的兴趣去了解一下，在广袤森林和农田覆盖的加拿大，骑警队与居住在西部的古怪俄罗斯教派之间发生的摩擦。

在这个问题上，当时的其他著作家也没有给我们留下多少有用的信息。

公元80年，犹太人约瑟夫斯出版了一部比较详细的犹太史，提

约瑟夫斯

到了本丢·彼拉多和施洗者约翰,但我们在最初的版本中没有发现耶稣的名字。

太巴列人贾斯特斯的写作年代与约瑟夫斯相同,他非常熟悉前两百年的犹太历史,但显然从来没听说过耶稣。

那个时代的历史学家似乎集体保持了沉默,我们目前了解的一切全部来自《新约》的前四卷,也就是四部"福音书"——这个词来自古英语,原意是"好消息"。

与《但以理书》、大卫的《诗篇》以及《旧约》其他许多篇章一样,福音书的作者并没有署上真名。

这四部书分别以使徒马太、马可、路加和约翰的名字命名,但实际看来,几位耶稣门徒不大可能与这些文学名著有关系。

事实真相至今深藏在迷雾中。千百年来,这一直是学者们争论的一个热点,不过,与神学相关的争论是最徒劳、最没有成果的,我们在此不会发表明确的观点,只是想简单解释一下,为什么这个问题引发了那么多的争论。

生活在现代的人们，从小时候起就被报纸、书籍、时间表、菜单、电话号码簿、护照、电报、信件、报税单等等各种印刷品包围着，而在耶稣生活的时代，竟没有任何记录他生平的文字留存下来，这在我们看来自然很不可思议。

但在历史上，这并没有什么奇怪的，也不值得惊讶。

荷马的著名史诗变成文字时，那些吟游诗人已经消失几个世纪了，当年他们只是一个村一个村地行走，给钦慕英雄的希腊孩子们讲赫克托耳和阿喀琉斯的光辉事迹。

那时候，所有的信息都靠口口相传，人们锻炼出了很好的记忆力。故事由父亲讲给儿子听，和今天印成文字传给后代一样精确。

此外，我们不能忘记，耶稣曾拒绝担任民族领袖（尽管那是许多族人的热切期望），他接触的几乎全都是穷苦、纯朴的渔民和客栈掌柜，没有一个是编书的人，而且大多数人根本不会写字。

在耶稣被钉上十字架之后，记述他的生平和教诲似乎纯属浪费时间。

他的追随者坚信，世界末日即将来临。准备迎接最后的审判时，他们不会费心去编写书籍，反正写出来也会马上被天火烧掉。

可是过了一年又一年，人们越来越确定，在未来的漫长岁月里，世界将继续静静地穿行在宇宙中。于是有人开始四处寻访认识耶稣的人、听过他讲话的人、陪伴他走过最后几年的人，搜集他们记得的事。

这些人还有很多健在，他们毫无保留地贡献了自己的记忆。渐渐地，那位先知的著名布道由零散的记忆片段拼凑起来，最终成为一卷书。

之后,寓言故事也被重新搜集,汇成一卷。

编书的人走访了拿撒勒的老人们。

在耶路撒冷,有些人去过各各他,目睹了处决过程,他们讲述了耶稣临终前经受的痛苦。

这方面的作品迅速丰富起来。

因为需求日渐增长,这类书越来越多。没过多久,相关资料就已积累到了庞杂的地步。

如果要从现代找一个类似的例子,我们可以亚伯拉罕·林肯为例。关于这位美国最伟大的先知,讲述他生平的书籍一直在稳定增加,不断有大大小小的各种新书推出。一般人根本不可能把这些书全部读一遍。即使能找到所有的书,人们也很难从中挑选出真正该读的。

鉴于这种状况,不时地会有一位学者投入毕生精力进行专门的研究,细细筛选所有证据,为公众编写出一部简明扼要的《林肯传》,突出介绍重要事件,只有专业历史研究者才会感兴趣的内容一概略去。

四部福音书的作者就是这样撰写耶稣生平的。他们每个人都根据自己的偏好和能力,用自己的话叙述了耶稣的苦难和非凡成就。

没有人能准确说出马太是谁,生活在什么年代。但是从他的文字风格可以看出,他是一个单纯的人,喜欢耶稣常给加利利农夫们讲的那些浅显质朴的故事,所以着重写的是寓言和布道。

约翰完全不同。他一定是一位博学,或许多少有点死板的学者,熟知当时亚历山大各所学院传授的最新学说,因此他的"耶稣传"

带有一种庄严的神学色彩,这是另外三部福音书完全没有的。

第三部福音书被冠上了路加的名字,据说路加是一位医生。

但他很有可能是一名教师。

他非常郑重地声明,他读过当时流传的所有基督传记,但认为全都写得不尽如人意。于是他决定自己写一本。

他不但要完整叙述大家都已经知道的事,还准备添加一些从未披露过的细节。结果的确如他承诺的,他在马太和约翰没有注意到的细节上投入了大量时间和精力,以悉心的研究为世人留下了一部杰作。

至于马可,从古至今,他一直是《圣经》研究者特别关注的对象。

有关耶稣最后时光的记述十分模糊,但我们经常可以在其中瞥见一个聪明机灵的年轻人,在各各他的悲剧中,他是一个很小但确实存在的角色。

有时候,我们看到他为耶稣跑腿办事。

在最后的晚餐当晚,他冲进客西马尼的庭院向先知报警,说公会的士兵来抓他了。

后来我们又听说,他成了保罗和彼得的秘书及旅伴。

可是,我们始终无法确定他究竟是谁,做了什么,与耶稣是什么关系。

以他为名的福音书把问题变得更加复杂。这部书看上去正是他那类年轻人可能写出的精彩作品,很多事件都写得像是亲身经历。作者省略了其他福音书里提到的许多内容,但每到详细讲述一件事的时候,总是把故事讲得活灵活现,其间穿插着大量生动的逸闻趣事。

这种近距离的、个人化的笔触经常被当作确凿的证据，证明作者至少在他所写的事上掌握了第一手材料。

但是，《马可福音》与其他福音书一样带有一些文学特征，很明确地把它的创作时间限定在了公元2世纪，只能是马可、马太、约翰的孙辈所作。

由于找不到任何来自同时代的证据，总有些人以这一点为理由，宣称一切根据史实再现耶稣生平的尝试都是白费力气，除非有埋藏在某处的新证据出现，为我们把公元1世纪前半期与2世纪后半期重新衔接起来。

就个人而言，我并不赞同这种观点。

以我们目前掌握的情况来看，福音书的作者确实不认识耶稣，而且认真研究过这些文献的人都能看出，几位作者显然有相同的资料来源，同是参考了流行于公元200年、后来失传的一些文本。

在欧洲、美洲和亚洲的早期历史上，类似的空白并不少见。就连大自然这部百科全书也会偶尔跳过几百万年，留下一个空白时期，任凭我们根据自己的喜好或科学信念去发挥想象。

但我们现在要探讨的并不是模糊的史前人物，而是一个拥有非凡魅力和鲜明力量的人，他的生命力超越了两千年前的一切。

另外，历史研究者格外看重的直接书面证据，在我们谈到或写到耶稣时总显得那样的多余。与这位拿撒勒先知相关的文学作品就证明了这一点。

关于他和他的事迹，过去两千年里出版的书籍多得无法计数，涵盖了各种语言文字，呈现了人们可能想到的各种观点。

有的书热切地证明他存在，有的书以同等的激情证明他不存在。

对于福音书内容的权威性和可信度，有的书给予肯定，有的书表示质疑。

有的书怀疑使徒写的信是否绝对可靠，有的书充满敬意地深信不疑。

这还不是全部。

《新约》里的每一个词都被人极其谨慎地反复研究，受到文献学、年代学、基督教教义学的严格检验。

曾有著名的《圣经》研究者对《启示录》或《使徒行传》中难解的一点——与耶稣的理想毫不相干的一点——有不同认识，双方意见的分歧竟引发了战争，颠覆了国家，毁灭了整个民族。为纪念一些从未发生过的事，有人建起了宏伟的教堂；一些不可否认的事实却遭到可怕的攻击。

有人告诉我们基督是上帝的儿子，但也有人指责他是骗子，有的态度极端激烈又顽固。

为解开谜团、了解这个被尊奉为神的人，勤奋的考古学家深入研究了上千个部落的民间传说。

各种高尚的、荒唐的、庸俗的观点都被扯进这场大讨论中，每一种都有大量看似不可能驳倒的圣经文句、原始资料和文字片段支持。

而这一切都是徒劳。

或许，早期的信徒是最明智的。

他们没有写书，没有争论，没有过多地分析思考。

他们怀着感恩的心接受了一切，然后让信仰为自己指引方向。

我们将秉承这种爱的传统，重新讲述下面的故事。

希律是一个国王，一个很坏的国王。

谋杀和欺骗是他执掌王权的基础。

他没有原则，但是，他有野心。

西亚的人们依然记得伟大的亚历山大。

一个小小的马其顿王子在三百年前做过的事，一位实力更强的犹太国王在今天或许也能做到。

于是，希律开始了冷酷无情的精心谋划，一心要为安提帕特家族增添荣耀。他不在乎别人，也不在乎上帝，唯一忌惮的就是罗马总督，因为全靠总督的恩典，他才能继续坐在这个恶毒的宝座上。

一千年前，这样的专制暴政也许不会遭到反抗。

然而世界已经改变了许多，希律在惨死之前将亲身体验到这一点。

罗马人在地中海沿岸地区确立了稳固的秩序。与此同时，希腊

希律

人正在未知的心灵世界里展开探索,通过科学研究揭示善与恶的本质,力求得出一个符合逻辑的答案。

为方便其他国家的人们,希腊语已大大简化,成为各国文明阶层通用的语言。

即使是对一切外来事物持有强烈偏见的犹太人,也无法抗拒简便好用的希腊字母。

四部福音书的作者无一例外都是犹太人,但他们在写作时都用了希腊语,而没有使用本国的亚兰语,自巴比伦流放结束之后,亚兰语就已取代了古老的希伯来语。

罗马在当时是公认的世界中心,为抵消其影响,希腊化时期的希腊人集中力量打造了一座与罗马对抗的城市,也就是以那位马其顿英雄命名的亚历山大城。它坐落在尼罗河口,距著名的古埃及文明中心不远,可惜在耶稣诞生前很多个世纪,那段文明就已经消亡了。

希腊人聪明、不安定,有着永不满足的好奇心,他们仔细检验并阐明了人类掌握的各种知识,而且经历过各种成功和失败。

拿撒勒

他们还记得那个黄金年代,他们的小小城邦依靠自己的力量,打败了强大的波斯国王的军队,避免了欧洲遭到外敌入侵。

他们时常想起(他们怎么可能忘记?)另一段日子,因为他们的自私和贪婪,国家轻而易举地被组织更完善的罗马吞噬。

希腊人在政治上失去了独立自主的地位,却因为向征服他们的罗马人传授知识,反而获得了更高的声誉。

希腊哲人在尝尽人间享乐之后得出结论(《传道书》的作者已经向我们传达过同样的道理):这一切都是虚空,没有精神上的满足,人生永远不可能完满,无论满窖的黄金还是堆满阁楼的印度珍宝,都换不来精神的充实。

希腊人的一切结论都来自严谨的科学推理,不太相信那些模棱两可的预测未来的话。

他们将知识界的领袖人物称为"哲学家",即"智慧之友",而不是犹太人通常所说的"先知"。

不过,雅典的苏格拉底与巴比伦的无名先知有一个非常重要的

约瑟

相似之处：

他们都坚守内心深处的信念，做他们认为正确的事，不在乎周围人的偏见和流言蜚语。

他们热诚地在邻居中传播自己的正义理念，希望眼前这个世界能够成为更人道、更合理的居所。

这些人当中有一部分，比如犬儒学派，他们奉行的信条与生活在犹大深山里的艾赛尼派一样严格。

另一部分人，伊壁鸠鲁派和斯多葛派，则更善于处世。他们在宫廷里教授自己的学说，还常常被罗马的富家子弟聘作私人教师。

但无论哪一派的人，他们都同样坚信一点：幸福完全来自内心的信念，与外部环境无关。

在这些新学说的影响下，旧时的希腊和罗马神祇正迅速丧失在公众心中的地位。

首先，上层阶级不再去古老的神庙参拜。

恺撒和庞培一类人照旧遵行各项敬拜朱庇特的仪式，但在他们

撒迦利亚

看来，高居在奥林匹斯山巅云雾里的雷霆之神只是一个传说故事，可以唬唬小孩子以及台伯河对岸那些没文化的乡民。一个受过教育、会思考的人要是把这种传说当真，那就太荒谬了。

当然，任何一个社会都不是完全由有头脑或思想高尚的人构成的。从建立之初，罗马城里就挤满了大发战争财的人。三百多年里，这座城市一直是世界之都，吸引了来自各国的人，就像人们总是涌向纽约、伦敦、巴黎之类的城市，因为在那里获得成功相对容易，也不会有人问起有关履历背景的尴尬问题。

罗马在欧洲和西亚征服了大片新领土，很多贫穷的罗马人一跃成为富足的大地主。

依靠家中田产的收益，这些人的子女生活无忧，跻身时髦阶层，把宗教当成了一项最新时尚。他们对伊壁鸠鲁派和斯多葛派那种简单朴实的教义没兴趣，至于第欧根尼那样不洗澡的偏执狂，一个为图方便执意要住在旧木桶里的人，就更是不用说了。他们想要的是稍稍生动别致一点的东西，最好不要那么严肃，能够激发想象，又

马利亚

不会过多影响日常生活中的享受需求。

他们的愿望实现了。骗子、空想家、诈骗犯和江湖医生从埃及、小亚细亚、美索不达米亚,从世界各地涌向罗马,宣讲通向幸福和救赎的捷径,以此骗取钱财,即使在破除了迷信的今天,这也能给他们带来几百万的收入。

他们堂而皇之地把这种精神骗术称作"神秘教"。

他们知道大多数男人(女人也一样)很喜欢独享一些不必告知别人的秘密。

斯多葛派学者可能会直截了当地宣称,他的生活准则能让世上每一个人——无论是富是穷,无论是白皮肤、黄皮肤还是黑皮肤,都感到快乐、满足、高洁。

但那些精明的人掌握了一些无形的知识,即玄妙的东方神秘宗教的基础,他们绝不会犯这样的错误。

他们有非常严格的入门限制。

他们只向很少的人传教,而且要价极高。

他们从不在露天场所布道,因为那是向所有人免费开放的。他们躲进光线昏暗的小屋子,屋内弥漫着熏香气息,挂满了奇异的图画。他们在这里故弄玄虚,每次都能把教育程度不高的人唬住。

这些新来的传教者当中,必定也有几个是真诚的。他们真心相信自己看到的幻象,也真的认为自己在黑暗之中听到了声音,带来了另一个世界的消息。但是,绝大多数都是头脑灵活的冒险家,他们愚弄公众,因为公众甘愿受愚弄,并且甘愿为这种特殊待遇慷慨解囊。

在相当长的一段时间里,他们一帆风顺。各种神秘教之间的竞争,与现代城市里那些看手相的人以及星相专家之间的竞争一样激

去往伯利恒的路上

烈。然后,他们的生意突然一落千丈。公众厌倦了这套把戏,而导致公众失去兴趣的,是当时罗马帝国表面的一些变化。

一个民族的幸福感往往与他们拥有的财富成反比。富裕和繁荣程度超过一定限度之后,面对生活中的简单乐趣,人们开始变得麻木;一旦没有了这些乐趣,人生就变成了从摇篮延伸至坟墓的一条枯燥乏味的漫漫长路。

罗马帝国或许是这条历史规律的最佳实例。对于数量激增的罗马人,生存成了一种负担。他们尝够了美食,喝够了美酒,有过太多的享乐,从平常的生活中已经无法得到任何满足。他们四处寻求解决问题的办法,却没有得到回应。

古老的神明让他们失望了。

新真理的传播者让他们失望了。

了解繁殖女神伊希斯、光明之神密特拉以及酒神巴克斯崇拜的神学家让他们失望了。

耶稣诞生

剩下的只有绝望。

就在这时,耶稣降生了。

※

那是公元前 4 年。

在加利利的一片宁静山谷中,坡上伫立着一个名叫拿撒勒的村庄。

村里住着木匠约瑟和他的妻子马利亚。

他们并不富有,但也不算穷困。

他们和周围的人家没有两样。

二人辛勤劳作,告诉孩子们将来要有作为,因为他们的父母都是大卫王的后代。大家都知道,大卫是温良的路得的曾孙,而路得的故事是每一个犹太男孩女孩都熟悉的。

约瑟是个淳朴的老实人,从没离开过家乡,但马利亚曾在那个叫作耶路撒冷的大城市里住过不少日子。

牧羊人

那时她与约瑟定了亲,还没有完婚。

马利亚有一个亲戚,名叫以利沙伯,嫁给了在圣殿供职的祭司撒迦利亚。

撒迦利亚和以利沙伯都已上了年纪,两人没有孩子,为此心里很难过。

可是忽然有一天,以利沙伯捎信给马利亚,说家里要添小宝宝了,问马利亚能否来帮忙,因为要做的事情很多,以利沙伯也需要一点照顾。

马利亚赶到了耶路撒冷郊外的淤他,在亲戚家一直住到小约翰出生,安安稳稳地睡在了摇篮里。

之后她回到拿撒勒,与约瑟结了婚。

然而没过多久,她不得不再度踏上旅程。

在遥远的耶路撒冷,邪恶的希律依然占据着王位。

不过,他的势力日渐衰弱,余下的日子已经不多了。

在更遥远的罗马,奥古斯都掌握了政权,把共和国变成了帝国。

第二十章 耶稣降生

敬拜

帝国开销很大，臣民必须纳贡。

手握无上权力的皇帝于是下令，他所爱护的四方百姓一律要去登记，按期把名字录入官方花名册，以便日后税吏核查哪些人交了所有该交的税，哪些人没有尽到义务。

从名义上说，这时的犹地亚和加利利仍属于一个独立的国家。但是到了收税的时候，罗马人总要把手伸得更长一点。旨意传来，所有人都要在规定的日期亲自到家族或部落原籍去登记。

约瑟是大卫的后裔，所以必须去伯利恒登记，他的妻子——忠诚的马利亚陪他一起上路了。

这不是一次轻松的旅行。

路途漫长，令人疲惫。

约瑟和马利亚好不容易到了伯利恒，却发现城里所有的客栈都已经被先到的人住满了。

那是一个严寒刺骨的夜晚。

好心的人同情这个可怜的年轻妻子。

伯利恒

希律的阴郁宫殿

他们在破旧的马厩一角为她安置了一张床铺。

耶稣就在那里出生了。城外的旷野上,牧羊人一边守护着羊群,防备盗贼和狼群,一边想着很久以前说过的弥赛亚不知何时能够降临,把不幸的国家从外族统治者手中解救出来,那些外族人嘲笑耶和华的力量,嘲笑犹太人心目中神圣的一切。

这是很久以前的事了。

很少有人提起这些,是因为紧接着发生的一件事:迫于希律王的残暴,约瑟一家匆匆逃进了荒野。

一天晚上,马利亚正在她和丈夫安身的马厩前给孩子喂奶。

突然,街上传来一阵喧闹声。

一支波斯商队正从这里走过。

他们的骆驼、仆人、华服、金饰和色彩艳丽的包头巾交织成了一幅奇异的风景,引得所有人都跑到门前观看。

年轻的母亲和她的孩子引起了这些陌生人的注意。他们停了下来,逗弄小男孩,离开时从货物中拿了些丝绸和香料送给美丽

西面与亚拿

的母亲。

这本是件很平常的事,但犹地亚是个小地方,消息传得很快。

在耶路撒冷,阴郁的王宫里,希律坐在黑暗中,对未来充满恐惧。他老了,体弱多病,痛苦不堪。

他的脑子里总想着被他杀害的妻子。

末日正快速迫近。

他的晚年一直与猜疑相伴,恐惧悄无声息地纠缠着他。

听到手下军官谈起波斯商人造访伯利恒,希律顿时万分恐慌。这位犹地亚王与当时所有人一样,坚信肤色黝黑的东方智者能行奇迹,自以利亚和以利沙的时代之后,再也没人见过奇迹。

那些人绝不可能是普通的商人。他们肯定有什么特殊使命。他们是来报复这个篡位者的吗?他现在占据的王位,在几百年前是属于大卫的,大卫也是出生在伯利恒,而东方智者正是在那里引发了一场骚动!

希律王询问详细情况。他听说过很多与这个神秘男孩有关的怪事。

　　这孩子是家中的长子,所以出生后不久就被带到了圣殿,献祭完成之后,一个名叫西面的老人和一位叫作亚拿的年纪很大的女祭司都说了些奇怪的话,说获救的日子就要来了。西面还恳请耶和华让他在这一刻安然死去,因为他已经看到了引领族人离开邪恶与堕落之路的弥赛亚。

　　这些传闻是真是假,希律并不关心。总之已经有这样的话传了出来,而且有很多人相信了。这就够了。希律下令,把过去三年里出生在伯利恒的男孩全部杀死。

　　他想用这个办法除掉一切可能来争夺王位的人。不过,他没有完全得逞。

　　有些父母事先得到耶路撒冷的官员或亲友警告,成功逃脱。马利亚和约瑟去了南方,民间传说总喜欢把耶稣早年的经历与亚伯拉罕和约瑟的故事联系起来,所以长久以来流传的说法是他们一直逃到了埃及。

发生在伯利恒的屠杀

希律身亡的好消息传来，屠杀也就结束了。他们回到了拿撒勒。约瑟的木工作坊重新开张，马利亚则忙着照顾越来越多的孩子。

她又生了四个儿子——雅各、约瑟、西门和犹大，另外还有几个女孩，他们见证了长兄的胜利和惨死，这位不同常人的长兄，他在母亲怀里懂得了仁爱，要把这份爱传递给全人类。

第二十一章　施洗者约翰

在犹太人当中，先知精神尚未泯没。在耶稣的青少年时代，有一个名叫约翰的人，也就是我们所说的施洗者约翰，他曾大声疾呼，让世人为自己的罪孽忏悔。但犹太人一点不想改变他们的生活方式。约翰执著地传道，劝诫犹地亚的人们，希律王下令将他处死。

希律死了，奥古斯都死了，耶稣已经长大成人，在拿撒勒过着平静的生活。

从他孩提时代以来，这段时间里发生了很多事。

希律娶过十次亲，他的庞大财产如何分配成了一个大难题。

他原本有很多孩子，后来有的被谋杀，有的被处决，最终只剩下了四个。

罗马人拒绝听任这几个野心勃勃的继承人争来争去。

他们把希律的领地分成了大小不等的三份，分给了最符合帝国当前政治需要的三个人。

最大的一份几乎占了整个领地的一半，犹地亚地区也包含在内，这一份给了长子亚基老。加利利和北方的大部分土地分给了希律·安提帕，他和亚基老是一母同胞的兄弟，母亲是撒玛利亚人。余下一小块无关紧要的狭长地带，则给了一个名叫腓力的人，他与希律似乎没有任何亲缘关系，只是碰巧在罗马人面前很受宠。他的名字在当时很常见，因而给历史研究者添了不少麻烦。

更麻烦的是，还有另外一个腓力，一般随他父亲的名字叫他腓力·希律，他的妻子叫希罗底，是老希律同父异母的兄弟阿里斯托布卢斯的女儿。希罗底生了一个女儿名叫撒罗米，这位撒罗米后来似乎是嫁给了统治加利利海以北地区的那个腓力。

几年以后，这些腓力和希律们将在一桩极端恶劣的家族丑闻中扮演主要角色，而这桩丑闻间接导致了施洗者约翰的英年早逝。这是本书提及这些人的唯一原因。

这一章内容复杂，我们尽量长话短说。老希律的财产被瓜分了，一贯隐忍的臣民接受了新主人，罗马皇帝提比略指示他派往犹地亚的行省总督，在这个不安分的辖区，要密切关注各项事态的发展。

史料中留下了这位总督的大名。

他叫本丢·彼拉图斯，我们叫他彼拉多，他是罗马皇帝的私人代表，他管辖的行省直接向皇帝纳税，而不是向元老院纳税。

我们很难用现在的概念来解释彼拉多的职位。

不过，当时犹地亚的情况与目前英国及荷兰的一些殖民地大致相似。印度群岛还有很多地方由所谓独立的苏丹和酋长统治,他们表面上依然可以指挥卫队,颁布法令,但实际上,他们已经没有任何实权,完全听命于外国主子。

出于政策方面的考虑,这些地区似乎不适合强行占领,让它们维持形式上的半自治状态更为有利。但在当地首府,必须驻有一名"总督"或"行政长官"或"总领事",他的责任是监督管理国王及大臣们的一举一动。只要他们听从他的指示,就可以保住各自的位置。但是,如果他们忘了无形之中还有实权在握的人紧盯着自己,那就只有祈求老天保佑了。总督阁下必定会非常明确地表达他的不满。如果他有理由认为自己的第一次警告被当作了耳旁风,宗主国的海军船坞将会突然忙碌起来,要不了多久,就会有一个深肤色的人被流放,孤零零地被送上远方某个寂静的荒岛。

本丢·彼拉多就是这样一位总督,掌握着无形的、却又无处不在的权力,负责监管犹太人。他管辖的领地相当大,每年一次(有时甚至更少),他离开海边的该撒利亚,来到耶路撒冷。他每次都算

罗马卫兵

准时间,刚好在犹太人的盛大节庆里出现。这样,他就能集中接见所有的地方首领,省得再浪费时间去逐村视察。他可以听他们诉苦,为他们提些意见建议,如果遇到麻烦(容易激动的旧都民众随时可能惹出麻烦),他还可以亲自监督采取措施,整顿秩序。

总督在都城没有自己的府邸。每次到访,他都要占据王宫的一片侧殿。这座古老建筑的主人大概不太喜欢这种安排,但严厉又生硬的罗马官员没兴趣了解犹太国王的观点,这就好比一位谦恭的穆斯林王公,虽然他的领地还没有被英国直接吞并,但驻印度的总督一样会完全无视他的个人喜好。

另外,希律也有办法在最短的时间内送走不速之客。

只要各项税款都能按时上缴,各条道路上都没有打劫的强盗,各派宗教领袖个人的意见分歧没有引发内战,总督巴不得快点离开都城。

和罗马推行的许多制度一样,这种双重管理的形式并不理想。但是,它能行得通,对征服者来说,有这一点就足够了。他们很乐意把治国理论留给热衷于研究这类问题的希腊政论家,自己把注意力集中在实实在在的日常生活上。他们的务实方针一般都能成功,所以世人也就接受了这些粗糙但可行的手段,认为这是自古以来最实用的解决方法。

可是,看啊!就在事事顺畅的时候,从荒漠里跑来一个疯疯癫癫的人,很不合时宜地突然出现,粗暴地打破了犹地亚的平静。

住在约旦河以西地区的人们对艾赛尼派并不陌生,他们鄙视一切物质财富,喜欢在孤寂的荒漠里修行。他们与世无争,只在自己的一小块聚居区活动,很少去村子里,从来不进城,城里的坏人买

第二十一章 施洗者约翰

卖东西，一天天变得富有，虔诚的隐士们为来世忧虑，而那些人根本不考虑这个问题。但是新来的这位先知，虽然他的衣着和生活方式很像艾赛尼派，却一点没有他们那种出了名的封闭性格。他在约旦河一带往来奔波，不知疲倦地向百姓传道，那情景很像几年前风行美国的奋兴布道会。

遇到不肯听他劝诫的人，他就毫不客气地谴责他们。

不久，他便和撒都该派发生了冲突。这是非常令人遗憾的事，因为一旦有人破坏社会安定，巴勒斯坦方面就要向罗马汇报，罗马将派调查委员会到巴勒斯坦，结果可能是撤换执政的君臣，犹地亚国王将被流放，到某个罗马城市或黑海边的小村子去受煎熬。

因此，不等远在该撒利亚的总督听到消息，法律的铁腕就已伸向了那个大胆扰乱国家安宁的宗教狂热分子。

而那个人，原来是撒迦利亚和以利沙伯的儿子，就是三十年前马利亚去拜访老夫妇时出生的那个男孩。

约翰只比耶稣大十二个月，小时候是个严肃老成的孩子。他年

施洗者约翰在荒漠里

死海

少离家,深入荒漠,在孤寂的死海岸边专心思考神圣的问题。

他远离农场和工坊的喧嚣,认真思考着那个世界的邪恶,其实老实说,他对那个世界一无所知。

他是一个无欲无求的人。

一件骆驼毛的旧衣服就是他的全部家当。

他的饮食简单到了极致,能维持基本的生存就够了。

他只读祖先写的书,西方文明世界的人们在谈论什么、想什么、做什么,他一概不了解。

他怀着绝对的、坚定不移的忠诚敬奉耶和华,不久便开始拿自己与以利亚、耶利米以及其他伟大的民族领袖相比较。他本是好人,他希望所有世人都能具备和他一样的美德。他看到可恨的老希律父子做的恶事,看到族人对祖先传下的律法很淡漠,他觉得自己有义务站出来,重新给犹地亚的人民讲讲那些他们理应知道、但早已经忘到脑后的事。

因为粗野的模样和激烈的言辞,约翰走到哪里都能引来大群围观的人。

他蓬头垢面,乱糟糟的长胡子随风飞舞,手舞足蹈地宣讲审判日的到来——面对这样一个人,再麻木不仁的罪人也会从心底里生出恐惧和疑虑。

不久,人们开始悄悄议论,这个人就是大家期盼了很多年的弥赛亚。

但他不喜欢听这种话。

他不是救世主。耶和华只是派他来为迎接真正的救世主做准备。

可是,人们喜欢神神秘秘的事,不肯相信这么直白的说法。如果这个人不是弥赛亚,那么,他至少是先知以利亚重返人间,来行神迹的。

但这也被约翰否定了。

施洗者约翰

无名先知

第二十一章 施洗者约翰

他一丝不苟地坚守着自己选定的角色。他不过是上天派来的卑微使者,奉命在世间传递让人绝望或予人希望的消息。

所有人最终都要接受火的洗礼,洗去身上的罪孽,在那一天到来之前,约翰愿意用河水为那些有心悔悟的人施洗,以表示他们重新相信了耶和华的力量。

犹太人深受震动。约翰的名声在各个村落迅速传开,四面八方的犹太人都跑来看他,听他布道,让这位新出现的奇特先知为他们施洗礼。

最后,约翰的成功事迹传到了加利利。

在拿撒勒的家中,耶稣做了木匠的学徒,一直过着平静的生活。

十二岁时,父母带他去耶路撒冷过逾越节。圣殿之行给这个少年留下了深刻的印象。仪式结束之后,马利亚和约瑟马上动身返回北方。耶稣没在他们身边,两人以为孩子跟着另一群拿撒勒人走了,估计晚上就能到家。

耶稣在旷野里

可是夜幕降临,他们的儿子依然不见踪影,而且谁也没见过他。约瑟和马利亚担心出了意外,连忙急匆匆地赶回耶路撒冷。

他们找了一天,结果在圣殿里找到了耶稣,他正全神贯注地和一群拉比探讨宗教问题。

耶稣见可怜的母亲被吓坏了,便保证说以后再也不乱跑了。

不过,现在他已经是大人了,对现实问题有着浓厚的兴趣,听说约翰(这时人们都叫他"施洗者约翰")的事以后,他离开拿撒勒,徒步前往死海,加入了跟随这位倔强先知的人群,人们大声喊叫着,请求在约旦河的泥泞河水中受洗。

见到这位亲戚,耶稣有一种奇怪的触动。

真的有这样一个人,因为内心的信念而勇敢无畏。

耶稣并不是很喜欢约翰的举止和激烈的讲话方式。

不过,耶稣在北方宜人的草原上长大,而约翰生长在南方贫瘠的农场,早年的经历在这两人的性格上打下了烙印。

地牢

耶稣觉得，他从约翰身上可以学到很多。他也请求受洗，不久之后，他决定到旷野里去，在孤寂中完成灵魂的探索。

等到他从旷野返回，约翰的传道生涯即将终结，两人从此难得再有见面的机会。

这不是耶稣的过错，而是由他无力左右的情况造成的。

施洗者约翰如果仅仅是宣讲"天国近了"，当权者不会理睬他。可是，他却开始抨击现实中的犹地亚，这就另当别论了。

很遗憾，约翰的确有充分的理由批评君王的私生活。分封王希律·安提帕和他的父亲一模一样。

他和异母兄弟腓力因为政务被召到罗马的时候，他疯狂地爱上了兄弟的妻子，希罗底。

希罗底对自己的丈夫没有任何感情，愿意嫁给希律，条件是希律必须先和现任妻子——来自名城佩特拉的一个阿拉伯女子离婚。

在那时的罗马，只要有很多钱，什么事都可以办到。离婚也不

约翰已被带出地牢

在话下。

希律迎娶希罗底做了王后，希罗底的女儿撒罗米也搬来与继父一同生活。

这桩厚颜无耻的勾当震惊了加利利和犹地亚的人们。但大家都很识相地闭上嘴，不敢公开议论这件事，以防国王的士兵就在附近，听见他们说的话。

然而约翰作为耶和华意志的执行者，深知自己肩负的重要使命。面对如此恶劣的罪行，他不可能保持沉默。

不管何时何地，他一有机会就痛斥希律和希罗底。

假以时日，他的激烈言论很可能点燃民众的不满，引发暴乱。当权者自然要尽一切力量防止这种事情发生。

他们下令逮捕约翰。

先知到了这时仍不肯安静。在黑暗的地牢底下，他继续高声谴责国王夫妇，在他眼里，那两人不过是一对普通的奸夫淫妇。

希律左右为难。他惧怕这个陌生人散发出的神秘力量。

可是，他更怕妻子那张刻毒的嘴。

他今天想把约翰处死，明天又心软下来，提出只要约翰不再乱说话就宽恕他。

最后，希罗底不耐烦了，决定干脆了结这件事。她知道丈夫非常疼爱她带来的女儿撒罗米。女孩跳起舞来优雅动人，希律很喜欢看。

她让女儿不要在宫里跳舞，除非国王答应，无论她想要什么都可以给她。

希律张口就说"好"，然后，撒罗米在母亲唆使下，说她想要施洗者约翰的头。

继父后悔自己做了蠢事，提出以整个王国做交换，收回他说过的话。但母女二人毫不动摇，执意要处死约翰。

行刑的人下到锁着先知的地牢。不一会儿，约翰的头颅被送到了惊恐的撒罗米面前。

约翰，一个敢于在只知享乐的世界里发出严肃声音的人，就这样死了。

第二十二章　耶稣的童年

耶稣在一个名叫拿撒勒的小村子里长大，周围都是淳朴的农夫和工匠。他学了木工手艺，但那不是他想要的生活。他看着这个世界，满眼看到的都是残暴和不公。他告别了父母，告别了弟弟妹妹，去向世人宣讲他心中认定的真理。

耶稣在旷野里生活的时间很短。那段日子里，他几乎不吃不睡。他需要抓紧一切时间规划未来。

他年近三十，还没有娶妻，可以自由来去，可以像一般人那样简简单单地过日子。

但是，约翰的话让他陷入了思考。他在拿撒勒过得宁静而平淡，回顾那时的种种感想和经历，这一刻在约旦河畔，他突然问自己："人生究竟有什么意义？"

就在不久前，罗马花重金聘来几支雇佣兵团，仰仗他们的力量和忠心,把共和国变成了帝国。耶稣对这类重大的政治事件没有多少了解。

对于希腊语以及所有的希腊语著作,他一窍不通。

他讲亚兰语,也许能读古希伯来语,很多世纪以前的圣卷就是用这种古老语言写成的。

无论是希腊的思想和科学,还是罗马的法学和治国之道,对他都没有影响。

他是由他的民族、他所属的时代塑造而成的一个人——一个谦卑的犹太木匠,熟知古老的摩西律法以及在犹太会堂和圣殿里听到的士师及先知传下来的教义。

他非常认真地对待自己的宗教义务。

每逢需要时,他就到耶路撒冷去,依照传统习俗的要求,在圣殿献上燔祭。

他对加利利这片小天地没有不满,对约瑟和马利亚的教诲也没有过质疑。

不过,他并非完全没有疑惑。

他和其他人不一样。

他在内心里感觉到一种精神特质,这让他与众不同。拿撒勒的善良邻居们没有注意到这一点。大家太熟悉他了。在他们眼里,他永远是木匠的儿子。

但是,他一离开家乡,情况就变了。

他变得引人注目。

他的眼神里、他的举止中有一种东西,吸引了路人的目光。当他来到约旦河边,来到时刻期待着神迹显现的人群中,他听见追随施洗者约翰的人们在他背后悄声议论，相互问着同一个问题："那个人就是我们的弥赛亚吗？"

可是，那些蜂拥而来听约翰布道的人认为，救世主应该是能征善战的勇士，是严厉的士师——就像一个帝王般的复仇者，他将建立起伟大的犹太王国，以上帝选民的律法统治全世界所有的国家。

这与耶稣的淳朴想法大相径庭，这种世俗的想象分明是又一个参孙，骑着一匹高大的黑马，挥剑率领战无不胜的大军，征讨所有反对法利赛派宗教偏见或撒都该派政治信念的人。

其实，关键就在一个字。

耶稣与冷酷的罗马人、世故的希腊人、教条的犹太人不同，区别就在于他对"爱"的理解。

他的心里充满了对人类的爱。不仅仅爱他的拿撒勒的朋友、加利利的邻人，也爱生活在通往大马士革的道路消失不见的地方、生活在更广阔的世界里的人们。

他怜悯他们。

他们的争斗毫无意义，他们的野心终将落空，他们对金钱名誉的追求纯粹是浪费宝贵的时间和精力。

的确，许多希腊哲学家也得出了相同的结论。他们也发现，真正的幸福源自内心，而不是来自装满口袋的银币，或看台上人群的欢呼喝彩。

但是，他们只在出身高贵、有教养的人当中交流，从不把他们的思想传播到那个封闭的小圈子以外，那时候，灵魂的永生是他们才能享有的特权。

他们认为，世上有奴隶，有穷苦人，有千百万永远摆脱不掉悲惨生活的人,这都是正常的,世间固有的、必然的秩序本来就是这样——虽然不幸,但也是无可奈何的事。

他们宁可给野地里的狗、给后院里的猫讲伊壁鸠鲁派或斯多葛派哲学,也不愿意把这些讲给在他们田里干活的工人、为他们做饭的厨师听。

从某些方面来说,他们已经比早期犹太领袖人物进步了不少,当年那些领导者坚决不承认任何外族人的权利。

但是与耶稣(他对他们一无所知)相比,他们还差得太远。

耶稣以悲悯博大的胸怀包容世间一切生命。身处一个由顽固的法利赛派主导的国家,他已经隐隐预感到了,如果继续宣讲忍耐、仁慈和谦卑,等待他的将会是怎样的命运。可是,有一个声音让他为创造更美好的世界而献身,而这是他无法抗拒的声音。

他的事业走到了紧要关头。

摆在他面前的有三条路。

首先,他可以在拿撒勒安度余生,在左近一带打打零工,与乡

耶稣离开了家

里人聊聊深奥的律法和礼俗问题，每到傍晚，大家就聚在水槽边，听村里的拉比讲经。

耶稣不喜欢这种生活。这无异于精神上的慢性自杀。

其次，如果他希望人生过得惊险刺激，现在就是不错的机会。

他一露面就让约翰的追随者兴奋起来，他尽可以利用人们的这份热情。只要由着这些单纯的人相信他们巴不得相信的事，他很容易让人们承认他就是期盼已久的救世主，继而像马加比那样，成为一场民族运动的领袖，也许能够（当然也可能失败）让承受着分裂痛苦的犹太民族重获独立和统一。

一生之中，谁的心里没有闪过类似的梦想呢？然而耶稣却毫不迟疑地推开了这种诱惑，认为这样的抱负与一个严肃的人根本不相称。

这样一来，就只剩下一条路了。

他必须勇敢前进，必须离开父母，冒着被流放、被憎恨、被处死的危险，把他认定的最重要的事告诉每一个有心聆听的人。

踏上这段伟大的旅程时，耶稣三十岁。

不到三年，他的敌人就杀害了他。

第二十三章 门 徒

他走过一个又一个村庄。他与形形色色的人交谈。男人、女人、孩子满怀热忱地来听他讲话,那些关于善意、慈悲和爱的话,都是他们从来没听过的。他们称耶稣为主,无论他走到哪里都追随着他,成了他的忠实信徒。

在耶稣生活的年代,一位智者要传播他的新思想,还是比较容易的。

他不需要一间讲堂,也不必浪费宝贵的时间,等着别人把他提升为教授或委任为牧师。

在犹地亚,在埃及或西亚的绝大部分地方,食宿问题都很容易解决。

那里气候温和。一身衣服几乎能穿一辈子。那里也不缺吃的,因为大多数人对食物的要求仅仅是能维持生存就可以,而且从树上就能摘到充饥的果实。

在士师和国王的时代，祭司阶层掌握着最高权力，他们不能容忍四处行走、传播异端邪说的演说家。但现在，罗马警察把守着交通要道，留意着繁忙城市里往来的车辆人流。

罗马人不太在意精神领域的事情，所有人都可以以自己的方式去寻求灵魂的救赎，唯一的前提就是自觉远离与政治紧密相关的议题。只要不是煽动反叛或暴动，人们的言论自由基本不受限制。监督执行这项法规是罗马地方行政官的职责，法利赛人胆敢破坏这类集会的话，必定不会有好下场。

环境如此，难怪新出现的先知很快吸引了大批好奇的村民，传道不足一个月，他已经赢得了演说家和先知的美誉，名声远远超出了加利利这个小地方的局限。

这时轮到约翰好奇了。他受到犹太教公会的密切监视，但行动还是自由的。于是他离开了深爱的犹地亚，北上去见耶稣。

这是两人最后一次见面。

约翰是否能够理解这位亲戚的思想，这一点很值得怀疑。两位先知看世界的角度截然不同。约翰让世人畏惧耶和华的怒火和惩罚，敦促人们为自己的罪孽忏悔。

从这方面来说，他没有超越他所学的《旧约》，仅仅是遵循了刻在西奈山花岗岩上的约法。

耶稣则不同，尽管此时还不是非常明确，但他所理解的生命就像是故乡的花朵，在温和的天气里沐浴着和煦的阳光。

施洗者约翰宣讲："不！"

耶稣以同样的激情说："是！"

约翰和他的犹太同胞观点一致，对于即将到来的救世主，他们

伯利恒

心目中的形象是依照严厉无情的耶和华描摹出来的。

而在耶稣的想象中,万物之父的形象更加崇高光辉,他拥有无边的宽容以及常人无法理解的博爱。

这是两种不可能调和的观点。

曾有那么一瞬,约翰似乎隐约领悟到了耶稣的意图。他告诉追随他的人们,千万不要对他抱太多的期望,他不过是在为另一位导师——一位更伟大的导师铺垫道路。他的两位门徒受到这番话的启发,离开他去追随耶稣,他并没有生气。

他已经把思想的精华全部传授给了世人。

不知怎么,他觉得自己还是失败了。

死亡,虽然那样地惨烈,对他而言仍是一种解脱。

再说耶稣。与约翰见面之后,他很快返回了加利利,在拿撒勒短暂停留。

约瑟已经去世,但能干的马利亚继续维持着这个小小的家,孩子们如果需要休息,随时可以回到老家来。

做天才的母亲很不容易。马利亚始终不太了解这个与众不同的儿子,他来去匆匆,行走四方,只要有三个犹太人在路边偶遇,聊起天来总会提到他的名字,有人敬仰,有人憎恨。

不过,她是一个明理的人,既然孩子非常清楚自己在做什么,她绝不会横加干涉。

尽管有时她无法理解这位先知,但她对儿子的爱一刻也没有停止过。

这回,儿子第一次出远门回来,马利亚有好消息要告诉他。

亲戚家里要办喜事,邀请他们都去。

耶稣说他很乐意参加,但他不是一个人。他新结识的朋友们也跟随他来到了拿撒勒。他明确表示,他把这些人当作自己的兄弟,所以去迦拿的时候,他带着大家一起去了。

他们从此结下了亲密无间的情谊,直到耶稣被钉上十字架都不曾改变。

迦拿

迦拿的婚礼

几百年以后,耶稣生平每一件事都被染上了一点神迹的色彩,以便说服那些头脑简单、没有文化的人,接受他传播的简单明了的教义:上帝是慈爱的。这次欢乐的家族聚会也不例外,聚会上,所有人都过得很开心,马利亚最后一次高兴地看着儿子与亲朋好友相聚,可是,这样的故事没有足够的说服力,于是人们在其中添加了一段神秘的小插曲,这在中世纪时曾是画家们钟爱的一个创作题材。

据新版本的故事描述,因为突然来了很多意料之外的客人,喜宴上的酒不够了。

侍者们急坏了。无论犹太人、希腊人还是罗马人,要让他们在自己家里招待陌生人喝水,那简直是不可想象的事。

仆人匆匆跑去找马利亚,她是一位精明的主妇,也许知道该怎么办。

马利亚又把这件事告诉了儿子,问他有什么办法。

耶稣正在沉思,被饮食这种琐事打断了思绪,不免有点生气。

但他是一个很通人情的人，深知这些琐事有多么重要。他能够理解主人家的窘迫，他们细心安排的计划全被一群不速之客打乱了。

他不声不响地把水变成了酒，帮助亲戚摆脱了尴尬处境，宴席得以完满结束，宾主尽欢。

岁月流转，不断有类似的神迹片段被添加进最初的故事中。这也是很自然的事。

人们一向喜欢把超人的神力与自己崇拜的人物联系在一起。

希腊诸神和英雄都创造过不少奇迹。古代犹太先知曾让铁浮在水上，曾徒步走过很深的河，甚至曾干扰过星系的正常运转。

在中国，在波斯，在印度，在埃及，我们在各处都能看到奇异的记载，在那些遥远国度的上古居民中，自然规律无法解释的神迹屡见不鲜。

由此可见，人们普遍需要一个想象的世界，不可能发生的事在那里都变得不言而喻，这种需要并不是某个国家或某个民族所特有的。

然而在我们很多人看来，耶稣对世界的影响如此深远、如此不可思议，即便没有那些值得怀疑的召神驱魔事迹的渲染，我们也愿意信他。

在这一点上，我们也可能完全错了。

不过，读者可以在另外上千本书中找到有关种种神迹的详细描述，我们在这里将不加渲染地叙述事件本身：耶稣最后一次告别了家人，开始宣讲宽容和互爱的教义，最终为此被钉死在十字架上。

第二十四章 新导师

消息很快传遍了各地：有一位先知在宣扬奇怪的教义，说这个世界上所有的人，不仅仅是犹太人，全部都是一位仁慈的上帝的孩子，因此大家彼此都是兄弟姐妹。

耶稣在朋友们的陪伴下，从迦拿步行走到了迦百农，这是加利利海北岸新近建起的一座小村庄。

彼得和安得烈的家就在这里，当初耶稣踏上探索圣灵和人类心灵的伟大旅程，这两位渔民为追随他而舍弃了工作。

一行人在迦百农住了几个星期，然后决定到耶路撒冷去。

这么做有两个原因。

首先，逾越节就快到了，每一个虔诚的犹太人都应该到圣殿附近去度过这个神圣节日。

其次，耶稣可以借机了解都城的人们对他有什么看法。

真正的耶路撒冷人公开鄙视加利利人，认为他们对神的虔敬远不及那些在圣殿敬拜的人——这是旧时犹大与以色列之间的夙怨残余，但加利利人其实善良宽厚，愿意倾听新思想。

他们也许有时不够热情，但总归不失礼貌。法利赛派控制下的耶路撒冷却不一样，那里是古老信仰的坚固堡垒，褊狭已经被奉为一种民族美德，对意见不同的人绝不容忍。

耶稣平安到达耶路撒冷，可是没等找到机会阐述他的思想，意外发生的一件事让他不得不匆忙离开这座城市。

迦百农

安得烈与彼得

在洪荒时代,人们想要取悦神明的时候,就把俘获的同类杀死献祭。

后来,人类文明萌发之初,牛羊代替活人做了祭品。

到了耶稣生活的年代,犹太人依然用牲祭供奉耶和华。

富人献祭要杀一头牛,把肉和油脂放在圣殿的祭台上焚烧,留下能吃的部分送进祭司的厨房。

穷人花不起这么多钱,只能买一只羊,或者实在太穷的话,就买几只鸽子,然后割断它们的喉咙。人们有一种奇怪的观念,认为这种没意义的杀戮行为能够取悦上帝——也就是不久前煞费苦心地创造了这些美丽生灵的上帝。

这时大多数犹太人都已移居海外,他们不愿放弃亚历山大城和大马士革的舒适环境,回到曲折阴暗的耶路撒冷街巷里来,单是在埃及,就生活着超过五十万犹太人。这些人从遥远的地方返回耶路

钱币兑换商

撒冷，没法自己赶着牲畜从尼罗河一路跋涉到汲沦溪，所以有必要为他们准备充足的祭牲。

很多年前，圣殿刚建成的时候，待宰的牛羊都在圣殿大门外的街上出售。后来，为了进一步方便顾客，商贩们把牲口赶到了圣殿院子里。随之出现的是专门兑换货币的人，他们坐在木头桌子后面，把巴比伦金币和科林斯银币换成犹太人的钱币。

这些本分的商人无心冒犯耶和华。他们并没有意识到自己做了什么。这只是一种很坏的习惯，因为是慢慢发展形成的，大家根本没有察觉。

耶稣从宁静的加利利山谷来到这里，心中所想的问题与做买卖全不相干，圣殿院子里赫然出现了"哞哞"叫的牛和高声吆喝的钱币兑换商，在他看来是亵渎，是大不敬的恶行。上帝的居所竟变成了喧闹的集市——这种事绝对不能原谅！

耶稣赶走了钱币兑换商

他随手拿起一根鞭子（周围有不少鞭子），把乱哄哄的人群赶出了圣殿，可怜的牲口也慌慌张张地跟着主人跑了出去。他为耶和华的圣殿洗清了耻辱。

唯恐天下不乱的人们踩着高低不平的卵石路，以最快的速度涌向出事地点。

许多人认为耶稣做得对。圣殿被当作牛棚的确很不像话。

不过，也有些人很愤怒。在至圣所旁边那样吵闹也许不太妥当，可是话说回来，一个从乡下来的无名小辈——是加利利来的吧？还

尼哥底母

是拿撒勒之类的地方——有什么权利在这里大闹，掀翻那些放着钱的桌子，害得兑换商在地上爬来爬去地捡钱。

还有些人不明白这到底是怎么回事，其中有一位公会成员，一位忠实可靠的法利赛老者，名叫尼哥底母。

以身份而言，他不便公开见一个刚刚在神圣场所有不轨行为的人，但他很想知道，究竟是什么人胆敢做出如此莽撞的事。

他派人去找耶稣，请他天一黑就到自己家里来。

耶稣接受了邀请，与尼哥底母见了面。交谈中，法利赛人相信，耶稣虽然有点急于求成，但本心是完全真诚的。他听说过耶稣在加利利所做的事，更加坚信自己没有看错，他对这个拿撒勒青年很有好感，建议他尽快离开耶路撒冷。

宫廷对一切有扰乱治安嫌疑的事都很警觉，而且，那些牲口贩子和钱币兑换商必然要煽动群众，反对如此干劲十足的一位行动派

法利赛人和撒玛利亚人

先知。

于是,耶稣和他的朋友们离开了,一行人经由撒玛利亚返回加利利。

我们前面讲过,撒玛利亚这个地方很不幸也很委屈地背上了一个坏名声:不敬神的罪恶温床。

很多世纪以前,这里曾属于以色列王国。以色列灭亡后,当地居民被流放到亚述,荒弃的农田转而分给了来自美索不达米亚和小亚细亚的移民。留下来的少数犹太人与这些新迁来的人口混杂在一起,渐渐形成了一个被称为撒玛利亚人的新民族。

在纯血统的犹太人眼里,住在这块土地上的人简直卑劣得无以形容。今天美国人轻率无礼地用一些难听的字眼——"意大利佬""犹太佬""东欧佬"——称呼外来的人,不过,当一个冷酷的法利赛人把来自示剑或示罗的人称为"撒玛利亚人"时,这个词里包含了更加强烈的侮辱意味。

为此，犹太人需要去大马士革或该撒利亚腓立比的时候，总是骑着驴子尽快通过撒玛利亚，若不是万不得已，绝不与当地人接触。

耶稣的朋友们是虔诚又保守的人，严格遵守着摩西律法，他们和大家一样，对"肮脏的撒玛利亚人"抱有成见。

现在，他们要上一课了。

耶稣不仅一路走走停停，还非常友好地与几个撒玛利亚人攀谈，有一次他甚至在井边坐下，向那个受歧视民族的妇人讲起了自己的思想。

耶稣的门徒们走到近前，听两人谈话，竟发现这个"撒玛利亚人"能够理解导师说的话，远胜过那些因为虔诚和对律法的热忱而自高自大的犹太人。

这是众人第一次学到"人类皆兄弟"的基本信条。也是从这时起，耶稣成为了一位传播新信仰的先知。

他传道的方法很不寻常。

该撒利亚

他有时给门徒讲一些小故事。

但他很少说教。一个词或一点提示，足以表达他内心的想法。

从各个方面来讲，耶稣都是一位天生的导师。正因为他是一位伟大的导师，他能够理解人的心，能够帮助那些无力自助的人。

自古以来，世上就有人能对某些病患产生巨大影响。他们不能让断骨愈合，也不能点点头就阻止疫病的蔓延。但是，正如今天人们都知道的，想象与病痛有很大的关系。假如我们想着身上某处疼，真的就会感觉到疼痛。假如这时有一个人能够说服我们，说这种外行的诊断根本不对，疼痛马上就会消失。

有幸拥有这份天赋的往往是单纯又和善的人，他们能够赢得病人的信任，虽然完全不懂医术，却能治愈病患。

耶稣是一个至诚的人，淳朴的性情很有亲和力，因此让人感觉可靠可信。他无疑有能力帮助那些被臆想病痛折磨的人。

消息传开，说这位拿撒勒青年（不管人们盲目热情地信他是先知、弥赛亚，还是别的什么）能为人排解病痛，男女老少从远近各

耶稣与撒玛利亚妇人

处赶来求助,希望能恢复健康。

圣传极力要把美好的故事装点得更美好,于是,耶稣第二次经过加利利的旅行被描述成了一段神医济世的辉煌之旅。

第一件事发生在返回迦百农的途中,一个富人的孩子生了病,当地医师认为已经没救了,耶稣却让他起死回生。

接着是彼得的岳母发高烧卧床不起,一眨眼的工夫,她就全好了,还起身为客人们做了饭,热情地款待他们。

在这之后,来求助的病患源源不断;有人觉得自己瘫痪了,躺在担架上被抬到了耶稣面前;有人连续多年被莫名其妙的怪病折磨;还有各种各样神经紧张的病人,只需耶稣说一句安慰的话就能踏上康复之路。

不论这些故事有多少真实的成分(死人恐怕很难复活),它们的确在加利利掀起了不小的波澜,让人们兴奋又好奇,而且不久就传到了耶路撒冷。

法利赛人对此有些不以为然。对于耶稣为患病同胞所做的一切,他们肯定是心存感激的,但另一方面,他们认为耶稣做得实在太过分,他对自己的族人和外族人一视同仁,治愈过罗马军官的仆人、希腊妇人的女儿,为一位在安息日生病的老妇人解除了病痛,还曾允许麻风病人触摸他的衣角,那些绝望的人认为这能减轻他们的痛苦。

除此之外,耶稣竟愿意接收罗马人派驻迦百农的一名税吏做门徒,这件事在法利赛人看来很严重。这无异于背叛饱受磨难的祖国。有几位好心人提醒了耶稣。

他理解他们的苦心,但并不认为自己做了什么错事。

在耶稣眼里,所有的男人和女人,所有的税吏和政客,所有的

瘫子、跛子和瞎子

圣人和罪人,都是一样的。

他看到并接受的他们,都是同样的人。

为表明自己在这个问题上的立场,耶稣召集所有门徒,带着大家去一名令人厌恶的官员家里吃饭,仿佛受到罗马走卒的招待是很荣幸的事。

法利赛人听说了这件事,没有公开发表意见。

但他们私下里商定了办法,如果耶稣胆敢再次踏进他们的势力范围,他们就要采取行动。后来,当耶稣回耶路撒冷度过人生最后一个逾越节时,遇到的是一群暗中决心要与他作对的人。这些人心里明白,一旦这个非同寻常的先知实现了他的理想,他们固守的小世界必将不复存在。

第二十五章 夙 敌

有不少人从现有秩序中捞到了好处,当然不愿意听到耶稣公开宣扬这样的教义。他们宣称新先知是一个危险的敌人,威胁着一切已确立的法律和秩序。这些与耶稣为敌的人很快串通一气,着手准备除掉他。

耶稣再次来到耶路撒冷,还没到圣殿,就与控制这座城市的势力发生了冲突。

当时耶稣正走到羊门外的毕士大水池边,听见一个人大声向他求助。这个可怜人已经瘫了三十多年。他和大家一样,听说过加利利那些奇迹似的康复故事,希望自己也能被治好。

耶稣看着他,然后对他说,他的腿没有毛病,让他拿起地上的褥子回家去。

病人喜出望外,听话照办了。可是,他忘了这天正巧是安息日,在衣服上多别一个别针都是违反了法利赛人的法律。

见自己又能走路了,他高兴得匆匆忙忙就往圣殿跑,为康复向耶和华表示感谢。

几个法利赛人知道了刚刚发生的这一幕,当然不能饶过触犯神圣约法的人。他们拦住那可怜的瘫子(现在他已经有了两条好腿),告诉他在安息日背着褥子上街是任何法律和惯例都不允许的,这种有违礼仪的行为应该受到惩罚。

但这个人正处在亢奋中,心思完全不在这件事上。

"那个把我治好的人让我拿着褥子回家去,"他答道,"我是照他的话做的。"

毕士大水池

公会召集会议

他没再啰唆,说完便扬长而去,抛下法利赛人在那里犹自生气。他们非常清楚一点:除非马上彻底制止这类事情,否则不知道往后会闹到什么地步。

在这些人的煽动下,犹太教公会召集成员开会,商讨对策。和那些对形势不太有把握的地方官一样,公会决定先就此事展开调查。他们命耶稣来当面说明情况。耶稣欣然到场,耐心听完了敌人对他的诸多指控,然后他明明白白地表示,不管律法怎么规定,他都不会因为碰上某个特殊日子而停止做善事。

这样的回答分明是公然藐视当权者。

但公会深知这个拿撒勒来的人受到很多人的崇敬,认为这次最好还是放了他,等以后再找更好的机会定他的罪。

这时他们已经看出,除掉耶稣并不像他们预想的那么简单。显然,要激怒这个人是不可能的。对那些憎恨他的人,他从来没有任何生气的表示。他总能平静地走出陷害他的圈套,每次被逼入绝境,他只要讲一个简单的小故事,听众就全都站到他那边去了。

公会为此很伤脑筋。当然,他们可以向国王报告这件事。可他们的国王在王位上坐得并不稳,不向总督请示的话,他绝不会采取行动。而在这种事上跟一个罗马人费口舌,能有什么用呢?

彼拉多已经不止一次表明过他的态度,他对那些因为宗教问题而来诉苦的人没有半点同情心。

以这次的问题来说,他的处理方法必然和以往一样。他会答应密切关注这件事。很多个月以后,他会拿出一个官方结论,说耶稣没有触犯任何罗马法律,接着就是宣布这桩案子已经了结。一切都将维持原状,只是耶稣被无罪开释后,地位将更加稳固。

要挽回局面、报仇雪恨,唯一的希望还是希律,关键是要找到合适的办法拉拢他,并说服他不要声张。的确,国王与公会不和已经有几年了,但眼下不是计较私人恩怨的时候。

公会原本精心做好了毁灭希律的准备,现在决定暂时讲和,他们换上温顺的态度来到王宫,开始滔滔不绝地罗列耶稣的罪状,说这个自称为先知的人正在到处传播煽动性的教义,妄图颠覆古老的神权国家(或者说国家残余的部分),此人对国家安全构成了威胁,和那个人称"施洗者"的约翰一样危险,幸好约翰已经不能再兴风作浪了。

希律继承了父亲的疑心病,听得聚精会神。

可是,等他们要抓耶稣时,耶稣却不见了。他第二次离开了耶路撒冷,带着越来越多的追随者,缓慢行进在返回加利利的路上,对他而言,那个地方比犹地亚更亲切。

从世俗角度来看,他的事业已经发展到了巅峰。耶稣就是救世主的信念已深入人心。只要耶稣愿意领导他们,民众就会跟着他向耶路撒冷进军,甚至可以去对抗整个罗马军团。

可惜，这与耶稣的梦想背道而驰。

他没有个人野心。

他不求富贵，也不渴望被捧为民族英雄，享受这个头衔带来的荣耀和没意义的满足感。

他希望人们能够把目光放远，超越眼前的尘世欲望，到那位神明的身边去，他会让世人在爱、仁慈和对他人的怜悯中团结起来。

登山训众

耶稣不能容忍有些人简单地把他看作旧日王权的又一个代表,哪怕是更好的代表,如今的王权是与希律这个名字联系在一起的。

耶稣不承认自己是弥赛亚,他反复地、明确地向尽可能多的人强调:他的生命、个人的幸福和享受都无关紧要,对他来说,只有他的思想——关于人类皆兄弟、关于仁慈上帝的爱的思想最重要。

耶稣没有重拾起少数人在西奈山的雷电中领受的戒律,在加利利风光宜人的山坡上,他告诉来听他讲道的广大民众,他所说的上帝是一位仁爱的神,眼里没有种族和信仰之分。他没有指点大家如何省钱、积累财富,而是告诫朋友们不要像守财奴那样在阁楼里堆积无用的财宝,那只会给狡猾的小偷留下可乘之机,他请人们把心灵筑成不朽的储藏室,用来珍藏良善的行为和高尚的思想。

最后,他在一篇演说中总结了自己的全部人生哲学,这就是著名的《山中宝训》,其中传颂最广的一段摘录如下:

> 虚心的人有福了,因为天国是他们的。哀恸的人有福了,因为他们必得安慰。温柔的人有福了,因为他们必承受地土。饥渴慕义的人有福了,因为他们必得饱足。怜恤人的人有福了,因为他们必蒙怜恤。清心的人有福了,因为他们必得见神。使人和睦的人有福了,因为他们必称为神的儿子。为义受逼迫的人有福了,因为天国是他们的。人若因我辱骂你们,逼迫你们,捏造各样坏话毁谤你们,你们就有福了。应当欢喜快乐,因为你们在天上的赏赐是大的。在你们以前的先知,人也是这样逼迫他们。你们是世上的盐。盐若失了味,怎能叫它再咸呢?以后无用,不过丢在外面,被人践踏了。你们是世上的光。城造

在山上，是不能隐藏的。人点灯，不放在斗底下，是放在灯台上，就照亮一家的人。你们的光也当这样照在人前，叫他们看见你们的好行为，便将荣耀归给你们在天上的父。

人生路难行，耶稣还教给人们一小段祷告词，作为日常实用的指导，直到今天仍有亿万人在念诵：

> 我们在天上的父，愿人都尊你的名为圣。愿你的国降临。愿你的旨意行在地上，如同行在天上。我们日用的饮食，今日赐给我们。免我们的债，如同我们免了别人的债。不叫我们遇见试探，救我们脱离凶恶。因为国度、权柄、荣耀，全是你的，直到永远。阿门。

耶稣为一套有关生与死的新哲学构筑了框架，完全不同于陈旧狭隘的法利赛派信仰。在这之后，他请十二位一直伴随左右的忠实伙伴追随他，向全世界表明他已彻底摒弃了犹太人旧有的偏见，正是因为那些偏见，他的民族与世上其他人成了敌人。

他离开加利利，造访了自古就被称作腓尼基的那个地方。

之后他又一次经过自己的出生地，坐船渡过约旦河，从容进入"十城"地区，在当地占大多数的希腊人称这里为低加波利。

他在异教徒中治好了几个精神错乱的人，人们惊奇又满怀感激，和他在家乡治愈类似病患时一样。

就是从那时起，耶稣开始用一些通俗易懂的小故事阐明他的教义，聚集来听他讲道的人很容易理解，这些故事已经融入了欧洲每一个国家的语言文字。

不过,如果我再用自己的话来复述它们,未免不自量力。

我在前面已经说过很多次,我并不是在重写《圣经》。

我要呈现给各位的只是一本书的大致轮廓,在今天这个快节奏的时代,这本书(尤其是前半部分)往往让读者感觉过于艰涩。

但是,福音书写得简单直白,而且篇幅很短。

再忙的人也不难抽出空来读一读。

很幸运,将这几卷书译成英文的学者都是语言大师。自17以来,人们几次尝试用现代语言重新阐述古希腊时代的思想,结果却都不尽如人意,无一能够取代英王詹姆斯下令翻译的版本。无论今天还是三百年前,这都是最卓越的译本。

如果我的这本小书能够激发你的兴趣,想阅读《圣经》原著,想研究那些凝结着智慧的寓言,想理解人类最伟大的导师的宏大思想,那么,我的努力就没有白费。

我希望达成的目标仅此而已。

第二十六章　耶稣之死

耶稣的案子呈交给罗马派来的总督，只要辖区能维持表面上的和平与安宁，总督根本不关心这些事。他同意判处耶稣死刑。

这样走下去只能有一种结果，耶稣心里很清楚，在加利利和朋友们在一起的时候，他也曾多次向他的门徒和家人暗示。

千百年来，耶路撒冷一直是宗教垄断的中心，多数居民因而获得了巨大的个人利益，这种状态能够维持下来，靠的是极其严格地遵守摩西时代立下的律法。

自大流放以后，绝大部分犹太人选择了定居海外，他们在埃及、希腊、意大利半岛、西班牙和北非的城市里生活得更愉快，那些地方贸易繁荣，遍地财富。相比之下，犹地亚的土地荒凉贫瘠，无休

荒弃的农庄

止的苦干只能换来微薄的收获。

当年波斯人准许犹太人返回故乡,结果要不是动用军队,根本不可能让足够的人回到耶路撒冷。在那之后,情况丝毫没有改观。

不论身在何处,犹太人都满怀敬意地将耶路撒冷奉为本民族的信仰中心,但要说祖国——在哪里找到了舒适的家,哪里就是他们的祖国,除非有武力胁迫,否则他们绝不会回到自己的出生地。

这种局面导致的结果,就是生活在古老都城里的人们几乎都与圣殿有点关联,就像如今许多小型大学城的居民,每个人都直接或间接地依靠大学维持生计,一旦学校被迫关门,大家要么饿死,要么无奈搬家。

在这个小社群里,享有经济及宗教特权的是为数不多的专职祭司。

比祭司低一等的是他们的助手,这些人负责照看复杂的燔祭仪式以及不太重要的祭祀活动。他们实际上是训练有素、技艺精湛的屠夫,对祭牲的数量和质量格外关心,这是他们一日三餐的

耶稣渡河来到异邦

第二十六章　耶稣之死

主要来源。

在他们之后是普通的仆役,负责打扫圣殿,每天傍晚在人群散去以后冲刷院子。

然后是钱币兑换商,今天应该叫他们"银行家",这些人专门买卖人们从世界各地带来的奇奇怪怪的钱币。

此外还有旅馆、客栈和民宿的老板,他们为朝圣的人提供食宿,每年都有数十万人来到耶路撒冷,遵守律法的规定,如期在古老的神坛前敬拜献祭。

耶路撒冷的商人

最后是一般的店铺老板、裁缝、鞋匠、卖酒的、做蜡烛的等等，也就是在任何一座旅游城市都能见到的那些人。

耶路撒冷其实就是这样一座城市。

一个宗教旅游中心，人们涌向这里，不是为了娱乐消遣，而是来完成某些仪式，他们坚信这些仪式不能在别的地方、由别的人完成，一定要由自古担任祭司的那一班人来主持。

牢记这些事实，我们才能理解耶稣再次大胆进入这座城市时，当地人为什么用那样燃烧着憎恨的眼神看着他。

他又来了，这个木匠，从加利利的一个荒僻村庄来到这里；这位谦逊的导师，他的爱博大无边，甚至包容了罪人和税吏。

他已经两次被勒令离开。

耶路撒冷不欢迎他。

他回到这里，是要再掀风浪？还是做几次演说就走？

耶稣进入耶路撒冷

他有时对同伴们讲些简短的话,听起来的确无关痛痒。可事实上,那些话最是危险。这个人的每句话都暗含着更深的意思。他不像有学问的文士那样专爱用晦涩的词语,把自己想要表达的意思隐藏在冗长繁复的希伯来语句里,给人一种学识渊博的印象。

耶稣不是这样,他用的字句所有人都能听明白。他说:"你要尽心、尽性、尽意,爱主你的神。这是诫命中的第一,且是最大的。其次也相仿,就是要爱人如己。"

除此之外,还有那些关于牧羊人和各种寻常事物的比喻,每一个都能直接切中问题要害。

有的比喻明白无误地影射了虚假的首领或不值得敬拜的神明,有些人试图予以反驳。

可耶稣又用一连串新故事把他们搞糊涂,众人也都笑着表示赞同。就连小孩子也跑来听耶稣讲故事,他们喜欢这个人,常常爬上他的膝头。耶稣说:"让小孩子到我这里来,不要禁止他们,因为在天国的,正是这样的人。"

简而言之,这个拿撒勒人讲的、做的那些事,都是一个正派自重的拉比永远不会讲、不会做的,可他的行为举止总是那么和善、那么安详,官府也没理由干涉他。

再看看这个人奉行的教义吧!

他不是多次宣称,天国无处不在,远不止耶和华选民居住的犹地亚这块土地?

他不是以治疗生病的女人为借口,公然破坏安息日的戒律?

加利利的人不是说,他曾到外邦人、罗马官吏还有那些永远没资格靠近圣殿的人家里吃饭?

耶稣与异邦人
同桌用餐

万一这座城里的人们把他的话当了真,真的开始相信在大马士革或亚历山大城一样可以祭拜上帝的圣灵,和在摩利亚山上没区别,到那时,耶路撒冷、圣殿、祭司、客栈老板、屠夫以及所有其他人会怎么样?

这座城将会灭亡,城里的祭司、客栈老板、屠夫以及所有其他人也都随着它一起完了。

还有,想想都觉得恐怖:在那个可怕的"爱人如己"新口号面前,摩西律法构筑的整个体系都将分崩离析。

事实上,在生命的最后几个月里,耶稣宣讲的教义都是以"爱人如己"为主旨的。

他希望、他恳求人们爱自己的邻人,彼此之间停止争吵。发生在身边的一切都是那样残酷、不公,沉重得让他难以承受。从本性上说,他是一个乐天、风趣的人。生活对他来说是一件乐事,不是一种负担。他爱他的母亲、他的家人、他的朋友们。村里简单的娱乐活动他都喜欢参加。他不是隐士,也不鼓励那些想要拯救灵魂的

第二十六章 耶稣之死

人逃避生活。可是，世界似乎充斥着各种不必要的浪费、痛苦、暴力和混乱。

耶稣以一颗纯朴而伟大的心，为这一切诟病开了一剂良药。他称之为"爱"。这一个字，是他全部教义的核心。

他不太关心现有的秩序。

他没有与罗马帝国发生过争执。

他也没有为帝国说过好话。

法利赛人曾引诱他说出煽动性的话，于是狡猾地问他对罗马皇帝有什么看法。耶稣知道任何形式的政府统治都只是折中的办法，他拒绝发表观点。他劝他的听众遵守当地的法律，多想想自己的过错，不要总是琢磨统治者的长处或不足。

他没有让门徒远离圣殿里的仪式活动，而是鼓励他们认真履行自己的宗教职责。

他衷心赞赏《旧约》中蕴含的智慧，在谈话中也一再提起。

总之，他一向避免谈论、宣扬或拥护任何有可能被视为公开挑衅现有法律的言论。

然而在法利赛人看来，他比最凶暴的叛乱分子还要危险得多。

因为，他教导人们独立思考。

✤

关于耶稣最后的日子，前人已经讲得很多了，我们在这里只是简要叙述。纵观这位伟大先知一生的各个阶段，最受基督教编年史作家关注的就是他死前的那几天。

这其实是一场恒久的斗争，对立的双方永远是一群顽固地背对

宗教狂热分子

着未来的人,和一个勇敢向前看的人。

耶稣最后一次进入耶路撒冷犹如一次凯旋。

这并不意味着人们已经真正开始理解他苦心传授的新思想。只不过世人时刻需要一位能够仰望的英雄,哪怕只是暂时的英雄,现在他们把这位拿撒勒先知当作了偶像,他可亲的性格、他在强大的公会面前表现出的镇定无畏,这些正符合他们想象中的形象。

凡是有关耶稣的传闻,只要带一点不同寻常的色彩,他们都愿意相信。

人们需要刺激,这是一种原始的需求,单纯的治病疗伤故事满足不了他们。

耶稣碰巧路过那个村庄的时候,病人病得很重吧?

岂止是很重!

他已经病得奄奄一息了!

最后,那个可怜的病人真的死了,下了葬,但是,他又从坟墓里被抬出来,那个能行奇迹的人让他活了过来。

第二十六章 耶稣之死

这就是拉撒路的复活,这个著名的故事极大地震动了轻信的犹地亚农民。它在一处处农庄间流传,被人们添枝加叶地一遍遍复述,很快丰满起来,在中世纪时成为传奇文学和绘画作品钟爱的题材。

听说这位引起轰动的人物即将亲临耶路撒冷,所有人都想亲眼看一看他。当耶稣骑着他的小毛驴进入城门,人群热烈地为他欢呼,向他抛撒鲜花,场面十分热闹,人们一向是这样,找个由头就要大肆欢庆。

然而,公众的这种赞许就像是石头山上的一堆篝火。火可以烧得很旺,但却无法持久。

耶稣明白这一点,所以并没有被这一片欢呼赞美的声音冲昏了头脑。

这种声音,以前他曾听到过,以后也还会有其他人听到。

明智的人不会看重这些。我们下面要讲的内容就充分体现了这种智慧。

耶稣到达之后,第一件事就是找住处。他没有在城里逗留,而是选择了城郊橄榄山上的伯大尼。往年他常在这里借宿,住在拉撒路以及他的两个忠诚姐妹——马利亚和马大家中。

从伯大尼走不多远就是耶路撒冷城,耶稣吃了点东西,稍事休息,刚从前一天的疲劳中恢复过来,他就去了圣殿,第二次拿起一根鞭子,把那些卖牛的、换钱的人全部赶出了神圣的场所。

第二天,一大清早,回应就来了。

犹太教公会接受了他的挑战。

耶稣刚刚来到圣殿门前,就被武装守卫拦住了,他们质问他,谁给他权力做出昨天下午那种亵渎神明的事。

人群立即围拢过来，纷纷表态。

有人说："这个人做得对。"

也有人大喊："应该把他处死。"

两派人争执起来，越吵越凶，眼看就要动手，这时耶稣转过身，看着他们。众人一下子安静下来，耶稣随后又给他们讲了几个小故事。

再没有比这更让法利赛人恼怒的。

耶稣又一次占据了主动，公然越过祭司向大众说话，而且和往常一样，只要他一开口，马上就能赢得听众的好感。

这是与当权者的第一场正面交锋，耶稣胜了。士兵不得不放了他，他带着朋友们，平平安安地走回了住处，那天没再受到骚扰。

但是，这并不能说明问题。

如果法利赛人决意除掉一个人，此人不死，他们是不会罢手的。耶稣知道这一点，黑夜临近时，他的心情十分沉重。

让他忧虑的还有另一件事。

到目前为止，他的门徒一直对他非常忠诚，时刻伴随他的十二个人确实如兄弟一般相亲相爱，以最仁慈的心包容彼此的缺点。

可是他们之中有一个人，过得很不顺心。

他的名字叫犹大，是加略村一位村民的儿子，所以，他算是犹地亚人，而另外十一个门徒都是加利利人。这点差别也许影响了他对耶稣的看法。

犹大总觉得自己受了冷落，觉得加利利人想方设法压制他，觉得民族背景拖累了他。

这些当然都不是真的，可是在一个心胸狭窄的小人耳朵里，再温和的言辞也能变成不可原谅的侮辱。

犹大追随耶稣似乎是出于一时的热情冲动,他原是一个贪婪的无赖,自己感觉低人一等,因此心里充满了报复性的愤恨。

他很有数字天赋,于是其他门徒请他来做财务主管,为大家记账,确保微薄的资金平均分配给十二个人。

可是在这个长项上,犹大的表现也不让人满意,致使其他门徒对他失去了信任。他不停地唠叨人们执意送给耶稣的一些礼物多么浪费。他不止一次摆出一脸不高兴的样子,因为他认为钱花在了他所谓的"没意义的奢侈品"上。

耶稣为此曾和他谈过,想让他明白,礼物中包含了别人最真诚的心意,憎恶这样一件东西是愚蠢而且无礼的行为。

犹大心里依然不服。

他没说什么。

他也没离开耶稣。他仍自称是"十二门徒"之一,耶稣讲到自己喜欢的某个观点时,他就装作格外热心地倾听。但是,他心底另有盘算。耶稣的责备伤了他的虚荣心,他准备做一件最卑鄙的坏事。他要跟他们"扯平"。

在耶路撒冷,周围都是同族的人,他很容易找到报仇的机会。

趁其他门徒熟睡的时候,犹大溜了出去。没过多久,还在开会商议对策的公会成员接到报告,说外面有一个人带来了非常重要的情报。

他们让卫兵把那人带进来,围着他,等着听他要说什么。

犹大开门见山。

公会想抓住那个耶稣吧?

当然想。

可他们怕这拿撒勒人深得民心,抓他会引发骚乱吧?

说得没错。

如果他们在公共场合抓捕他,万一有麻烦,罗马士兵就会出动,这对法利赛派的威信是致命的打击,而撒都该派肯定会为了政治目的利用这个机会吧?

的确如此。

那么,不管采取什么行动,一定要在黑夜的掩护下悄悄进行,尽量不要搞出动静,对吧?

犹大果真把情况都琢磨透了。

假设有一个人对耶稣的起居行止一清二楚,可以告诉他们一个抓捕的好办法,让他们神不知鬼不觉地把耶稣关进监狱,这听起来怎么样?

这跟公会的计划不谋而合。

奖赏

犹大

这么珍贵的情报,他们愿意出多少钱买下呢?

公会商量了一阵。

随即出了价。

犹大表示满意。

买卖成交。

耶稣被卖给了他的敌人。

价钱是三十块银币。

※

耶稣在城郊伯大尼静静地度过了生命中最后的自由时光。

这天是逾越节。犹太人要吃烤羊羔和无酵饼庆祝节日。

耶稣吩咐他的门徒进城去,找一家小一点的客栈订个房间,预备一桌饭菜,大家好聚在一起过节。

到了傍晚,犹大若无其事地跟着大家出了门。

一行人下了橄榄山,进得城来,发现一切都已经准备妥当。

众人围着一张长桌子坐下,开始用餐。

然而这顿饭吃得并不愉快。大家有一种祸事临近的不安,可怕的预感笼罩着这一小群忠诚的朋友。

耶稣很少说话。

其他人默默地坐着,心情沉重。

终于,彼得按捺不住,大声说出了每个人都在想的问题。

"主啊,"他说,"我们想知道,您在怀疑我们当中的一个吗?"

耶稣轻声答道:"是的。你们当中有一个,现在就坐在这张桌前,他要给我们所有人带来大祸了。"

最后的晚餐

门徒全都站了起来,围在他的身边,纷纷申明自己是清白的。

就在这时,犹大一声不吭,溜出了房间。

所有人都明白了接下来将会发生什么。

大家在那间小屋子里再也待不住了。

他们需要新鲜空气,于是离开客栈,出了城,回到橄榄山上,推开一扇小门走进一座园子,有一位朋友告诉他们,需要清静的话,随时可以到这里来。

园子因为立在角落里的一台旧榨油机而得名,叫作客西马尼。

这是一个温暖的夜晚。

一行人都很累了。

过了一会儿,耶稣一个人走开了。和他最亲近的三个门徒仍隔开一段距离跟着他。

耶稣转过身,命他们等在那里,看他祷告。

客西马尼园

最终抉择的时刻到了。现在他还有机会逃走,可是,逃跑等于默认自己犯了罪,也意味着理想的失败。

他独自在静默的树木间,面对人生最后的斗争。

他正值盛年。

活下来,他还大有作为。

而死亡——一旦落入敌人手里,死亡将以最惨烈的形式降临。

他做出了选择。

他留下了。

耶稣回到朋友们身边。

瞧瞧!他们都已经睡熟了。

片刻之后,园子里忽然一阵吵闹。

公会的卫兵由犹大领着,朝先知冲了过来。

犹大走在最前面。

客西马尼

他张开双臂拥抱导师，亲吻了他。

这正是士兵们等待的暗号。

那一刻，彼得猛然醒悟过来。

他从一个士兵手中抢过刀来，用力砍了过去。这一刀砍在敌人头侧，鲜血顿时喷涌而出。

耶稣把手放在彼得的胳臂上。

万万不可使用暴力。

士兵不过是在尽他的职责。

暴力只会引来更多的暴力，思想不是靠刀剑长枪来捍卫的。

耶稣被铐上双手，穿过漆黑的耶路撒冷街道，押送到亚那的宅第，亚那和他的女婿该亚法共同把持着大祭司的职位。

他们高兴得欢呼起来。

死对头终于落在他们手里了。

审讯当即开始。

耶稣为什么要传播那些毒害民众的教义？

他攻击传统的礼俗用意何在？

谁给了他权力这样讲话？

耶稣平静地说，他根本没必要回答。祭司们已经知道这些问题的答案了。他从不曾对任何人有过任何隐瞒。何必再费这些口舌呢？

一个卫兵从没见过囚犯胆敢这样对公会成员说话，狠狠地打了耶稣一下。其他人上前来把他捆得更牢，然后拖到该亚法的宅子里，让他在那里过夜。

时间太晚了，来不及召集公会开会。

该亚法和亚那

不过,兴奋的法利赛人和烦躁不安的撒都该人一得到消息,马上从床上爬了起来,黑夜里急匆匆地赶到关押耶稣的屋子,耶稣正坐在那里,静观事态发展。

门口忽然有传言说,卫兵抓住了耶稣的一个门徒。据他们说,有一名使女刚刚报告,这个渔夫是耶稣的密友,进城来的时候两人总是在一起。

可怜的彼得吓坏了。

在灯光、嘈杂声、咒骂声的包围中，他惊恐万分。

他哆哆嗦嗦地说，他从不认识耶稣。

卫兵大失所望，气哼哼地把他踢了出去。

耶稣又一次独自一人面对他的敌人。

夜晚就这样闹闹哄哄地过去了，第二天一早，公会急不可耐地召开会议，他们没有核查证据，没有听取任何证词，直接判了耶稣死刑。

据说这一天是四月七日，星期五。

首要目的达成了。法利赛人为他们的城市清除了一大祸患。

但他们的工作刚完成了一半。

罗马总部紧急派来使者。

彼拉多想知道这场骚乱是怎么回事。

他得到了答复。

这件事的确很有意思，不过，他是否可以提醒犹太人，在当地的罗马总督主持审讯之前，不论他们的国王还是他们的公会，都无权处决一个人？

公会虽然一万个不愿意，但还是放开了到手的猎物，耶稣被带到彼拉多下榻的王宫接受审问。

虔诚的法利赛人留在了王宫外面。逾越节期间，犹太人不能触碰任何属于异教徒的东西。

彼拉多很生气。从他来到犹地亚的那一天起，这块地方就没安生过。不断地有人跑来烦他，他搞不懂他们那些问题，而且觉得那都是些可笑又没意义的事。

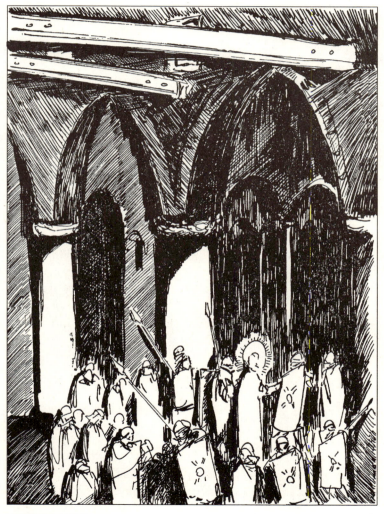

耶稣被带去见希律

彼得不认耶稣

他下令把耶稣带到他的密室。

他就在那里审问耶稣。

谈了没几分钟,他已经可以确定,没必要发死刑执行令。

对这个人的指控太荒谬了。

耶稣应该获释。

彼拉多派人把公会代表叫来,直截了当地说,依据罗马法律,他没发现耶稣有任何违法行为。

这个结论对法利赛人来说如同晴天霹雳。

他们的犯人好像要逃脱了。

他们苦苦恳求总督,告诉他,耶稣在犹地亚到加利利一带四处惹是生非。

这让彼拉多有了一个主意。

"这个人是加利利人还是犹地亚人?"他问。

"是加利利人。"有人答道。

"那就把他送去见希律·安提帕,他是加利利的王,让他决定好

本丢·彼拉多

了。"彼拉多说,很高兴能找个借口摆脱这件官司。

可是,国王陛下和罗马官员一样不愿意承担这份责任。他驾临耶路撒冷,是来欢庆逾越节的,不是来审判某个要被处决的人。他听说过很多有关耶稣的事,一直把他想象成一个类似魔法师的人物。

他让耶稣为他展示神秘的法术,对于这么荒诞的要求,耶稣当然是不予理睬。就在这时,审问被打断了。

虔诚的人要见这个同胞,没理由拦着他们。人群开始不受控制地涌入法庭。

"他说他是王,"他们喊道,"他亲口告诉我们的,什么法律都管不了他。"人们在耶路撒冷街头叫嚷的种种可笑指控,此刻更加激烈地响成了一片。

希律知道,再不尽快采取行动,他的领地上就要闹起暴乱了。还是牺牲一个不受欢迎的平民好了,免得自己王位不保。

"把这个人带走,"他下了命令,"既然他自称是国王,就给他穿上国王的衣服,然后送回彼拉多那里。"

耶稣被关进监牢

有人找来一件破旧的脏袍子给耶稣披上,卫兵簇拥着他,乱糟糟的一大群人就回去见彼拉多了。

一个勇敢的人也许能够拯救耶稣。可是,彼拉多只不过是一个本心不坏的人。他对妻子说起过这件事,妻子极力劝他从宽处置。但耶路撒冷只驻扎了一支很小的守备军,而犹太教公会步步紧逼,态度越来越强硬。这一次,撒都该派与法利赛派结为了同盟。这些人是政客,宗教在他们心里只占第二位。他们怕的是耶稣一旦获释,可能引发一些现实的问题,所以,为了国家的利益,他们认为耶稣必须死。撒都该人阴险地暗示彼拉多,说他们已经备好了送交恺撒的密报,详细汇报了事情的经过,还有总督如何公开站在了帝国的敌人一边。

这对总督而言就意味着被解职,享受不到养老金。

彼拉多畏缩了。

他终于屈服。

大祭司和他的朋友们可以把犯人带走,随他们怎么处置。

公会再次开会,讨论具体的处决方式。

一般来说,罪犯都是用石头砸死。但耶稣不同于常人。一定要用一种能够羞辱他的方式处死他。那时逃跑的奴隶会被钉在一个十字架上,挂在上面直到渴死饿死。公会于是决定:把耶稣钉上十字架。

这项任务交给了四名罗马士兵和一名队长。

他们抓着耶稣,命他站起来。

那件紫色的脏袍子又一次披在了他的身上。一项用荆棘草编成的王冠戴在了他的头上。两根粗重的木梁搭成了一个十字架,让他自己背负着。

各各他

    他们等了一阵，把两个盗贼从牢里提出来，都是被判处死刑的。

    临近傍晚时，这支恐怖的队伍起程上山，朝刑场走去。那个地方叫作各各他，也就是"髑髅地"，因周围散落的白骨而得名。

    耶稣因为饥饿而体力不支，先前挨的拳脚和鞭打更让他头晕目眩，每走一步都是艰难。

路两旁站满了人。

他们看他步履蹒跚,背着十字架,顺着陡直的路往小山上走。

人群静了下来。

民众心里的怒火渐渐熄灭。

一个无辜的人就要被处死了。

有人喊起来,为他求情。

可是,太迟了。

这一场可怕的闹剧只能继续演下去,直演到惨痛的结局。

耶稣被钉上了十字架。

去往各各他的路

罗马士兵在他的头顶上方钉了一张纸，上面写着："拿撒勒人耶稣，犹太人的王。"

他们用古罗马语、希腊语和希伯来语各写了一遍，让所有人都能看懂。这是对法利赛人和撒都该人的辱骂，是他们一手制造了这场不公正的丑恶审判。

钉完最后一颗钉子，士兵们坐下来赌博休息。围观的人站成一大圈，看着这一幕。有些人只是好奇。有些曾是耶稣的门徒。他们冒险回到这里，陪伴导师走完最后一程。人群中还有几名妇女。

天很快黑了下来。

十字架上，耶稣喃喃说着什么，没人能够听懂。一个好心的罗马士兵用海绵蘸了醋，绑在长矛头上递给耶稣。这能麻痹手脚被撕裂的痛楚，但耶稣拒绝了。

他用最后的、最大的努力保持清醒，做了一段祷告。

他希望对他做下这些事的敌人能得到宽恕。

之后他轻声说："结束了。"

他随即死去。

当天晚上，一个名叫约瑟的人，从亚利马太村来到这里求见彼拉多，请求总督准许他把耶稣的遗体从十字架上取下来安葬。约瑟是一个富人，听这位与众不同的先知传道已有很多年。他轻松地说服总督允准了他的请求。

不过，这个消息传到了法利赛人的耳朵里，他们也急急忙忙地赶去见总督。这些人害怕耶稣的门徒搬走尸体，然后四处散播谣言，说耶稣实现了他的预言，因为就在不久前，他曾公开宣布，他将在死去三天之后复活。

耶稣之死

为防止这种事情发生,法利赛人打算封住坟墓,并派一名卫兵看守。彼拉多一向软弱,优柔寡断,告诉他们随便怎么做都可以,只是别再惹出更多乱子。

然而悲剧发生后的第三天,两名虔诚的女子走进旷野,到她们热爱的导师坟前哀悼。结果她们惊讶地看见卫兵拜倒在地,封住坟墓的石头滚到了一旁,而墓里竟是空的。

那天晚上,耶稣门徒在战栗中传递着一个令人欢喜的消息:"我们的主真是上帝之子,他已经从死里复活了。"

第二十七章 信念的力量

有关"爱"和"希望"的新思想已经悄然传递给了生活在不幸中的人民,这不是罗马总督的法令和满心妒忌的犹太祭司能够压制的。不,就连皇帝本人也无力阻止耶稣门徒将导师的教义传授给每一个愿意聆听的人。

人类灵魂在爱与正义的行为中追寻幸福,耶稣的教导便是这种追寻的最高体现。

也正因为如此,有一种信念,尽管千百年来有无数人试图将它摧毁,它却依然生存下来,并取得了最终的胜利。

耶稣生活的世界是一个严重失衡的世界。

坐在权力宝座上的人拥有太多,在奴役中过活的人拥有太少。但是,后者的数量是前者的千倍。

法利赛人和受他迫害的人

第二十七章　信念的力量

耶稣的话,最早是在穷苦人当中传播的;也正是这些人,最先开始讨论并接受他的关于慈悲的教诲,以及他所说的主宰世界的神是仁爱的神。

怀疑论者和伊壁鸠鲁派的华丽哲学从不曾对这些纯朴的人产生影响。

他们不会读书,也不会写字。

但他们有耳朵,可以听。

在主人眼里,他们和田野里吃草的牛差不了多少。

他们在世上走一遭,死了,也就被遗忘了,没有人为他们哀叹。

现在,禁锢的大门突然敞开,他们得以窥见真理:所有的人都是同一个天父的孩子。

不难想见,第一批接受新信仰的,是与耶稣住在同一地区的犹太人,这些人能够听到他讲话,能够感受到他的言语中的魅力,能够看到他眼睛里闪动的无所畏惧的光。

几百年后,中世纪的人们幼稚地相信了所有被写进书里的传说,对犹太人生出一种强烈的仇恨,因为某些犹太人对上帝之子的死负有直接责任。

我们后来明白,这种态度是完全没道理的。

耶稣是犹太人。他的母亲是犹太人。他的朋友、他的门徒都是犹太人。

耶稣本人很少离开犹太聚居区,那是他成长的地方。他愿意与外邦人来往,与希腊人、撒玛利亚人、腓尼基人、叙利亚人、罗马人交流,但是,他为自己的族人而生,为自己的族人而死,最终长眠在犹太土地上。

他是最后一位,也是最伟大的一位犹太先知,早年那些无畏的精神领袖曾在每一次民族危机降临时挺身而出,而耶稣就是他们的直系后裔。

不,要说杀害耶稣的法利赛人和撒都该人是犹太人,只能说他们是最狭隘、最偏执的一些犹太人。

他们出于私欲,捍卫着一套几百年前就已不再适用的褊狭教义。

他们自封为管理者,以蛮横的独断专行维护着表面上的神圣信仰。

他们犯了一桩可怕的罪,但在做这件事的时候,他们的身份是一个政治及宗教团体的成员,而不是犹太人。如果说,他们对先知耶稣的憎恨无人能及,他们的族人对这位被害的导师却是报以同等炽烈的爱。

在加利利和犹地亚的虔诚信徒中,诞生了有史以来第一个基督教团体,相信耶稣就是基督,即"救世主"的人们第一次结成了联盟。

说它是一个基督教团体,其实并不是很准确,因为这个名称是几年以后在小亚细亚城市安提阿首次出现的。不过,当时的确已经有了这样一个信徒团体,而且在迅速发展壮大,成员们在耶稣惨死的城市耶路撒冷、在十字架的阴影下定期集会。

然而没过多久,分歧就出现了,观点相同的人开始各自凑到一起,组成互不相容的小团体。有些人,例如通晓当时希腊哲学的司提反,认识到新旧信仰终究要彻底分道扬镳,一个教会不可能同时容下摩西心中严厉的耶和华,和耶稣宣讲的仁爱的上帝。

可是,当这些人阐明自己的观点时,其他人怒不可遏,竟杀死了他们，因为他们似乎有意消除一切障碍，接纳外邦人。对于从小在圣殿旁长大的人们，这仍是不可想象的事。

裂痕越来越大。耶稣死后不过十多年，他的教义已经形成了一个明确的体系，从此将基督徒单独分离出来，不同于犹太教徒，也不同于佛教徒或伊斯兰教徒。

从那以后，新教义在西亚的传播就变得相对顺畅了。

犹太律法中蕴含的古训被埋没在人们早已遗忘的希伯来文字中。

与"基督"相关的所有文字记录都采用了希腊语，这在马其顿国王亚历山大的时代已经成为了古代世界通用的语言。

一切条件都已具备。

西方世界做好了迎接东方思想的准备。

现在，需要有一个人把加利利的思想传递到罗马。

这个人出现了。

他的名字叫作保罗。

第二十八章 信念的胜利

基督教要走向世界,首先必须完成一件事:必须与耶路撒冷,与旧信仰的狭隘偏见一刀两断。一位名叫保罗的卓越演说家及组织者挽救了基督教,使其免于沦为又一支犹太小教派。保罗离开犹地亚,跨海前往欧洲,把新教会发展成了一个国际化组织,在这里,犹太人、罗马人和希腊人没有任何不同。

保罗是我们熟悉的人物。

以史料来说,我们对他的了解远远多于对耶稣的了解。《新约》第五卷,也就是福音书之后的《使徒行传》,用整整十六章记述了保罗的生平和他做过的事。通过他在西方异教地区旅行时写下的书信,我们可以看到他对教义的详细阐释。

他的父母都是犹太人,住在位于小亚细亚西北角西利西亚地区

圣司提反

的大数城,原本给儿子取名叫扫罗。

他有很好的社会关系,在帝国几处都有亲戚,年纪还小的时候,他就被送到耶路撒冷去读书。在这里,他的地位多少有点特别,因为他虽是犹太人,却也是一个罗马公民。他的父亲似乎对罗马有过贡献,所以获得了这份荣誉。在那个年代,拥有罗马公民身份的人能享受到很多特权。

扫罗和所有犹太孩子一样接受了常规教育,完成学业后,他去一个做帐篷的人那里当了学徒,之后就在这一行里自立门户。

由于从小接受法利赛派的严格教导,年轻的扫罗从心底里支持公会处决耶稣。后来,他又满腔热情地加入爱国青年团体,决意要清除那个可恨的拿撒勒人在加利利和犹地亚散播的煽动性思想。

司提反被人们用石头砸死时,他也在现场,但只是袖手旁观,看着这个可怜人成为第一个为新信仰献出生命的殉道者。

他带领着一群粗暴的年轻人,打着古老律法的旗号犯下新的罪

大马士革

行，但是在此过程中，他几乎每天都会碰上耶稣的追随者。

这些早期基督徒与同时代的大多数人形成了鲜明反差，在个人品行方面堪称模范。

他们生活俭朴而有节制，他们从不说谎，他们慷慨施舍穷人，他们把自己的东西拿出来与贫困的邻居分享，他们走向绞刑架时，口中却在为迫害他们的人祷告。

起初，扫罗觉得很困惑。

之后他渐渐认识到，耶稣能让素不相识的人们如此忠心地追随他，必定不仅仅是一个煽动叛乱的人。

他是一个非常有灵性的学生。耶稣是一位非常有智慧的老师。扫罗突然之间理解了耶稣，从此诚心服从这位不曾谋面的导师。

他在一条空寂的大路上幡然醒悟。

当时他正前往大马士革。耶路撒冷的当权者得到消息，那边有一些犹太人露出了倾向基督教的苗头。大祭司派扫罗送信给大马士革的同行，要求把那些相信异端邪说的人抓起来，送到耶路撒冷接受审判，依律处决。

扫罗像孩子一样高高兴兴地接下了这件可怕的差事。但是，快到叙利亚首都的时候，他忽然看到了异象。

他被蒙蔽的双眼睁开了。

耶稣是对的，大祭司是错的。

这也是后来千百万人终于认清的结论。

扫罗没有交出那封信，要求带走异端分子，他直接去见大马士革的教徒首领亚拿尼亚，恳求他为自己施洗。

从那一刻起，他改名叫保罗，后来他就是以这个名字，成为了在异教徒中传教的著名使徒。

安提阿

使徒

他抛开旧业,应巴拿巴(一个很早改变信仰的人,来自塞浦路斯岛)的请求前往安提阿,正是在这座城市,"基督徒"这个名称第一次公开出现,被用来称呼那些信奉耶稣、不再去犹太会堂做礼拜的人。

保罗在安提阿停留的时间不长,之后便开始了游历传教的生活,走遍帝国各个角落,最终以身殉教,被葬在某处不知名的罗马墓园里。

他起初主要在小亚细亚的沿海城镇活动,说服了许多人改信基督教。希腊人喜欢听他讲话。他们觉得他讲得头头是道,很容易听懂。他们也很佩服他在遇到抵触时能够那样机敏巧妙地予以化解,最后都心甘情愿地加入了新教。

但是,多数地中海港口城市里都有犹太基督徒的小团体,这些人憎恨保罗,不遗余力地阻挠他传教。

二十代人累积传承下来的宗教偏见不是一夜之间就能消除的。

第二十八章 信念的胜利

特罗亚

在这些虔诚的人看来,保罗走得太远了,他对那些信宙斯和密特拉神的人太友好,他应该首先做一个犹太人,把他的基督教理想放在第二位,尽最大的努力遵循古老的摩西律法。

保罗也曾想让他们明白,二者根本没有相同之处,一个人不可能同时信奉耶和华以及耶稣的上帝。结果,那些人对他的反感变成了公开的仇视。

他们几次试图杀死这个做帐篷的人,保罗终于认识到,基督教要想生存下去,必须争取到全新的支持人群,必须坚定地、毫不含糊地与犹太教决裂。

这时他还在小亚细亚,最后,在特罗亚——离荷马吟诵的古城特洛伊遗址不远的一座海港,他下定了决心,要到欧洲去。

他横跨达达尼尔海峡,直奔坐落在马其顿中心地带的重镇腓立比。

置身亚历山大的故乡,他凭借娴熟的希腊语,开始向第一批西

保罗远赴海外

方听众传授耶稣的教导。

讲了不过几次,他就被抓了起来,关进了监狱。

可是,民众喜欢他,悄悄地让他逃走了。

这点挫折根本吓不倒他,他决定,到敌人的大本营去和他们较量。他去了雅典。雅典人不失礼貌地听他宣讲。然而四百年来,他们听过太多各种各样的新教义,对传教士已经完全失去了兴趣。

保罗在这里没有受到任何干涉,但也没有一个人上前来要求受洗。

在科林斯,保罗取得了巨大进展,他后来写给科林斯教众的两封书信向我们透露了这次成功。他在信中详细阐释了自己的更多想法,随着时间的推移,他的思想离旧规章越来越远,而犹太基督徒依然固守着那些信条。

狄安娜神庙

至此,保罗在欧洲生活已有几年。

未来的传教工作已经有了完善的基础。他可以返回他的世界——小亚细亚了。

他首先来到位于西海岸的以弗所,这里自古就伫立着一座狄安娜神庙。狄安娜是阿波罗的孪生妹妹,希腊人叫她阿耳忒弥斯。她不仅仅是月亮女神,人们相信,她能对一切生命产生影响,在世人的想象中,她的力量甚至超过了父亲宙斯,正如中世纪时,人们认为耶稣的母亲马利亚应比耶稣更受崇敬。

保罗并不了解这个地方的情况,他申请在城里一个犹太会堂讲道,得到了批准。可是,犹太人听了没两次,就收回了许可。保罗继而租下一位希腊哲学家用过的讲堂,此后两年一直在这里传道,这也许可以算作是最早的神学院了。

以弗所和耶路撒冷一样,是一座纯粹的宗教城市。狄安娜神庙里的祭祀活动给很多人带来了好处。

这里人来人往,供奉不断。出售狄安娜雕像的商家生意兴隆,来朝圣的人们总要买了带回家去,就好像今天我们会在卢尔德买圣母像,在罗马买彼得像。

万一保罗传教成功,摧毁了古老的信仰,人们不再相信女神创造奇迹的力量,这一切买卖当然也就岌岌可危了。金匠、银匠和神庙祭司们采取的行动,与他们的耶路撒冷同行在几年前所做的一模一样。他们企图像法利赛人和撒都该人杀害耶稣那样,杀死保罗。

保罗听到风声,逃走了。不过,他的任务已经完成。

以弗所的基督教团体已成规模,不可能被扼杀。保罗再也没有回到这座城市,但是以弗所成为了早期基督教世界的首要中心,据

保罗重返圣殿

公元2世纪及3世纪的编年史记载,最终确定新教义的几次会议就是在这里召开的。

  保罗渐渐老了。

  他吃过很多苦,不知道自己还能活多久。

  告别人世前,他决定再一次拜访耶稣死去的地方。

  许多人劝他不要冒险。

  耶路撒冷的所谓基督教团体,实质上是犹太教的一个分支。那些人不能原谅保罗对异教徒的爱,提起这位使徒的名字就恨得咬牙切齿。在一座仍被法利赛派精神主宰的城市里,他在希腊做出的成绩一文不值。

  保罗不愿相信这些话,然而他刚刚踏进圣殿,就有人认出了他,很快有一群人围拢上来,扬言要处死他。

  罗马士兵把他救了出来,带到城堡。

  他们不知道该拿他怎么办。起初他们以为保罗是一个煽动叛乱的人,从埃及跑到犹地亚来制造事端。等到保罗证明了自己是一名罗马公民,他们连忙向他道歉,并除掉了先前为谨慎起见给他戴上的镣铐。

耶路撒冷兵营的指挥官吕西亚发现,自己和几年前的彼拉多一样,陷入了尴尬的境地。

他没理由给保罗安上罪名,可是,他有责任维持社会秩序。

他把保罗送到了犹太教公会面前。耶路撒冷城又一次弥漫着火药味,内战一触即发。

法利赛人和撒都该人曾为除掉共同的敌人耶稣站到一起,这些年来他们一直在为仓促结盟而懊悔,彼此间已经有过一连串激烈的争吵,无休止的宗教争端把耶路撒冷人闹得不得安宁。

在这种情况下,保罗不可能得到公正的审判,吕西亚很明智地把他转移到了城堡里,免得他被暴民伤害。

之后,他尽快找了一个不会引起太多公众注意的机会,把保罗送到了行省总督的驻地该撒利亚。

保罗在该撒利亚住了两年,期间行动基本不受限制,过得很

保罗前往罗马

自由。

但是，他厌倦了公会成员没完没了地对他提出指控，于是要求把他送到罗马去，允许他向皇帝申诉，身为罗马公民，这是他应有的权利。

公元60年秋天，保罗起程前往罗马。

这次旅行成了一场灾难。

载着使徒的船在海上遇险，最后撞毁在马耳他岛的礁石上。

保罗一行在岛上滞留三个月后，另一艘船把他们送上了意大利本土，公元61年，保罗抵达罗马城。

他在这里也没有受到什么拘束。罗马人其实一点没有和他作对的意思，只是不希望他出现在耶路撒冷，引发暴乱。他们对犹太神学没兴趣，当然也不想审判一个在罗马法庭看来无罪的人。

现在，既然不会再威胁到帝国安定，保罗也就享有了完全的行动自由，他充分利用了这个意外得来的好机会。

他在城里的贫民区租了一间安静的小屋，重新开始了传教工作。

马耳他

他在人生最后几年里展现的勇气令人敬佩。他已是一位老人，二十年来经历的种种磨难耗尽了他的精力。然而监禁，鞭挞，砸向他的乱石（他曾有一次险些被同胞砸死），乘船、徒步、骑马走过的漫无尽头的旅程，还有饥饿和干渴的折磨，这一切对他来说根本不算什么，因为现在他得到了机会，能够在世界文明的中心，亲自向人们讲解耶稣的思想。

我们不知道他这次传教持续了多久，也不知道他的最终结局。

公元64年，一场无知的反对基督教运动爆发，并迅速蔓延开来。罗马皇帝尼禄怂恿暴民洗劫、屠杀所有皈依新教的人。

保罗似乎是在这场大迫害中牺牲了。

从那以后，我们再也没见过有关他的记载。

但是，现代基督教就是对他的永恒纪念。

保罗在加利利与罗马之间架起了一道桥梁。因为他的努力，基督教没有衰退为又一支犹太小教派。

他把基督教发展成了世界性的宗教。

第二十九章 国 教

不久以后，一位名叫彼得的门徒来到罗马，拜访聚居在台伯河畔的小批基督徒。罗马皇帝开始惧怕这个新兴宗教组织的影响力，多次实行大规模迫害，彼得本人也在一次屠杀中遇难。然而，这些攻击丝毫没有撼动基督教信仰。三百年后，罗马已不再是西方的政治中心，但是，驻罗马的基督教主教们把这里变成了全世界的精神之都。

宗教中心从耶路撒冷向罗马的转移，与"彼得"这个名字密不可分，对于这个人，我们知道得并不多，远不及对保罗的了解。

我们上一次见到彼得时，他在危急之中否认自己认识耶稣，从该亚法的宅邸匆忙逃走。后来，耶稣被钉上十字架时，他也曾露过一面。在那以后的很多年里，他完全消失了踪影。

圣彼得

再度出现时,他已是一位成绩斐然的传教士,在远方的城镇传播导师的教诲,从那些地方写来有趣的书信。

彼得是加利利海边的一个纯朴渔民,受过的教育远比不上保罗,也没有保罗那种个人魅力,无论走到希腊、罗马还是西里西亚,在哪里都是突出的风云人物。

但是,不能因为彼得在耶稣受审时表现出一时的怯懦,我们就判定他是一个没勇气的人。

即便是最勇敢的战士、最著名的军团,在突然面对意外时也有过奇怪的举动。事后清醒过来,他们都会更加忠于职守,以弥补先前不光彩的失误。

彼得也是这样。

另外,他也是一个有才华的人,以很高的效率完成了一项很有意义的工作。他清楚地看到了自己的不足,因此把那些更受瞩目的工作留给了保罗和耶稣的弟弟雅各,保罗远赴海外传教,雅各在故乡成为了教会公认的领袖。

第二十九章 国 教

与此同时,彼得选择了犹地亚周边一些不太起眼的地区,在忠诚妻子的陪伴下,艰难地行走在漫漫长路上,从巴比伦到撒玛利亚,又从撒玛利亚到安提阿,把过去和耶稣一起在加利利海捕鱼时学到的道理教给更多的人。

我们无从得知是什么原因让他最终去了罗马。

从严格的历史意义上讲,关于彼得的这次旅行,我们没有找到任何可靠的资料。但他的名字与早期基督教向世界的传播紧密相连,我们不能不简单讲一讲这位了不起的老人,这个耶稣最爱的使徒。

公元2世纪中叶的一位编年史作者曾经提到,彼得与保罗在同一时期来到罗马传教,后来都被暴民杀害,前后相隔不过几个月。

在罗马历史上,这样大规模屠杀异教徒是前所未有的事。

罗马当局对耶稣信徒的漠然态度,这时开始变成一种憎恶。

基督徒原本只是些"古怪的人",偶尔在偏僻街区的某间阴暗房子里聚聚,讲讲一位像逃跑的奴隶那样被处死的弥赛亚,用他的故事相互激励。只是这样的话,他们的集会就没什么危险性,不值得担心。

可是渐渐地,基督的教导越传越广,当局终于失去了耐心。

这是一个重演过很多次的故事了。

有些人的谋生之道与朱庇特崇拜息息相关,这些人率先抱怨起来。他们的收入越来越少。神庙越来越冷清。罗马人把金子都献给了一个来历不明的外邦神明,牛贩子和祭司损失惨重。

确信得到治安官配合之后,相关各方开始了一场大肆诋毁基督徒的行动。一些一无所有的农民在城郊过着悲惨的生活,他们野蛮愚昧,听说邻居受到可耻的诽谤都很幸灾乐祸。那些邻居品行端正,

奴隶

他们一向觉得很碍眼。当罗马主妇传言说"基督徒每到礼拜天都要杀死小孩子,把血喝掉,让他们的神高兴",乱民们就相互意味深长地挤挤眼睛,示意现在应该"干点什么"了。

那个时代正直的著作家一致认为,信奉基督的邻居在生活中圣洁高尚,一些罗马人应该以他们为榜样,不要再整天哀叹"世风日下",自己沾染了时下的种种恶习却放任不管。可是,这些话根本没有人听。

当时还有一个更有势力的群体,他们纯粹是因为私利而惧怕基督教的兴起。招魂巫师、东方术士,还有刚从东方引进了上百种"独门"密教仪式的人,他们发现,自己的生意就要被毁了。他们怎么可能争得过那群男女信徒?那些人安于贫穷,向别人解说加利利导师的教义却分文不取。

在贪婪的驱使下,形形色色的小集团迅速联合起来向当局告状,指控基督徒是煽动叛乱的邪恶罪犯,正在密谋威胁帝国安全的勾当。

第二十九章 国 教 | 417

罗马当局不会轻易被吓到,有很长一段时间,他们的态度都很坚决,不肯采取明确的行动。可是,有关基督徒的古怪传闻仍在四处流传,而且都说得有鼻子有眼,好像确有其事。

这段时间里,基督徒出于对美好新世界的热切祈盼,时常严肃又神秘地谈起"末日审判",那时从天而降的闪电将净化整个世界。这种观点更加深了别人对他们的怀疑。

后来,当尼禄醉酒,一把大火烧毁了自己的大半个都城,人们想起了基督徒曾经预言,所有大城市都难逃毁灭。

恐惧席卷而来,罗马人完全丧失了理性。

犹太人和基督徒遭到无情追捕,被关进监狱。酷刑之下,他们供出了各种荒诞不经的叛国阴谋。这样的迫害行动每次都要持续几周,刽子手和噬人猛兽都忙得不可开交,保罗和彼得就是不幸惨死于这其中的一场屠杀。

然而罗马人以后将会认识到,坚定的殉道者是对新教义的最好宣传。在此之前,接受基督教教义的人大都来自社会底层。现在,上层人士也开始感兴趣了。公元1世纪临近尾声时,已有许多高官和贵族妇女被处决,因为他们有皈依基督教的嫌疑,而且不肯以向传统神祇献祭来表明对帝国的忠诚。

迫害引发了愤恨,原本温顺谦逊的基督徒终于开始奋起自卫。在露天场所或私人住宅里集会已不再安全,于是,教徒们转入了地下。

罗马城附近的废弃采石场充当了临时的小教堂,每周一次,忠实的信徒在这里聚集,听某位游历至此的牧师布道,在一百年前一位拿撒勒木匠留给世人的故事中寻求慰藉。

基督教转入地下

罗马陷入火海。

有史以来第一次,所有基督徒都成了一个秘密社团的成员。

没有什么比秘密社团更让罗马官员害怕。这种恐惧完全是有理由的。在这个国家,奴隶占到了人口的百分之八十,听凭人们在警察无法监管的情况下秘密集会,这未免太过危险。

有关基督教蔓延的报告从各个行省传来。少数精明的总督没有惊慌,冷静地等着民众恢复理智。有的总督收下基督徒的贿赂,保持了缄默。还有一些总督大举展开迫害行动,屠杀所有与"加利利邪教"有瓜葛的男女老少,想以此博得皇帝青睐。

不论何时何地,受当权者迫害的人都是一样的表现。他们坚决不承认自己犯了罪,在刑场上的庄严气度更是打动了许多人,每次公开处决之后,总有更多的人要求加入基督教大家庭。

等到风浪平息、迫害终告结束时,原先的小团体已发展到十分可观的规模,需要有专人来处理一些事务,他们要代表全体教众与官方打交道,还要管理虔诚信徒捐来做善事和救助病患的资金。

教会征服了神庙

最初，团体中几位年长的人被请出来担任"长老"，负责管理日常事务。后来，为了更加有效地合作，某一城镇或某一地区的若干教会团体联合起来，任命一位主教或总执事，引领大家共同前进。

从职务性质来说，这些主教应该算是使徒的接班人。教会在资金上渐渐宽裕起来，他们的权力自然也就越来越大。另外，就影响力而论，犹地亚或小亚细亚村庄里的主教，当然比不上意大利或法国大城市里的主教。

发展过程中，其他地方的主教难免开始以敬畏的眼光仰望罗马同行。而在罗马——近五百年来习惯了左右世界命运的这座城市里，精通权术和外交的人难免比别处更多。

在罗马帝国的衰落时期，干劲十足的年轻人没机会在军队或政府机构大展宏图，于是自然而然地转向了教会，为理想和事业心找一个释放的空间。

古老的帝国这时正是厄运缠身。

罗马，精神之都

糟糕的经济管理致使小农陷入了贫困，这些人从共和国建立之初就是军队的主力，现在却大批涌入城市，叫嚷着要面包，要娱乐。

由于亚洲腹地的动荡局势，蛮族开始大举向西推进，稳步吞噬着世代属于罗马的土地。不过，与首都的政局比起来，各行省的混乱状态根本不算什么。一个个皇帝相继被推上王位，然后在自己的宫里被杀，那些凶手——外国雇佣军，已经成了帝国的真正主宰者。

终于有一天，罗马城对罗马皇帝来说已不再安全。恺撒的后继者离开了台伯河畔，搬到别处居住。这样一来，罗马的主教顺理成章地上升为城里最有权势的人，取得了完全领导权。他们代表了当时仅存的一支组织完善的力量，而离开了旧都的皇帝需要他们的支持，在意大利半岛维持表面的威信。

皇帝愿意为此讲条件。

公元313年，一份宽容敕令正式终结了对基督徒的一切迫害。一百年后，罗马成为东西各方公认的精神之都。

基督教信仰胜利了。

从那以后，在战乱纷争的喧嚣中，拿撒勒先知的教诲始终回响在人们耳边，请求那些爱他的人，用包容万物的爱，抚平人世间的种种疾苦。

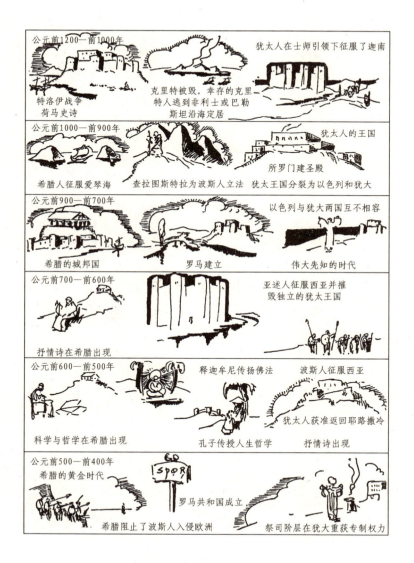

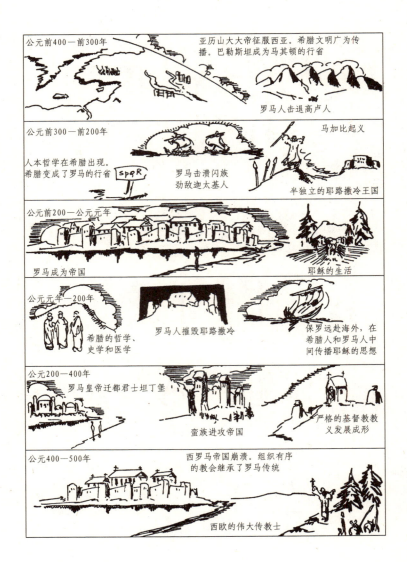